县域教育现代化监测概论

尧逢品 著

电子科技大学出版社
University of Electronic Science and Technology of China Press

· 成都 ·

图书在版编目（CIP）数据

县域教育现代化监测概论 / 尧逢品著 . — 成都：
电子科技大学出版社，2023.10
ISBN 978-7-5770-0377-1

I. ①县 … II. ①尧 … III. ①县—地方教育—教育现
代化—研究—中国 IV. ① G527

中国国家版本馆 CIP 数据核字 (2023) 第 120464 号

县域教育现代化监测概论
XIANYU JIAOYU XIANDAIHUA JIANCE GAILUN
尧逢品　著

策划编辑　谢晓辉
责任编辑　彭　敏

出版发行　电子科技大学出版社
　　　　　成都市一环路东一段 159 号电子信息产业大厦九楼　邮编　610051
主　　页　www.uestcp.com.cn
服务电话　028-83203399
邮购电话　028-83201495

印　　刷　成都市火炬印务有限公司
成品尺寸　185mm×260mm
印　　张　16.75
字　　数　370 千字
版　　次　2023 年 10 月第 1 版
印　　次　2023 年 10 月第 1 次印刷
书　　号　ISBN 978-7-5770-0377-1
定　　价　89.00 元

序

　　教育现代化是国家现代化的重要基础和支撑。教育与经济社会相适应是教育发展的需求，也是经济社会发展的需求。在建设社会主义现代化强国征程中，教育现代化成为必然。自 20 世纪 80 年代邓小平提出"三个面向"以后，我国开始了广泛的教育现代化实践探索。特别是 2019 年年初，《中国教育现代化 2035》发布以后，加快推进教育现代化成为各级管理部门、各级各类学校着力推动的重要工作。党的二十大报告对中国式现代化作出深刻论述，教育现代化支撑国家现代化的战略地位进一步凸显。加快推进教育现代化成为我国当前及未来很长一段时期的重要任务，成为以中国式现代化全面推进中华民族伟大复兴的重要内容。

　　教育现代化是一个内涵丰富的概念。不同的人对教育现代化有着不同的理解和不同的期待。从根本上讲，教育现代化的核心是人的现代化。着眼于实现人的现代化，会有不同的理念、不同的实践路径，因此，教育现代化是一个多层次、多领域的实践过程。从宏观来看，它包括制度体系建设、基本办学条件和师资等资源配置、教育投入等基本问题。从微观来看，它涉及学校教育实践如何有效地开展、教育方案如何落实等具体实践问题。从全国来看，由于不同地区存在差异，决定了推进教育现代化是一个"一地一策、一校一策"的过程，是一个长期不懈奋斗的过程。保证教育现代化沿着《中国教育现代化 2035》规定的目标前进，一张蓝图绘到底，了解不同地区推进教育现代化进程中的实际状况，成为推进中国教育现代化的重要需求。如何衡量教育现代化的实际状况，成为教育理论与实践必须回答的基本问题之一。

县域教育现代化是国家教育现代化的重要组成部分。我国幅员辽阔，不同区域的教育发展水平也呈现出一定的差异。作为以基础教育和中等职业教育为主的区域教育，县域教育事关民生福祉，对于维护社会和谐稳定具有重要意义，对于全面实现国家教育现代化具有重要意义。推进县域教育现代化是加快推进国家教育现代化的应有之义。

监测是了解和判断县域教育现代化水平的一把钥匙。了解推进县域教育现代化的成效、不足、问题是推进教育现代化的客观要求。运用恰当的方法和手段把这种需求转化为现实依据是广泛、持续地推进县域教育现代化的重要方式。监测具有用数据说话的基本特征，能够为政府优化教育现代化工作提供重要的事实依据，在宏观管理中具有不可替代的基础性作用。大范围、高质量地推进县域教育现代化，必然离不开县域教育现代化监测。在我国的上海、江苏、浙江等省（市）开展的教育现代化监测实践已经充分证明了开展县域教育现代化监测的必要性。

开展县域教育现代化监测需要相应的理论支撑。不同层面、不同区域的教育现代化所关注的重点是有所差别的。作为国家教育现代化的有机组成部分，县域教育有何特点？如何监测？是开展县域教育现代化监测面临的基本问题。本书从什么是县域教育现代化监测这一基本问题入手，将县域教育置于经济社会发展的宏观背景中加以考察，立足县域教育的特点与任务，聚焦县域教育现代化监测这个核心，瞄准县域教育现代化监测更加精准、更加高效、更加好用这一目标，构建了县域教育现代化监测的指标框架体系，阐述了县域教育现代化监测的基本程序、方法、结果报告与应用、县域教育现代化监测团队建设等基本问题，展望了县域教育现代化监测的未来前景和发展趋势，力求以监测准确把握教育与社会生态的关系，为推进县域教育现代化助力。全书体现了理论与实践的结合，遵循以实践为主的脉络，将理论探索与分析融入实践关键环节，揭示县域教育现代化监测的基本逻辑，反映了作者对县域教育现代化监测的深入研究和把握。

　　监测是一个新兴的研究与实践领域。2020 年，中共中央办公厅、国务院办公厅印发的《关于深化新时代教育督导体制机制改革的意见》明确提出了"建立教育督导部门统一归口管理、多方参与的教育评估监测机制，为改善教育管理、优化教育决策、指导教育工作提供科学依据"。这一目标，为监测在现代化教育治理中发挥更大的作用提供了重要保障。如何基于县域教育现代化实践实现这一目标，需要广大研究人员积极落实、积极探索。监测是与一定的主题、特定的需要紧密联系的。将监测与县域教育、教育现代化结合起来是一个认识县域教育、认识教育现代化的新视角，也是构建督政、督学、评估监测"三位一体"的督导体制机制的实践探索。这样的探索不仅会丰富和发展教育评估监测的理论，服务教育督导，提高教育督导质量，也将推动县域教育现代化向前发展。

　　是为序。

尧逢品

2023 年 2 月

目　录
contents

◎ 小资料

◎ 图、表

第一章 县域教育现代化监测的基本认识

县域教育现代化监测是伴随着教育现代化进程而产生的专业实践活动。运用监测可以全方位地了解县域教育现代化的进展情况,为及时调整工作策略提供重要依据,实现精准推进县域教育现代化。认识什么是县域教育现代化监测,是组织开展县域教育现代化监测实践的重要前提和基础。

第一节 内涵与基础支撑

监测是随着社会治理现代化发展而产生的一种新型治理手段。它对于精准地描述观察对象,改进工作,提升工作效益,保证工作质量,实现可持续发展具有重要意义。在教育领域中引入监测是近几十年的事情。随着循证决策在我国的推广和深入应用,教育监测在教育治理中的重要性更加凸显。加强监测工作是推进县域教育现代化的重要要求。

一、县域教育现代化监测的基本内涵

县域教育现代化监测是在国家教育现代化战略目标指引下,以县域教育为

对象，依据县域教育特点和任务，运用恰当的方式方法对县域教育现代化水平进行量化判断的专业的活动。

循证是县域教育现代化监测的一个核心理念。"监测"从产生开始就是服务于生产生活的。测量是一项古老的工作，其价值在于以量化的事实促进公平正义的实现。过去，对土地的测量、对人口的计量、对财物的计量与分配都属于广义的监测范畴。现在，监测已经广泛应用于各行各业，如环境监测、气象监测、经济监测等。这些体现监测理念的基本活动，无一不是服从于服务生产生活的基本定位。尽管不同行业的监测活动会有不同的理论和技术基础，但是均以一定的指标为依据，以数据获得与处理为关键过程，以结果形成和发布为标志。在现代治理中，监测结果及相应的数据是改进实践的基本依据。自 21世纪以来，教育监测在我国受到了空前的重视。2006 年，国家依托上海市教育科学研究院建立了教育部基础教育监测中心，主要负责监测全国及各地区基础教育进展情况，为省级政府有关基础教育发展与监测提供咨询和服务等。2007年，国家依托北京师范大学建立了教育部基础教育质量监测中心，主要负责实施全国基础教育质量监测工作，指导各地开展基础教育质量监测工作，推动全国基础教育质量监测网络的逐步建立。2022 年，教育部高等教育教学评估中心更名为教育部教育质量评估中心。该中心以"对国家负责、为学校服务"为宗旨，协同推进、具体实施全学段、全口径、各层次、全类型、全方位的教育质量评估监测工作。近年来，这些专业评估监测机构为我国的教育决策提供了重要的依据，也推动着全国教育监测活动的深入发展。组织开展教育监测可以为加快推进教育现代化，建设教育强国，办好人民满意的教育，提供相应的依据。作为教育监测的重要组成部分，为改进县域教育现代化实践，为加快推进县域教育现代化提供精准的依据，是县域教育现代化监测的重要任务。

县域教育现代化监测的目的是为了改进教育现状。对监测对象当前状态的了解、判断是为实践服务的。监测并不是直接干预的手段，但是监测结果却可能成为干预的事实依据。预见、预警与监测主题紧密相关的变化是监测的重要任务，即通过监测预见监测对象未来的变化趋势，在可能出现危险或不利变化之前发出警示，以引导管理者作出相应的调整、干预，防止危险事件或危机事件的发生。特别是随着人们把握即时变化的能力越来越强，在变化迅速的领域，监测的指导作用越来越重要。如环境监测、气象监测等为人们选择出行方式，提高生活质量提供了有效帮助。教育是贯穿于人一生的重要活动，是重要的民生工程，是国家参与国际竞争与合作的重要支撑。组织实施县域教育现代化监测对改进县域教育实践，优化县域教育供给，促进人的健康发展和教育事业的持续发展具有重要价值。

县域教育现代化监测是对县域教育这一特定对象的检视。监测的主题是通过特定内容和对象来反映的。因此，任何监测都需要依据监测主题选择合适的对象作为观测样本。监测对象具有什么样的特征，可能会发生什么样的变化，是监测需要解决的直接问题，也是反映监测特有价值的重要基础。从这个意义上讲，监测是对其关注、观察的对象的全面了解和刻画。这种检视不仅会对监测对象本身的特征作直接的观察和描述，而且会对其所处的环境中的重要相关影响因素作了解和判断。通过监测对象本身和周围背景因素的分析，以形成立体化的认识，避免以偏概全或简单地就事论事，为寻找分析造成监测对象当前状态的直接原因，改进监测对象的当前状态，特别是问题状态，提供相应的依据。县域教育作为我国教育体系中的一个相对独立的实践单元，具有其特殊性。结合县域教育的特殊性，组织实施县域教育现代化监测将为深刻认识县域教育提供新的方式，获得关于县域教育发展变化更加精准的结果。

县域教育现代化监测是以数量化为基本表征的。任何一个事物，一旦从监测的视角来认识，就非常强调用一定的数据对观察结果进行表达。可以说，无数据不监测。数据是监测的重要基础资源，获取相应的数据是监测要解决的首要问题。县域教育现代化监测以一定的监测模型为内核，以多种方式的观察为基础手段，以精确化的数据为重要资源和表现方式构成了一个以数据流为特征的专业活动。数据的获取、处理与解释贯穿于整个监测的全过程。县域教育现代化监测获得的结果可以灵活运用文字＋数据、结论＋数据、图表＋数据等不同的表达方式加以呈现，以便于不同主体的理解和应用。

县域教育现代化监测是第三方评估的范畴。监测，简单地说，就是从旁测量。它是以一定的技术手段为基础，运用一定的工具对观察对象的构成要素进行收集和动态跟踪，并将结果用数据加以量化表达的活动。县域教育的发展变化决定了县域教育现代化监测过程的复杂性、结果的多样性。排除各种干扰，获得可靠的监测结果是实施县域教育现代化监测的重要要求。相对独立的专业性是贯穿于县域教育现代化监测的全程的。它体现为由专业团队依据专业的标准和工具，以符合专业规范的测量获得客观公正的结果，努力避免测量过程的人为干扰。从这个意义上讲，县域教育现代化监测从其产生开始就天然具有第三方评估的意义。

县域教育现代化监测是合作的结果。教育是以人为本的社会活动，这决定了教育监测是多维合作的结果。一方面，教育监测的实施是监测对象与监测团队合作的结果。离开了监测对象的合作，是难以获得可信的监测结果的。监测对象对监测目的的认同、对监测内容的理解、对参加监测的方式的掌握都影响着监测数据的获得。建立相应的合作关系，获得监测对象的信任、理解、支持是获得高质量监测结果的重要前提。另一方面，教育监测是跨领域的专业合作。作为一项复杂的专业活动，教育监测涉及数据的采集、数据的分析、结论的形成、监测结果应用等一系列过程。在这个过程中，需要相应领域甚至跨领域的大量知识、手段，需要强大的专业团队和技术手段支持。特别是大规模的教育监测，可能会涉及教育、财政、城建、人社、互联网技术等不同领域的专业事项，需要建立跨领域、跨专业的监测团队，需要监测团队成员之间进行合理的分工，相互协作，才能及时高效地达成监测目标。为了保证监测的公信力，与第三方评估相结合，使监测与评估结合起来，成为评估监测发展的重要趋势。在教育领域，随着《关于深化新时代教育督导体制机制改革的意见》发布，"建立教育督导部门统一归口管理、多方参与的教育评估监测机制，为改善教育管理、优化教育政策、指导教育工作提供科学依据"的要求得到进一步保障、强化，县域教育现代化监测为实践服务、为工作服务的需求将会更加迫切、更加普遍。

二、县域教育现代化监测的特征

特殊的监测对象决定了县域教育现代化监测具有其相应的独特性。这种独特性表现为县域教育现代化监测具有结构化、数据化、综合化、即时化的基本特征。

结构化。县域教育现代化监测是依据一定的模型和指标体系实施的。结构是事物的基本特征，也是县域教育现代化监测的基本特征。从根本上看，县域教育现代化监测的结构是由县域教育的特殊性决定的。基于县域教育的特殊性，需要在相应的逻辑层面确定县域教育现代化监测的内容，并以一定的指标体系来实现内容的具体化、可测化，从而为获得相应的监测数据，形成监测结果奠定基础。同时，监测的实施过程也具有相应的结构。这个结构表现为相应的监测规程。它以监测理念为指导，将应用的监测技术组合成一个整体化的结构，以保证监测活动有序开展。结构化一方面使县域教育现代化监测具有相应的稳定性，另一方面为分析县域教育现代化的各个要素及其与周围环境的关系，分析县域教育现代化与省域教育现代化、与国家教育现代化的关系，形成对县域教育现代化的系统认识提供了基本视角。

数据化。数据是县域教育现代化监测的基本素材和结果表现的主要方式。数据是县域教育现代化监测的重要基础。数据采集与处理贯穿于县域教育现代化监测的始终，且监测结果亦是以数据来表现的。如何采集数据、采集什么数据、怎样处理数据、如何从数据中获得可靠的结果是县域教育现代化监测的技术主线。经由数据采集、数据运算、数据呈现等基本环节实现对县域教育的量化，从而精准地刻画县域教育的特征，并实现不同阶段、不同县域比较的科学化、可靠化，减少主观评价、主观比较的争议性，为在更大范围内应用县域教育现代化监测结果，优化县域教育现代化实践奠定坚实基础。

综合化。县域教育现代化监测是从多个角度对多项内容运用多种方法和手段实施的。从内容来看，县域教育作为监测对象涉及影响县域教育发展的关键因素、县域教育发展水平等内外两个方面的内容，既要反映国家教育现代化战略的要求，又要观照县域教育现代化发展的阶段任务，涉及的主体是跨层级、跨行业、跨部门的。从实施手段来看，县域教育现代化监测是多种方法的综合应用。监测活动是定性研究与定量研究的结合，不仅需要大量的数据，还需要结合对现场的观察、分析，才能形成对县域教育现代化工作及其效果的整体判断。综合化是县域教育现代化的复杂性在监测工作中的自然反映，单一视角、单一方法难以实现对县域教育现代化的精准把握。

即时化。县域教育现代化监测所反映的是县域教育在特定条件下的状态。这种特定条件表现为由时间、空间决定的即时性。人不能两次踏进同一条河里。县域教育是发展变化的，不同的时段会有不同的状态，因此，在特定条件下，县域教育的状态是具有唯一性的，这种唯一性反映了县域教育的真实性和独特性。从监测的视角来看，任何一次监测必然会有不同的监测结果，也使得监测结果具有了实践应用价值，为其应用奠定了基础。县域教育现代化监测的即时性决定着监测对象及结果应用主体对监测结果的可接受性，要求监测团队要加强组织实施的效率，缩短实施过程与结果形成之间的时间间隔，增强监测结果应用的时效性。

三、县域教育现代化监测的制度保障

教育监测不仅是一种专业活动，而且是一种重要的社会活动。国家对教育监测具有重要的、多方面的法律规定，并颁布了相关的技术标准，为教育监测的规范发展、持续发展提供了重要的制度保障。

教育法规是开展教育监测的刚性保障。现代社会越来越需要依法治理。《中华人民共和国教育法》规定："国家实行教育督导制度和学校及其他教育机构教育评估制度。"依法监测是我国对教育监测的基本要求之一。相关法律法规和政策对依法获取监测数据、依法发布监测结果等提供了保障。2014年，国务院教育督导委员会办公室印发《深化教育督导改革转变教育管理方式的意见》明确指出，"教育督导是教育管理的重要组成部分，是实施依法治教的重要环节，是保障教育改革发展的重要手段"，要求"形成督政、督学、评估监测三位一体的教育督导体系，为促进教育事业科学发展、办好人民满意的教育提供制度

保障"。对教育评估监测则进一步要求"建立教育督导部门归口管理、专业机构提供服务、社会组织多方参与的专业化教育质量评估监测体系，对各级各类教育进行科学、系统、权威的评估监测，为改进教育教学、管理、决策提供依据和支撑"。2020 年，中共中央办公厅、国务院办公厅印发的《关于深化新时代教育督导体制机制改革的意见》再次重申"在评估监测方面，建立教育督导部门统一归口管理、多方参与的教育评估监测机制，为改善教育管理、优化教育决策、指导教育工作提供科学依据"，要求"加强和改进教育评估监测"。这些法律法规和政策的规定成为开展教育监测的具体依据，为监测的合法性提供了重要保障。教育法律法规是教育监测的制度基础，也是县域教育现代化监测的制度基础。制度的建立一方面赋予了教育监测的合法性，为教育监测提供了法治支撑，保障监测活动的顺利实施；另一方面也要求监测在法律法规的合理框架内实施，防止监测过度过滥，侵犯正常的教育教学秩序，侵犯公民的隐私。如果任由监测滥用，则可能带来难以预料、难以控制的损失。

技术规范是开展教育监测的专业保障。技术规范是一个行业或专业体现其专业性的共同约定、共同守则，是促进这个行业或专业健康发展的重要基础。技术规范既可以涉及专业的过程，也可以涉及结果，或者二者兼顾。从过程来看，它规定着监测的基本程序、方法。从结果来看，它规定着监测应当达到的质量标准。随着教育监测的迅速发展，技术规范已成为促进教育监测质量不断提升的重要专业保障。首先，技术规范是对理论与实践的高度概括与总结。在不同时代、不同的理念指导下，可能会产生不同的技术规范。技术规范背后是以大量的理论为依据的，其目的在于趋利避害，防止消极影响的产生。其次，技术规范具有可重复验证性。理论转化、政策转化、案例转化是形成技术规范的三大方式。技术规范的产生体现了"从实践中来，到实践中去"的总体特征，因而具有广泛的可接受性、可验证性。遵守相应的技术规范能够维护教育监测的专业性，赢得广泛的公信力。如四川省于 2016 年发布了《基础教育学业质量监测工具质量评价规范》（DB51/T 2115—2016）这一地方标准，对规范和促进四川的基础教育质量监测有着重要的指导作用，也为其他地方保证教育质量监测的质量和提高教育监测公信力提供了重要参考依据。

四、县域教育现代化监测的技术基础

技术是监测方法的实践化。技术的内核是解决问题、实现目标的方法，它通过一定的载体和实践活动得以呈现。从传统的监测来看，监测数据的获取与处理是以人工处理为主要方式的。随着监测的发展和辅助技术的发展，在保持传统方法、技术的基础上，教育监测的技术呈现出多样化、信息化的趋势与特征。

统计学是教育监测的基本理论基础。作为应用数学的分支，统计学旨在通过对各种基础数据的处理以发现数据背后隐藏的基本规律和特征。基于统计分析形成的结果对于服务决策、指导实践具有重要意义。依据相应的规则进行各种数据测量、统计、汇总，可以形成对不同层次、不同对象的监测结果。尽管现代信息技术被不断引入教育监测，但是其内核依然是以统计学为基础的。充分地利用统计学的发展成果，引入或构建与监测主题匹配的监测模型，促进教育监测的转型升级，促进教育监测向自动化、智能化方向转变，可以为缩短监测实施与反馈周期提供极大的支持。

监测网络是教育监测的工作体系。监测网络是以组织化发展为基本路径形成和巩固的一个上下联通、左右协作的工作体系。它表现为覆盖所辖区域的不同层级的监测节点，这个网络自上而下可以包含一个或多个监测中心、若干监测站、众多监测点。其中，监测中心主要负责区域内的监测活动的发起与组织；监测站是基础的常设机构，主要负责上下级之间的信息传递，依据监测工作需要开展独立自主的监测活动，并根据上级确定的监测主题和任务参与大规模监测活动；监测点则可以根据监测主题、监测任务进行合理的布局调整、数量增减、结构优化，配合上级监测机构完成大规模教育监测活动的数据采集以顺利完成监测任务。一个有效的网络可以保证监测抽样的代表性，便捷的采集数据，推进监测结果应用与解读在不同层面展开。无论是宏观的大规模监测，还是微观的小规模监测，都需要设计、建设相应的监测网络，形成具有广泛覆盖性、代表性的监测节点。特别是宏观的、大规模的监测，必须以科学的、具有代表

性的支持网络为基础。例如，全国义务教育质量监测每年均会在全国 31 个省、
自治区、直辖市及新疆生产建设兵团选择 300 多个县实施监测。分布于各省、市、
县、校的监测机构共同构成了全国义务教育质量监测的实施网络，保证了该项
目工作的高效、顺利实施。建设一个有效的监测网络是开展县域教育现代化监
测的重要基础工作之一。通常，县域教育现代化监测网络是依托教育行政体系
建立的，以专业人员为骨干成员的一个上下贯通的工作体系。从实际来看，县
域教育现代化监测网络主要是归口于教育督导部门领导的专业机构网络体系。

互联网技术有助于提高教育监测的效率。万物互联互通是互联网技术发展
的重要趋势。数据作为重要的监测资源，是在实践中产生和变化的。以互联网
为基础的现代信息技术，可以实现数据从线下迅速向线上转换。在确定相应的
监测点后，各监测点运用互联网技术可以实现数据自动采集、即时上传，甚至
实现数据实时采集，从而极大地减轻数据采集、数据整理、数据传输等环节的
成本。特别是在大规模监测时，互联网的技术优势将会显示得更加充分。依据
互联网技术，县域教育现代化发展状况可以实现数据的在线采集、在线保存、
在线流动，从而使数据的真实性得以保证。

统计软件是教育监测的重要工具。统计软件是基于现代信息技术开发的
专门的数据处理系统。县域教育现代化监测具有数据处理量大、数据来源广、
数据格式复杂等特点，利用统计软件可以极大地提高数据处理的效益和准确
性。统计软件既可以根植于互联网之中实现对数据的伴随式处理，也可以与数
据采集独立，对采集到的数据进行专门化、专业化处理。常见的数据处理工具
excel、SPSS 等则可以根据应用者的需要实现对数据的统计分析，R 语言则可以
根据应用者的需要进行自主设计，以更好地满足个性化需求。此外，县域教育
现代化监测团队也可以根据实际需求，定制相关的数据处理软件，将数据处理、
结果报告与查询等功能整合于一个集成平台之中，满足用户的个性化需求。紧
跟教育现代化监测需求，将统计软件植入效率更高、功能更强的集成化平台，
是统计软件研发的重要趋势。

五、县域教育现代化监测的实践动力

实践需求是推动教育监测发展的重要动力。改善教育管理、优化教育决策、指导教育工作需要教育监测提供科学依据。当教育监测能够较好地满足这些基本需求时，才可以促进教育监测与教育实践的良性互动，反之，则可能使教育监测失去重要的外部推动力量。

实践的科学性是教育监测的根本动力。现代治理要求各项决策和具体实施过程从实际出发，尊重事物的特点，遵从事物发展的规律，其基本前提是对事物的当前状态进行客观判断。这种判断包含着基本的事实判断和价值判断，其形成过程需要主体自觉地反思与超越自身认识的局限性，教育监测则为主体的自觉反思与自我超越提供了重要证据。因此，教育实践的科学性追求是推动教育监测发展的根本动力。

实践的多样性推动教育监测不断走向丰富多彩。不同的教育实践对数据的需求是有差别的，回应实践需求成为教育监测发展的客观要求。从宏观决策的角度来看，实践主体首先注重的是整体的趋势和普遍存在的问题，然后是在此基础上对具体问题或个别问题的追问、追踪。因此，从这一视角出发的需求推动着大规模监测的产生与发展。从微观实践的角度来看，实践主体首先注重的是监测对象的即时变化，期待通过对即时变化的准确了解、判断，实现对实践活动的即时改进。因此，从这一视角出发的需求推动着教育监测不断向即时化方向发展，为现代信息技术的引入及其与教育监测的深度融合提供了重要动力。从具体的监测主题或应用主体出发，实践需求会更加多样，教育监测的回应也会变得更加丰富。

实践的迅速变化催生教育监测的时效性不断增强。实践是不断变化的，了解变化的实际状态是教育实践走向科学、获取实效的重要前提。反映变化的状态是教育实践对教育监测的基本需求之一，也是推动教育监测迅速回应实践需求的重要动力。因此，教育监测使用的手段不断走向多样化、自动化、智能化，以缩短监测实施与反馈的时间间隔，迅速回应实践需求。为此，县域教育现代化监测实践不仅关注县域教育现代化的最终结果，而且更加关注县域教育现代

化的阶段变化，即在推进县域教育现代化进程中，不同阶段县域教育现代化的状态怎么样？其各种要素的当前状态和未来发展趋势是什么？推进县域教育现代化存在的现实短板和着力点在哪里？以便为加快推进县域教育现代化及时提供数据。

第二节　监测的主要任务

县域教育现代化监测是服务于改进县域教育现代化工作的。在国家教育现代化战略指引下，对接县域教育现代化实践需求，明确县域教育现代化监测的主要任务，可以更好地实现以监测助力提升推进县域教育现代化成效。总体来看，县域教育现代化监测的主要任务体现在判断现状、服务决策、指导实践三个方面。

一、判断现状

县域教育现代化是一个长期的、复杂的过程。它不仅涉及教育内部的问题，而且涉及教育与经济社会的关系。从经济社会的整体视角判断县域教育现代化的现状、教育现代化与经济社会的关系及其内部要素的发展现状是形成契合县域特点的教育现代化推进思路，高效推进县域教育现代化的重要前提。

判断县域教育现代化水平。县域教育现代化水平是不断变化的，明确县域教育现代化的当前水平是改进县域教育现代化实践的重要基础。判断县域教育现代化水平，首先，要辨明县域教育现代化的基线。基线是工作的基础，是现状的反映。为此，需基于监测模型对县域教育现代化中的关键要素及其达到的水平用数据加以描述。这个描述是依据县域教育现代化监测指标体系，以通用的标准、单位、数值对县域教育现代化内部结构和真实水平作数量化的判定。

其次，要明确县域教育现代化的位置。县域教育现代化水平是一个比较的结果。知己知彼，方能有的放矢。判断县域教育的发展水平、优势、不足需要具备比较思维。简单地说，就是要与国家标准比较、与自身历史比较、与其他县域比较、与县域的经济社会发展水平比较，在不同的视野和维度比较中进一步明确县域教育的现状及优势、不足，形成对县域教育的全面、立体化认识。

明确县域教育发展的优势。优势可以来源于与自身的纵向比较，也可以来源于与其他同类群体的比较。在县域教育现代化进程中，自身的相对优势或绝对优势是可以利用的重要资源。明确县域教育发展的优势是树立信心，挖掘内部潜力的重要基础。县域教育发展优势包含教育自身的特点和长处，也包含支撑教育发展的经济社会的特点与长处。首先，要分析县域教育发展的特点与长处。立足于长期的实践积淀形成的县域教育文化，比照国家教育现代化要求，发现引领本县域教育发展的主要特点与长处，以发挥其引领作用。其次，要发现县域经济社会发展的特点与长处。县域经济社会发展水平是县域教育发展的重要支撑。通过监测发现县域经济社会能够为县域教育现代化提供的支撑条件有哪些？能够争取的外部援助有哪些？从而为后续工作提供依据。

明晰县域教育发展的差距。知其然，知其所以然，是正确决策的重要前提。县域教育现代化的当前水平与国家标准、与先进地区的差距在哪里？差距有多大？这些都是决策与实践绕不开的问题。县域教育现代化是一个整体工作，其内容既包括县域教育自身的发展水平，也包括县域教育发展的支撑、保障水平。全方位的县域教育现代化监测可以通过对客观事实、数据的分析揭示县域教育现代化进程中存在的问题与矛盾、主要矛盾和矛盾的主要方面，为判断县域教育发展水平提供依据，为判断县域教育的支撑水平、保障力度提供依据，从而对差距形成全面认识。差距既是工作动力，也是工作重点。通过对差距的综合量化，为改进工作指明方向，确定重点突破方向。

分析制约县域教育发展的问题。监测所具有的预见、预警功能决定了问题导向是县域教育现代化监测的重要功能性特征之一。问题是发展中存在的矛盾的集中体现。发现问题，即指出矛盾所在。因此，县域教育现代化监测要以问题为导向，对县域教育现代化存在的问题作出系统分析，知其表，究其里，发现问题出现的根源；要在众多的问题中发现制约县域教育现代化的主要问题、关键问题，提出解决问题的可行方案和建议，为改进工作提供认识基础。

提出促进县域教育现代化发展的策略建议。循证决策已经成为现代教育治理的重要原则。借助于县域教育现代化监测获得的数据、事实也是决策的重要依据。依据国家政策要求和县域实际，提出县域教育现代化工作的建议是县域教育现代化监测的有机组成部分。这个建议以形成加快推进县域教育现代化的合力为直接目标，旨在明确不同主体的责任。它既包括对县级主体的建议，也包括对省市级主体的建议。从县级主体来看，更多的是指向"如何做"；对省市级主体来说，则是指向"如何统筹"。

二、服务决策

区域性的县域教育现代化是一个由政府主导的、不断升级转型的过程。政府在推进教育现代化过程中发挥着不可替代的作用。服务决策是县域教育现代化监测的重要任务之一。

为决策提供依据。监测结果是对县域教育现代化现状的客观描述。要根据决策需要对不同时段的县域教育实施监测，从基线、进程、结果等方面进行结果报告。从报告内容来看，则宜落实到具体的点位，使政府在调配、优化资源配置时有明确的着力方向和具体学校，避免重复投资、过度投资，真正地补足县域教育发展的短板。

为决策提供建议。教育发展涉及面广，事关人的发展，事关社会稳定和谐。要从经济社会发展大局、从教育可持续发展大局出发，坚持事权匹配的原则，为政府履行法定教育职责出谋划策，提出改进政府工作、推进县域教育现代化发展的政策建议、工作建议，把法律法规的要求落实到阶段规划和阶段工作中，形成推进县域教育现代化的时间表、施工图，有步骤、有计划地解决教育发展中的重大问题，推进县域教育现代化稳步向前。

判断工作实效。县域教育现代化涉及的部门多、难度大，是一项持久的系统工程。县域教育现代化监测要重视对实际工作成效的判断，明确工作中的得失，为政府决策的调整、优化提供新的依据。首先，加强对整改工作的监测。对于县域教育现代化监测中发现的问题，承担主要事权的政府及相关部门是否制定、实施了解决问题的整改措施，以及整改措施的实践效果，制约着县域教育现代化的有效推进。加强对整改工作的成效监测可以为问责提供可靠依据，促进整改措施的落实和优化。其次，开展常态化监测活动。以服务政府决策为基本方向，坚持需求导向，多方面、多视角分析决策需求，不断细化、优化监测的项目和监测结果报告，缩短监测的周期，形成常态化改进工作的证据链。

三、指导实践

推进县域教育现代化是一项系统工程。在这项工作中，不同的主体有不同的责任，不同层面有不同的实践重点，为不同层面、不同主体提供指导是县域教育现代化监测的重要任务之一。

指导教育实践。县域内的教育机构是落实国家教育方针政策的基地、阵地。必须立足实际，创造性地把国家的教育方针、政策、要求落实到教育实践中。一是，要优化基础资源配置。以学校教育为重点，统筹规划社会教育、家庭教育，坚持补用并重，促进县域教育基础资源的优化。既要补短板，也要促应用。对于基础资源不足的学校及相关教育机构，要采取有效措施予以补足，实行标准化配给。对于已经按标准配置基础资源的则要督促其使用，通过使用发挥资源的育人价值。二是，要创造性地开展教育实践。教育教学实践是促进人发展的重要方式。县域教育现代化监测要聚焦于不同学段的培养目标和任务，聚焦于教育教学实践中的关键要素和环节实施常态化监测，引导县校两级管理主体不断改进内部管理，实现依法治教，着力于促进严格落实培养方案和课程计划，促进学校改进内部管理，提升教师素质，丰富教育教学实践活动，积极培育学校特色文化，促进学校规范发展、特色发展，促进学生德智体美劳全面发展，落实立德树人根本任务。

指导教育管理。县级教育行政部门是县域内教育管理职能机构，其履职情况直接关系着县域教育现代化的进展水平。一是，要引导管理理念更新。以县域教育现代化监测发现的客观事实为依据，引导县校两级管理主体树立以循证决策为内核的教育治理理念，形成依法治教的基本理念。通过监测数据认识到依法治教的重要性，树立按法律法规办学的基本行为准则，把国家教育方针落实到管理之中，落实到教育教学实践中。二是，建立具有县域特点的治理机制。引导县校两级管理主体重调研、重分析，将客观事实作为改进工作的依据，作为争取支援、支持的依据，形成调研—分析—改进……循环上升的治理机制，优化县校两级管理。县级教育行政部门要不断转变工作理念，提升管理能力，转变工作作风，优化县域教育管理方式，为学校及相关教育机构开展教育实践提供切实的条件保障和业务指导，督促学校更好地贯彻落实国家教育方针政策，落实立德树人根本任务。三是，建立县域教育现代化监测结果应用机制。依据县域教育现代化监测结果形成以"解读—整改"为内核的结果应用机制，促进县域教育现代化工作，形成推进区域教育现代化的良好氛围，使县域教育发展水平与经济社会发展水平相匹配，为经济社会发展贡献力量。

第三节　监测模型的构建

模型是事物各要素之间所形成的一种逻辑结构。监测模型是对监测的基本思路、关键要素的概括、抽象。它是指导监测实施，获得可靠的监测数据的重要工具，是体现教育监测专业性的重要标志。研制科学的监测模型是开展县域教育现代化监测的重要基础工作之一。

一、监测模型的作用

引领监测规划。监测模型是基于理论指导的实践概括，是指导县域教育现代化监测实践的基本共识。监测获得的基础信息和资源与监测模型匹配方能获得期待的监测结果。县域教育现代化监测模型是对监测工具研发、数据采集、程序设计、人员安排等关键要素及其实践过程总体设计的基础。以监测模型为基本依据进行整体规划可以优化监测资源的调配，提升县域教育现代化监测的效率和质量。

化解实施分歧。县域教育现代化监测的实施是一个团队合作的过程。监测模型规定着监测数据采集的对象、方式、时间等关键要素，是协调不同的群体的视野和需求，解决监测分歧的重要依据。因此，县域教育现代化监测中的具体实践性问题首先要回归到监测模型，以监测模型为起点，对具体的监测活动进行论证，决定其取舍与实施，讨论、寻找解决问题的有效策略。如果离开了监测模型，可能会使县域教育现代化监测偏离预先设计的方案，难以形成各方认同的基本结果。

指导监测工具研发。除了监测模型之外，还需要其他工具配合，才能实现监测目标、获得监测结果。其他工具的研发是以监测模型为指导的。当监测模型确定后，需要依据监测模型对已有的监测工具进行修订，新研制的监测工具则需要切合监测模型的特点，以助于实现监测意图，否则工具与模型脱节或不匹配是难以实现监测目标的。监测模型决定着监测工具的内容、数量和形式。从内容来看，监测工具所反映的内容应当是切合县域教育现代化这一监测主题且与监测模型吻合的；从数量来看，监测工具的种类、数量要与监测模型的要求一致，满足监测采集数据的需要；从形式来看，监测工具中的具体统计表格、调查问卷、汇报总结、专题材料等，也需要与监测模型的要求一致。

指导数据采集。数据是县域教育现代化监测的重要基础资源。采集数据是县域教育现代化监测的关键工作。监测模型实际上需要回答用什么数据、遵循什么规则、获得哪些结果等一系列问题。作为监测资源的数据应当反映监测对象在特定的时间、空间的基本特征，只有符合监测模型设计需求的数据才有其实际意义。否则，数据就难以满足监测需求。通过监测模型，可以明确采集什么、怎么采集等基本问题。因此，在监测过程中要依据监测模型实施数据采集，防止数据采集多而无用的情况发生；要什么就采什么，防止数量多质量差的现象发生。

规定数据处理规则。采集监测数据以后，需要经历数据清洗、整理、运算等环节方能获得预设的结果。数据处理规则制约着数据的价值挖掘，监测模型则决定着数据处理的规则。不同数据之间、不同结果之间的相互关联性，是否需要进行推论、推理、推断都是由监测模型决定的。从数据处理规则来看，一是以指标统率的数据处理规则。各个指标既需要单独的统计，呈现其结果，也需要在不同指标之间进行整合，以形成更高级别的指标或分析认识维度，如何处理这种需求，需要依据监测模型确定。二是数值之间的规则。不同性质的数值具有不同的统计口径。选择什么样的统计口径也是由监测模型决定的。在监测模型的设计中，需要处理、规定数值采集的基本口径，防止同值异义或同义异值。否则，数据就失去了可比性，结果也会不可信、不可靠，难以准确地解释现实。

解释监测结果。监测结果以实践为起点，回归于实践，在实践中发挥价值。对监测结果作出合理的解释是监测结果能够得以应用并产生价值的重要前提。监测模型是对获得监测结果的逻辑设定，是解释监测结果的重要依据之一。对监测结果的解释要依据其产生的基本逻辑，让应用者理解数据、理解结果。作为对监测对象的当前状态的客观反映，数据化的描述是否合理，也是由监测模型决定的。如果数据的形成过程的逻辑不严密，甚至是混乱的，那么则难以有可靠的解释力。对数据的本质内涵需要通过比较来认识，如何比较则是由监测模型决定的。需要通过正确地运用比较逻辑来理解数据的内涵，否则只会知其值而不知其义。因此，解释监测结果必须依据监测模型。有效的监测模型应该能够解释正常的监测结果，也能够解释非正常的监测结果，否则监测结果的解释可能会变得随意。

二、监测模型的运行要素

教育监测模型通过自身的运行实现相关数据、事实信息的输入、处理、结果输出，获得相应的监测结果，以促进监测目标的达成。从监测模型的运行来看，它是以信息输入、重组、输出为基本特征的。聚焦于相关信息的获取与处理，县域教育现代化监测模型包括以下要素。

资源输入。监测是对客观事物的状态的数量化描述，反映事物状态的数据、事实的输入则是顺利实现监测目标的关键。因此，数据化资源是监测模型运行的基础。一个良好的模型能够实现对数据化资源的兼容，并明确地说明数据从哪里来，如何获取，提供数据的主体与方式是什么，从而使数据从现实的实践状态迁移到监测模型之中。在监测模型指导下建立稳定的联结，为实现大规模的数据采集奠定基础。

运行规则。规则是指模型的运行规则和资源的处理规则。规则是保障监测模型正常运行的重要条件。模型的运行规则涉及其存在的前提、运用主体、使用条件等方面，其目的在于使模型与监测主题、监测对象具有契合性，而不是在没有满足条件下进行监测。如果不能在满足相关的基本前提下进行相关的监测，那么监测模型则存在适用错误。其获得的结果是一种不可靠的结果。资源处理规则涉及采集的数据如何整理和分类、不同数据的运算规则、样本采集方式、数据采集的时间点、数据量等基本规定。它的核心是保障数据的运算，制定符合监测目的，能够达成监测目标的规则，防止数据采集、加工的随意性。规则是监测模型运行的基本前提，它是以目标为导向的，适用性是其基本特征。特别是从数据运算来看，它是以数学运算为基础的，要符合教育统计推断的基本原则。

监测结果。监测结果是基于对原始数据运算后形成的结果。它是依据指标体系对县域教育现代化实际情况的数据化反映，是对原始数据的高度抽象和概括。通过监测结果可以实现对县域教育现代化的状况的精确描述，依据县域教育现代化的相关要点形成对县域教育现代化的数据画像。因此，监测模型决定着监测结果输出的基本条件和形式。首先是数据数量。数据是以单个数据、单组数据的方式呈现，还是以批量数据呈现，需要监测模型予以规定。其次是结果的层级。依据同一模型获得的结果可以作相应的比较，进而实现县域教育现代化水平的比较。监测结果适用于哪些层级也是监测模型需要解决的。一个好的监测模型可以明确地根据其适用范围,选择性地输出相应的结果。再次是结果的表现形式。监测结果是以表格的方式呈现,还是以图形的方式呈现,监测模型应提出合理的建议,并支持不同形式的数据呈现。

结果解释。监测结果解释是对获得的结果的说明。明确监测结果所代表的意义是应用监测结果的重要前提。一个科学的监测模型必然需要对监测结果作出相应的解释。这个解释包括对监测结果形成过程的说明、对监测结果所代表的含义的说明、对监测结果适用条件的说明。由于监测结果是对一定时间、一定空间范围内的对象的反映,因此,县域教育现代化监测结果是反映绝对水平还是相对水平需要明确说明。如,在应用中需要满足哪些条件?注意哪些方面的问题?作比较分析时,数据之间是什么关系?如何选择相应的对象及其数据?如何理解同一对象的不同数据、结果?这些问题均宜基于监测模型加以明确。

三、监测模型的构建思路

监测模型是一个从无到有、从有到优的过程。从实际需要出发,从改进工作出发,从服务推进县域教育现代化出发,理清县域教育现代化监测的基本脉络,坚持需求导向,分类构建,论证优化,检验完善的基本思路,有利于充分利用各种力量构建县域教育现代化监测模型。

需求导向。县域教育现代化监测是为推进县域教育现代化工作服务的。实现县域教育现代化目标的长期性、艰巨性决定了不同的主体对县域教育现代化监测有不同的需求。深入全面地分析实践需求,坚持需求导向,可以使县域教育现代化监测模型更好地对接实践需要。县域教育现代化推进到何种程度,当前存在的短板有哪些,可以从哪些方面着力以改进县域教育现代化实践,这些是不同主体共同关心的问题和需求;同时,不同的主体也可能有自己的特殊需求。监测模型获得的数据和结果应尽可能满足不同主体的需求,让他们可以从监测形成的结果中获得所需要的数据,让数据成为支持各自推进县域教育现代化的有力依据。因此，构建县域教育现代化监测模型要加强对不同主体的需求调查和分析，特别是对关键群体的需求作深入细致的分析，并结合县域推进教育现代化的需要确定目标，做到应测尽测，按需所取。

分类构建。严格地说，县域教育现代化监测是一个模型体系。基于不同的发展阶段、不同的发展水平的县域教育现代化监测具有不同的特征和性质，应根据实际建立县域教育现代化的不同类型，以突出不同阶段、不同发展水平的县域教育现代化的特点。对照《中国教育现代化 2035》确定的目标，客观上存在着已经超过了国家规定要求的县域、接近国家要求的县域、与国家要求差距较大的县域。可以根据这三类县域构建三种类型的县域教育现代化监测模型，即优化模型、临界模型、问诊模型，突出不同数据的处理方式、报告要点的差异。①优化模型重点通过对该类县域超过国家教育现代化要求的程度及其创新程度，来衡量其县域教育现代化发展水平及其对其他地区的贡献。②临界模型则重点关注该类县域与国家教育现代化要求的差距在哪些方面，县域教育现代化发展的变化情况，预见其不足，预警其退步，为其实现自我超越，实现更高水平、可持续发展提供依据。③问诊模型则重点关注该类县域与国家教育现代化要求的差距是多少，突破的方向在哪里，为加快推进县域教育现代化提供依据。同时，不同的监测模型均可考虑加入相应的定制需求，实现监测的普遍性与个性化的结合，依据不同阶段的需要对监测模型进行修订完善。

论证优化。论证优化是县域教育现代化监测模型构建的重要一环。它贯穿于县域教育现代化监测模型构建的全过程。其目的是通过不同的视角认识和分析县域教育现代化、县域教育现代化监测及相应的需求，使县域教育现代化监测能够符合国家要求、对接实践需求，成为一个有用、可用、好用的监测模型。从论证优化来看，首先是需求论证。县域教育现代化的特征、阶段任务、实践模型是论证的重要内容。通过这个论证，可以更好地把握县域教育现代化的特征，处理好县域教育现代化与国家要求的关系。其次是技术论证。即教育的相关背景输入、过程、产出的实践要素与形态，如何才能使监测实现对教育的相关背景、输入、过程、产出的全面、恰当的关注，运用恰当的技术建立模型的规则，解决数据采得到、采得好，以及监测用得着、用得好的问题，使监测模型能够更好地运转，预见和解决监测实践中可能遇到的难点问题、监测模型运行可能存在的困难，提出解决问题的预案。通过不同行业、不同专业的专家论证，开阔模型构建的思路，发现监测模型存在的不足，为解决问题贡献智慧。论证专家既要多源，也要专业。要注意倾听不同实践主体对论证优化的意见，通过多轮的意见征求，对意见加以整合，在模型建构中逐一解决，形成解决问题的策略，使监测模型在监测中具有应用性、权威性。优化论证要重点聚焦于解决科学性和可行性的问题。从科学性来看，监测路径设计是否合理、监测指标是否全面、监测规则是否科学、监测结果是否可靠等问题是重点。从可行性来看，数据可得、数据可算、结果可用是重点。

检验完善。检验完善是县域教育现代化监测模型走向应用的关键环节。初步建立的县域教育现代化监测模型是否可用，必须接受实践的检验。检验完善有两个基本步骤。一是模拟监测。模拟监测的重点是将数据导入监测模型，通过监测模型的运行，观察相关的数据能否进行有效运算并获得期望的监测结果。二是试点监测。试点监测则是在真实的场境中进行的，它包括多方面的监测，核心在于检验包括监测模型在内的监测方案是否可行。因此，试点监测要制定严密的方案，以真实的监测活动来检验监测方案。依据监测中不同主体的习惯和建议，反思问题、推敲细节，优化监测模型中的实践操作，减少操作失误的成本。经过试点监测会暴露出更多的问题，一旦完成试点监测，那么意味着包括监测模型在内的监测方案已经趋于成熟，正式开展县域教育现代化监测的前提条件基本成熟。

监测模型的建构要重视反思。反思，特别是批判性反思贯穿于模型建构的全过程。监测团队要注意通过批判性反思发现和暴露问题，甚至要有推翻重来的勇气，使监测模型为反映县域教育现代化的真实状况服务。

第四节 监测体系的关键要素

县域教育现代化监测是一个实践体系。它旨在解决监测什么、怎么监测、监测结果如何使用等实践性问题。建立和完善县域教育现代化监测体系是推进县域教育现代化监测从理论转变为实践的关键步骤。

一、监测指标体系

监测指标体系是指县域教育现代化监测的内容体系。它是对县域教育的关键要素的系统化提炼、梳理，规定监测什么、怎样监测等基本问题，是县域教育现代化数据采集的直接依据。当指标体系实现数据化后，可以反映县域教育现代化的具体图像。

县域教育现代化监测指标体系是目标性与实践性的统一。"指标"是指在原始统计数据基础上通过分析和整理得到的、能综合反映统计总体数量特征的概念和数值。一个完整的指标由指标名称和指标数值两部分构成，它体现了事物质和量两个方面的规定性。[1]因此，指标既是质的规定，也是量的规定，是质和量的统一。评价指标体系是由不同级别的评价指标按照评价对象自身的逻辑结构科学地加以分类和组合而成的，用以衡量评价对象的发展水平或状态的若干指标的组合。评价指标体系主要由评价指标、权重和标准组成。[2]县域教育现代化监测指标体系是一定阶段县域教育现代化实践主体工作目标的具体化，也是一定阶段县域教育现代化监测团队工作内容的具体化。一方面，这些指标构成一个描述体系，反映理想的县域教育现代化是什么，使得县域教育现代化的阶段目标变得具体化，成为实践目标，引领着各级主体为之而奋斗；另一方面，指标体系规定着监测的内容，决定着监测的方式，为推动和改进县域教育现代化提供实时数据，使监测成为参与县域教育现代化建设的重要方式。

[1] 郑杭生，李强，李路路. 社会指标理论研究 [M]. 北京：中国人民大学出版社，1989:27.
[2] 朱庆环. 县域教育现代化评价指标体系研究 [M]. 北京：中国社会科学出版社，2019:7.

县域教育现代化监测指标体系的这两重属性使实践与监测聚焦于同样的内容，形成实践与监测之间的良性互动，闭合反馈，推进县域教育现代化深入实践，不断提升县域教育现代化的水平。

政策逻辑是构建县域教育现代化监测指标体系的重要起点。《中国教育现代化2035》是指导我国教育现代化的纲领性文件，规定着我国教育现代化的基本方向、内容和方式。县域教育现代化是国家教育现代化战略的有机组成部分，对接与细化国家的政策是构建县域教育现代化监测指标的客观要求。《中国教育现代化2035》中涉及国家、省、县、学校等不同层面、不同主体的指标，其中涉及县域的指标就可以直接转化为县域教育现代化监测指标。此外，《中国教育监测与评价统计指标体系（2020年版）》涉及了我国教育事业发展的关键要素，也是衡量国家教育发展水平、进行国际比较的重要依据。这一指标体系中涉及县域层次的指标就有80多项。其指向更具体，更易量化，具有操作性。将这些指标与国家教育现代化的工作要求结合起来，可以较好地涵盖县域教育现代化监测的重要内容。因此，县域教育现代化监测要把国家对教育现代化的质的要求和量的要求统一起来，以国家政策要求为基本逻辑构建一套权威的、可比较、可对接的指标体系。

实践逻辑是县域教育现代化监测指标体系应当体现的基本逻辑。实践是改造教育的根本途径。推进县域教育现代化是一项以实践为主要特征的系统工程。必须抓住制约县域教育现代化的关键问题，并设计具体的指标。从总体上看，县域教育现代化监测指标体系在性质上必须是符合国家政策、体现社会主义属性的；在内容上反映的应当是县域层次的问题，体现的是事与权的统一；在标准设计上应当是具有可靠数据支撑的，经过一定时期努力可以达成的、可以衡量和评价的内容。县域教育现代化监测指标体系体现了适应性与阶段性、普遍性与特殊性的结合，为监测结果应用赋予了广阔的前景。

二、监测实施体系

监测实施体系是依据监测指标体系开展数据采集、处理，形成监测报告的具体操作体系。它聚焦于数据采集—处理—结果报告这个核心环节开展工作，以保证监测质量为核心追求。

实施体系是以任务为导向的工作体系。实施是一个包括具体的设计、组织、实操、实现的过程。设计是实施的起点，它包括样本学校、监测点的选取，样本的抽取、整体工作的安排部署、人员分工、工作时段划分、任务分配等。设计是对实施工作的整体设计，以实施方案的形成为标志。组织则是对参与实施工作的人员进行动员、培训、调度，调集相关资源等。实操是对方案的具体执行。获取数据、分析数据、得出结果是实操的关键。它以操作特别是集体化的操作为表现形式。实现的核心是获得结果，即运用数据对县域教育现代化水平作出判断，形成相应的结论与建议等。在实施过程中，不同的阶段、不同的主体应当承担什么任务、责任均由监测方案规定。监测方案是实施的施工图、时间表，它是一个具有可操作性的方案。实施体系既是一个文案体系，更是一个操作体系。必须结合监测的目标任务，形成可实操的工作方案。

实施体系是县域教育现代化的数据生成体系。县域教育现代化实施体系由相应的机构和人员组成，具体承担数据采集、整理的任务，形成县域教育现代化监测网络。具体地说，是以教育监测机构为骨干，由不同层面、不同实践主体共同组成的一个实践网络，借助于这个网络实现数据主题化聚集并成为支持县域教育现代化改进的依据。

实施体系是一个动态的体系。围绕具体的工作目标，通过上下级的互动，实现监测工作有序化推进。在具体实施时，实现对数据采集的要点明确化、统一工作的口径、解决实施中的疑难和不确定问题。实施体系是以法定机构为基础的，不同的机构在实施中承担着不同的责任。沟通与协作是实施体系的基本工作方式。

实施体系是一个连续的系统。从单次监测来看，它包括监测的设计、组织、实施、反馈等，需要经历一个较长的时期才能完成。从长期来看，一个县域的教育现代化是需要着眼于短期、中期、长期的连续监测。通过连续监测，了解县域教育现代化的进程，明确县域教育现代化推进工作中存在的薄弱之处。因此，实施体系是在实践中不断完善的常态化工作机制。

实施体系是一个分工协作体系。在实施过程中，监测主体和监测对象围绕数据的获取，采取分工合作的方式获得相应的数据。特别是在大规模的实施过程中，上级教育管理部门往往会成为县域教育现代化监测的启动者，通过委托第三方实施监测，了解一个较大区域的县域教育现代化推进情况和工作成效。同时，县域教育现代化监测也可以由县级主体启动，通过自我监测，诊断其在推进县域教育现代化工作中存在的经验与不足。

三、监测应用体系

监测应用体系是指对县域教育现代化监测结果加以应用的结构体系。广义的教育监测是具体的监测活动与监测结果应用活动的结合。结果应用是监测工作的自然延续，也是推进县域教育现代化的重要组成部分。推进县域教育现代化监测必然要将监测结果应用纳入其中。监测结果应用包括解读、转化、改进等若干环节。县域教育现代化的推进主体和实践主体也是县域教育现代化监测结果的应用主体。

应用体系是一个以问题导向的实践体系。首先，是对县域教育现代化监测结果的解读。通过解读理解县域教育现代化的水平及其存在的优势与不足。解读可以由应用者独立完成，也可以由监测者和应用者共同完成。前者要求应用者具有较强的报告解读能力，后者则可以获得更为深刻、全面的认识，具有省时高效的特点。解读活动通常由监测者和应用主体共同完成。其次，是对县域教育现代化监测结果的转化。即将监测发现的问题转化为整改的举措、方案，把监测结果转化为干预措施，实现从简单的认识问题向解决问题转变。最后，是对县域教育现代化实践的改进。即对具体的改革举措、推进举措的具体践行。以监测结果为证据和依据，不断改进推进县域教育现代化的行动，以提高行动的实效，高质量达成县域教育现代化的目标。

应用体系的建立要因地制宜。结合监测的具体结果和本地实际特点，才能形成具有特色的、可操作的结果应用体系。否则监测结果难以落地。必须注意应用体系的层次性。应用的目的是为了改进，制约县域教育现代化的因素是多方面、多层次的，不同的主体承担着不同的责任，要结合监测发现的具体问题进行深入分析，捋清问题原因、责任主体，坚持权责匹配的原则推进问题整改。特别是要认识到政府既是推进教育现代化的主体，也是推进监测结果应用的主体；行政保障是推进监测结果应用的重要动力，进而采取有力措施落实整改。否则会出现力不能及的情况，导致整顿、改进工作流于形式，难以获得实效。

应用体系必须加强督导问责。建立监测结果的常态化发布机制。把县域教育现代化监测纳入教育督导工作，统筹规划、科学安排，常态化地实施县域教育现代化监测，及时发布监测结果。加强督导基础能力建设，特别是加强各地教育督导机构和队伍建设，配齐配优督导人员，开展常态督导。深入了解县域教育工作的改进情况、实践情况，以督政推进监测结果应用。各级政府和教育督导部门要把监测结果纳入督政督学的范畴，严格按《关于深化新时代教育督导体制机制改革的意见》《教育督导问责办法》的要求，加强引领、通报、警示等，以恰当有力的方式促进结果应用。

第二章　监测视角下的县域教育

认识县域教育是什么是开展县域教育现代化监测的起点。从监测视角来看，县域教育是县级行政区域内的各级各类教育活动的总和。它是县域经济社会活动的重要组成部分，是重要的民生。发展县域教育事业，提升县域教育质量是建设教育强国，加快推进教育现代化，办好人民满意的教育的重要内容。在迈向社会主义现代化强国的征程中，促进县域教育发展是各级政府的共同责任。

第一节　县及其职能

"县"是一个地域概念，也是一个行政概念。从不同的视角出发，县有不同的内涵。从行政级别来看，在国家行政层级中与县平级的是处级。从称谓来看，与县平级的称谓有县级市、区、旗、自治县等。从国家治理来看，县是以行政为基本内涵的区域概念，它包含着与其同级的县级市、区、旗、自治县等。它们共同的特征是有一定的地理空间、人口分布，承担着发展辖域内的经济、组织基层政治生活、提供基本公共服务、改善民生等基本职责。基于监测的视角，我们将县界定为县级行政区域。

一、县是我国行政体系的基础组成部分

县的稳定是国家稳定的基础。自古以来，作为基层政权的县，在安邦兴国方面发挥着重要的作用。我国最早的县出现在春秋时期的鲁国。秦统一六国后，在全国范围内建立了郡县制度，使得县的设置与管理得到进一步巩固和完善。郡县治、天下安，成为我国历朝历代治国理政的重要经验。新中国成立后，县在国家治理中的作用进一步巩固和发展。《中华人民共和国宪法》规定："中华人民共和国的行政区域划分如下：（一）全国分为省、自治区、直辖市；（二）省、自治区分为自治州、县、自治县、市；（三）县、自治县分为乡、民族乡、镇。直辖市和较大的市分为区、县。自治州分为县、自治县、市。自治区、自治州、自治县都是民族自治地方。"这一规定明确了县是我国行政层级的法定组成部分。履行法定职责是县级行政主体的基本义务。从我国的行政区划来看，县级行政区划具有相当的稳定性。一个县的设置往往会综合考虑人口分布、地理位置、经济发展水平、社会管理等方面的因素。县一旦设立就具有相当的稳定性。即便随着社会发展，一个县可能会变更为市或区，但其管辖的区域则很少出现大的调整，仍然需要在其行政区域内履行好发展经济、维护社会稳定、提供基本公共服务、持续改善民生等基本职责。国、省、县、乡四级政权体制成为我国各项法律法规、政策法令自上而下得以贯彻执行的重要基础，可以说，县的地位和作用是源于宪法授权的。

县在国家行政体系中具有重要作用。与国家和省级政权设置对应，县级存在着相应级别的党委、政府、人大、政协、工会等组织，能够较好地贯彻执行国家的各项法律法规和政策。《中华人民共和国宪法》规定："县级以上地方各级人民政府依照法律规定的权限，管理本行政区域内的经济、教育、科学、文化、卫生、体育事业、城乡建设事业和财政、民政、公安、民族事务、司法行政、计划生育等行政工作，发布决定和命令，任免、培训、考核和奖惩行政工作人员。"同一县域内往往具有相似的地理环境、地势地貌、人文风俗，人们的生产、流通主要是在县域内进行的，因此，县域是人们日常生产、生活的重要场所。国家的许多法律法令的执行、实施都是以县为基本单位展开的，县级政府负责

对辖区内的政治、经济、文化、生态进行管理，以促进县域内各项事业协调发展。教育作为民生的重要内容，也是县级政府的基本职责之一。督促县级政府依法履行好各项法定职责，既是整个国家治理的需要，也是促进县域发展的需要。县域得到发展，国家的可持续发展会更加持久、广泛。

小资料

县级行政区

县级行政区即行政地位与县相同的行政区，包括市辖区、县级市、县、自治县、旗、自治旗、特区、林区，为三级行政区，由地级行政区、直辖市管辖或由省级行政区（仅限于省、自治区）直接管辖。

截至 2020 年年底，我国共有县级行政区划单位 2844 个，包括 973 个市辖区、388 个县级市、1312 个县、117 个自治县、49 个旗、3 个自治旗、1 个特区、1 个林区。

资料来源：根据《2020 年民政事业发展统计公报》整理。

县是我国最广大的国土空间，是国家发展的重要支撑。目前，在我国尽管称谓不同，但具有相应的区域空间，聚居着一定产业和人口的县级行政区划单位有近 2900 个。依据经济发展水平和人口结构，我国的县最常见的称谓有县、市、区。县是指以农业为主，经济发展水平较低的广大农村地区。市主要是指辖区相对较大，经济发展水平较高，城市人口占多数的县级区域。区主要是指城市中经济实力强、农业人口占比少的区域。从全国来看，县是主体。据统计，2022 年年底，全国称之为县的县级区域就达 1418 个（含自治县 117 个），占全国县级行政区划的 49.88%。其中人口数量达到 50 万人以上、人口密度大于 1000 人 / 平方千米的县有 400 多个。这些县不仅是我国基本的治理单位，而且为国家的经济社会发展提供了大量的自然资源、人力资源支撑。

二、县是我国区域生产生活的组织单位

县域内具有可调动的自然资源、人口资源，这决定了县级政府是县域内的生产生活的重要组织主体。开发利用县域内的资源，以满足人民群众不断增长的生产生活需要，满足人民群众对美好生活的期盼，是县级政府的重要职责。县级政府要及时了解人民群众的需求，了解人民群众的需求变化，对人民群众的诉求和期盼作出及时回应，将党和国家的政策要求、关心关怀及时传递到人民群众中去。

县域是人们生产生活的主要空间，是连接宏观与微观的桥梁。在我国广袤的西部地区、农村地区，人们日常的生产、生活主要发生在县域内。从政治生活来看，人们通过县域内的各种政治活动，了解国家政策、法律，广泛深入地参与到国家政治生活中。国家的各项法律法规、政策要求主要是通过县级政府的组织得以落实的。县级政府具有相应的财权、事权、人权，可以在国家法律框架和授权范围内依法规划、发展各项事业，优化资源组合，促进经济社会和谐发展。县级设置的经济、教育、文化、科学、卫生、城乡建设等职能机构可以将国家要求全面具体落实到基层工作中，落实到生产生活中，使人民群众共享国家发展成果、地区发展成果。从生产生活来看，县域内可以设置、创办相应的工厂、企业、公司，加强物资流通，满足人民群众对物质生活的需要。从改善民生福祉来看，县级政府既要调动本区域内的资源发展经济、改善民生，也要积极争取上级支持和其他外部资源、力量，不断改善民生。县具有稳定性，也具有流动性。一方面，县域内的产业、人口相对稳定，产业、供给等也相对稳定；另一方面，县域内的人口、资源也具有流动性，不同主体通过资源流动换取生产、生活所需要的资源，不断改善生产生活水平。我国的县域广阔，数量众多，为县域间的竞相发展创造了条件，使得县域经济活动更加活跃，物质和精神生活供给愈加丰富，以不断满足人民群众对美好生活的向往，也为激发人民群众的创造性，探索适合县域特点的发展方式提供了重要的推动力量。

小资料

"十四五"县域经济发展新趋势

"十四五"时期，我国县域经济发展呈现六大特征趋势：一是县域经济发展定位从国际大循环"供给泵"向双循环末端"压舱石"加速转变；二是县域经济发展主体从产业配套的承载地向工业经济的主阵地加速转变；三是县域经济发展空间从城乡二元发展模式向城乡深度融合发展加速转变；四是县域经济发展模式从孤立封闭发展向区域协同一体化发展加速转变；五是县域经济发展任务从完成脱贫攻坚任务向实现乡村全面振兴加速转变；六是县域经济发展方式从资源环境粗放消耗向可持续的绿色县域加速转变。

资料来源：赛迪顾问，2021赛迪百强县权威发布！《2021中国县域经济百强研究》重点内容一览。

县域内部城乡之间、乡镇之间的客观差异为县域发展增添了活力。从城乡差异来看，县城的基础设施完善，社会服务较好，往往能够吸引本区域内的农村人口向县城迁移，或者其他区县的人口、产业向县城迁移，实现人口城镇化，引领本县人口城镇化快速发展。从乡镇之间来看，县城及其周边呈现人口集中、产业集中的特点，是县域内优质资源相对集中，最有活力的地区；而农村地区则以农业为主，经济活力相对较差，人口呈现净流出趋势。特别是地形地貌差，生活基础设施不足，没有优势或特色产业的农村，年轻人口更是通过各种方式逐步加速流向县城或其他城市。同时，县城的优秀人才向更具吸引力的大中城市迁移也是普遍现象。

三、县是连接国计民生的重要一环

县域是人们生产、生活的主要场所。县具有较大的地理空间，广大人民群众可以直接从县域中获得生产、生活的必需资源，通过生产实现资源流通，为国家建设和发展提供所需要的资源，为实现国家繁荣、进步贡献力量。因此，县域是我国经济发展、社会服务的重要主体单元之一。

县域是发展经济、保障民生、促进社会和谐、维护社会稳定的基石。县为国之基，民乃邦之本。县域内生活着大量的人口，他们为国家经济社会发展提供了重要支撑。从经济发展来看，县域经济是我国经济的重要组成部分。广大的县域为国家的工业生产和人民的日常生活提供了大量的矿产品、农产品等。据统计，2022年中国县域GDP占全国GDP的比例在40%左右。[1]县域经济为国家发展贡献了重要力量，为改善民生提供了重要支持。即使到2035年我国城镇化率提高到70%，全国仍有30%的人口生活在农村。发展县域经济及各项社会事业关系到社会稳定、和谐和民生福祉。县具有贴近人民群众、贴近生产生活的特点，县级政府可以及时了解人民群众的需求，了解人民群众需求的变化，对人民群众的要求作出及时回应，将党和国家的政策要求、关心关怀及时传递到人民群众中去。吸纳更多资金、技术、人才流入县域，以打造工业园区特色镇、旅游观光特色镇、商贸物流特色镇、生态宜居特色镇、现代农业特色镇、创新创业特色镇为着力点，提高县域创新发展的内生动力，壮大县域经济，促进县域发展，完善小城镇基础设施和医疗教育等公共服务，创设"宜人宜居宜业"的社会服务软环境，为百姓创造良好的生活环境。促进县域各项事业和谐发展是国家长治久安的需要。

县域间的协调发展需要国家统筹。人口和自然环境的差异是国家统筹的客观前提。不同的县之间有着地势、地貌的差异，也存在着人口、经济等方面的差距。从面积来看，我国陆地面积最大的县达20多万平方千米，相当于浙江省、江苏省陆地面积之和，最小的县面积则仅有几十平方千米。从人口来看，人口最多的县有100多万人口，人口最少的县则仅有不足1万人。人口密度最大的县超过4000人/平方千米，而人口密度最小的县则不足0.5人/平方千米。

---

[1] 全国54个"千亿县"，带来哪些启示？ [EB/OL]http://m.gmw.cn/2023-07/26/content_1303454947.htm.

这些客观存在的差异使得县域间的发展难以做到同步发展、同时发展，加强国家的统筹有利于减小县域间民生福祉的差距，实现国家和地方的协调发展。不同地方经济支撑发展的能力存在差异。总体来看，沿海地区、东部地区的县较内陆地区、西部地区的县发展得更快更好。中郡研究所发布的《2019县域经济与县域发展监测评价报告》表明，全国县域经济与县域综合发展前100名县市数量居全国前3位的省份是浙江（24个）、江苏（19个）、山东（11个），均属东部地区。在很长一段时期内，贫困县主要分布在中西部地区。2012年，国务院扶贫开发领导小组办公室公布了国家扶贫开发工作重点县名单，全国共592个贫困县，全部集中在中西部地区。其中，包含中部省份217个县、西部省份375个县，分别占全国的36.66%、63.34%。2020年，我国的贫困县全部摘帽后，不同县域的客观差异在一定时期内存在，乡村振兴的难点仍在中西部地区。差异使我国县域发展水平参差不齐，客观上增加了国家管理的难度，也增加了县域发展的难度。促进县域发展需要在党中央的领导下，加强国家和省级统筹，促进区域内的县域间协调发展，防止在民生福祉上出现过大差异。

第二节　县域教育的地位

县域教育事业主要是指由县级政府主办或管理的教育机构及其活动。它是县域公共服务的重要组成部分，包括家庭教育、学校教育、社会教育等不同的类型，在国家教育体系中具有基础性作用。县域教育是落实国家教育方针的重要阵地，是国民教育体系的重要基础，是国家长治久安的基础工程。发展县域教育事业，是发展国家教育事业的有机内容，是建设社会主义现代化强国的需要。

一、国家长治久安的基础工程

政治清明、经济强盛、国防强大是一个国家长治久安的重要基础。教育为国家的长治久安提供了重要的人力资源和人才资源支撑。县域教育的发展不仅关系到国家教育的整体质量，而且关系到国家的长治久安。

教育的基本功能是对人的教化。越是在基础教育阶段，教育所产生的教化功能越持久。"培养什么人、怎样培养人、为谁培养人"是教育的根本问题，也是教育的基本出发点。县域教育在践行培养合格的社会主义劳动者和接班人的使命中具有基础性作用。中小学生的发展事关未来劳动者和接班人的素质，培养德智体美劳全面发展的社会主义劳动者，必须加强基础教育工作。县域教育是以基础教育为主体的，在国民教育体系中具有基础性作用，加强和发展县域教育是国家教育事业的重要内容。

教育涉及广大人民群众的切身利益。教育具有改变命运、改变贫穷的基本功能，是阻断贫困代际传递的重要力量和方式。教育是改变贫困的重要力量。从现实的需求来看，教育可以促进人民福祉的提升。随着经济社会的发展，人民群众对教育的期望越来越高，特别是在社会化大生产越来越普及、合作程度越来越深入的前提下，开展社会化大生产需要劳动者具有更高的素质和更好的合作精神。教育是县域内广大人民群众，特别是弱势群众更为广泛、深入地参与到社会化大生产的重要支撑力量，为他们参与社会化大生产积蓄必需的知识、才能。从世界范围来看，1995 年世界教育大会提出了千年发展目标，把普及义务教育、发展中等教育作为不发达国家发展生产力的重要举措；2000 年，又提出了 2030 年可持续发展目标，促进世界范围内的广泛合作，促进国家的发展。经过几十年的努力，我国的教育水平已经处于世界中上等水平。2021 年，31个省（区、市）和新疆生产建设兵团的 2895 个县都实现了县域义务教育基本均衡发展。这是继全面实现"两基"后，我国义务教育发展中的又一重要里程碑，标志着我国义务教育站在了新的历史起点上。[1] 全面实现县域义务教育基本

---

[1] 教育部. 全国县域义务教育基本均衡发展国家督导评估认定收官 [EB/OL]. http://www.moe. gov.cn/s78/A11/s8393/s7657/202205/t20220505_624731.html.

均衡发展后，向优质均衡发展，以不断满足人民群众对优质教育资源的需求，实现从"有学上"到"上好学"的切实转变，让人民群众在教育上有更强的获得感、幸福感将成为办好人民满意的教育的重要时代主题。以基础教育为主体决定了县域教育是直接与人民群众打交道的，县域教育发展的好坏直接决定着人民群众对教育的满意度。从一定意义上讲，人民群众对教育的满意度是对党委和政府履行教育职责，推进教育现代化工作满意与否的重要体现。

教育是提高生活质量的重要渠道。教育不仅授人以鱼，而且更加强调授人以渔。县域教育不仅可以使人民群众获得参与社会生产生活的基本知识，而且能够促进人们的知识和能力更新。现代信息技术的发展突飞猛进、日新月异，基于互联网的信息技术已经极大地改变了人们生产生活的形态。人们的生活、生产半径比过去成倍扩大。从互联网中获取必需的生产生活信息已成为新时代人们必备的基本素质。接受优质的教育可以让人民群众更加迅速、准确地理解、应用互联网，丰富个人的精神生活、日常生活，方便人与人之间的交流沟通……同时，教育也能够提高人民群众对互联网信息的分辨能力，做到不信谣、不传谣，学会在互联网中保护自身利益，为维护社会稳定做贡献。

教育是维护社会稳定的重要力量。县域教育培养了人民群众参与现代生产生活的基本素质，也为国家建设和发展输送了合格的人力资源，对实现国家长治久安，实现国家现代化具有重要意义。接受了良好基础教育的公民具有更好的规则意识、法治意识，是维护社会稳定的力量。现代社会的信息是高度发达的，人们关注的热点问题也容易转化为影响范围较广的舆情事件。人民群众的受教育程度越高，就越愿意对各种突发的社会舆情事件加以冷静分析，避免对不明事件的盲从与跟风。县域教育的普及与提升可以不断增强人民群众对国家的认同感，增强民族自豪感，可以有效地阻止敌对势力、邪教势力对分布在广大县域地区的人们的渗透。

教育是国家事业的重要组成部分。教育肩负着为国家建设、社会发展进步输送合格劳动者和接班人的使命。教育的基本社会功能是对社会文化的传承，先进生产技术、科学技术、文化艺术等主要是通过教育来实现代际的有序传递的。良好的教育事业不仅是满足人的发展的需要，也是维护国家稳定、社会和谐的需要。重视和发展县域教育事业，是国家教育现代化战略的有机组成部分。

二、国民教育体系的基础

国民教育体系在提高国民的整体素质，促进人的终身发展方面具有不可替代的作用。其中，学校教育系统是国民教育体系的主要组成部分。学校教育在县域内具有不可替代的作用。以学校教育为主体的特征决定着县域教育在国民教育体系中的基础地位。

建设现代国民教育体系是我国教育现代化的重要任务。《中共中央关于构建社会主义和谐社会若干重大问题的决定》提出要"建设现代国民教育体系"。现代国民教育体系以终身教育思想为导向，以普通教育和职业教育为基础，以初等、中等、高等教育为层次，以成长教育和继续教育为阶段，以提高全民族思想道德素质和科学文化素质，形成全民学习、终身学习的学习型社会为目标。我国通过一系列的制度和法律保障公民的基本权利，形成了世界上最大规模的国民教育体系。这一体系是对我国所有享有公民权利的人所提供的一种不同层次、不同形态和不同类型的教育服务系统。2022 年，全国共有各级各类学校51.85 万所，各级各类学历教育在校生 2.93 亿人，责任教师 1880.36 万人。[1]促进国民教育体系的健康发展，需要以相应的经费保障机制、教师保障机制和国民享受教育权利保障机制作为前提和基础。2021 年，全国教育经费总投入为 57873.67 亿元，比上年增长 9.13%。其中，国家财政性教育经费（主要包括一般公共预算安排的教育经费，政府性基金预算安排的教育经费，国有及国有控股企业办学中的企业拨款，校办产业和社会服务收入用于教育的经费等）为45835.31 亿元，比上年增长 6.82%。[2] 这为促进我国国民教育的健康发展提供

---

[1] 教育部 . 2022 年全国教育事业发展统计公报 [EB/OL]. http://www.moe.gov.cn/jyb_sjzl/sjzl_fztjgb/t20230705_1067278.html.

[2] 教育部，国家统计局，财政部 . 关于 2021 年全国教育经费执行情况统计公告 [EB/OL]. http://www.moe.gov.cn/srcsite/A05/s3040/202212/t20221230_1037263.html.

了有力保障，成为建设现代国民教育体系的重要基础。现代国民教育体系是教育现代化的重要支柱，建设现代国民教育体系自然将县域教育包含其中。教育现代化是包括县域教育现代化在内的整体现代化，推进国家教育现代化不能无视县域教育现代化。

县域教育是我国国民教育体系的重要基础。按学段划分，我国的学校教育可以分为学前教育、义务教育、高中阶段教育、高等教育。经济社会发展水平越高，人们受教育的需求也会不断提高，人们实际受教育的平均年限也会延长。同 2000 年第五次全国人口普查相比，2010 年每 10 万人中具有大学文化程度的由 3611 人上升为 8930 人；具有高中文化程度的由 11 146 人上升为 14 032 人；具有初中文化程度的由 33 961 人上升为 38 788 人；具有小学文化程度的由 35 701 人下降为 26 779 人。[1] 与 2010 年第六次全国人口普查相比，2020 年每 10 万人中拥有大学文化程度的由 8930 人上升为 15 467 人；拥有高中文化程度的由 14 032 人上升为 15 088 人；拥有初中文化程度的由 38 788 人下降为 34 507 人；拥有小学文化程度的由 26 779 人下降为 24 767 人。全国人口中，15 岁及以上人口的平均受教育年限由 9.08 年提高至 9.91 年。[2] 近 20 年的数据变化充分反映了我国发展教育事业取得的辉煌成就。特别是每 10 万人口中小学、初中文化程度人口的下降反映了我国教育水平的整体提升，及人们对更高程度的教育的认同和追求。在现代社会中，学前教育、义务教育和高中阶段教育对人的发展具有奠基作用，通常被称为"基础教育"。基础教育既是一个人更好地参与到社会生活，提高个人生活质量和生命质量的重要前提，也是国民教育体系的重要基础。联合国教科文组织在描述全民教育成就与挑战时，认为幼儿期对于未来的个人福祉有着根本性影响，[3] 普及初等教育的成就被认为是最

---

[1] 中华人民共和国国家统计局 . 2010 年第六次全国人口普查主要数据公报 [EB/OL]. www. gov.cn/test/2012-04/20/content_2118413.htm.

[2] 国家统计局，国务院第七次全国人口普查领导小组办公室 . 第七次全国人口普查公报（第六号）——人口受教育情况 [EB/OL]. http://www. stats. gov. cn/ztjc/zdtjgz/zgrkpc/dqcrkpc/ggl/202105/t20210519_1817699.html.

[3] 联合国教科文组织 . 2000~2015 年全民教育：成就与挑战 [M]. 北京：教育科学出版社 2015:4.

重要的全民教育指标，[1] 将中等教育作为工作和生活技能的基础性指针。[2] 没有良好的基础教育，也难以有高质量的高等教育。县域教育是以基础教育为主体的。县域人口结构中学生比例很高，通过在四川苍溪的调研发现，在县城，学生占比约为 30%；而在小城镇、乡镇层面，这一比例高达 50%~60%。形成明显的"书包里的县城""书包里的乡镇"现象。[3] 因此，县域教育是国民教育体系的重要基础是由其教育结构和其在国家治理体系中的性质决定的。发展县域教育关键是促进县域内基础教育事业的发展。建设高质量的、惠及全民的国民教育体系，必须抓好县域教育的发展，努力提升县域教育质量，增强县域教育发展潜力。

三、落实国家教育方针的重要阵地

县域在我国的分布广、人口多，是国家治理的基础。教育方针体现了国家意志，事关"培养什么人、怎样培养人、为谁培养人"这一教育的根本问题，落实教育政策、贯彻教育方针是县域教育的基本使命。

贯彻落实国家教育方针。国家教育方针是国家发展战略的重要组成部分。从国家治理来看，国家的发展战略、各项规章制度是经过各级政府在本区域内组织实施的。不同层级、不同区域的实践活动使得国家的各项事业得以蓬勃发展。县级政府承担着本区域内相关的教育资源的调配与组织、教育事业发展规划与统筹、教育活动的组织与实施等基本职责，履行好这些职责可以不断提升县域教育质量，满足人民群众对美好生活的向往。改革开放以来，我国的教育管理形成了分级管理的基本体制，特别是义务教育管理强调的是"以县为主"。县级政府是贯彻落实国家教育方针的重要主体。作为国家治理的一环，县域教育必须全面执行国家的教育方针政策，履行各项法定职责，促进教育事业健康、持续、协调发展，不断提高县域教育质量。从一定意义

---

[1] 联合国教科文组织.2000~2015 年全民教育：成就与挑战 [M]. 北京：教育科学出版社 2015:6.

[2] 联合国教科文组织.2000~2015 年全民教育：成就与挑战 [M]. 北京：教育科学出版社 2015:10.

[3] 刘云中，肖磊. 成渝如何抓住人口回流机会，走高附加值创新之路 [EB/OL]. https://m.thepaper. cn/newsDetail_forward_20960726.

上讲，一个县的教育发展的好坏，与县级政府履行教育职责的好坏直接相关。如果一个县对国家教育方针执行不到位，就很难实现其辖域内教育的高质量发展和可持续发展。

严格执行国家教育法规政策。县域是国家教育方针的重要执行层面。从宏观上看，县域教育需要在国家教育方针指导下，主动对接国家的各项教育法律法规的要求，依据本地实际切实落实教育优先发展战略。县域教育对教育方针政策的执行，首要的是履行好法定的教育职责，履行相应的财政事权，加强对发展教育、提升教育质量的基本保障条件的投入。如，依据义务教育事权的划分，一些项目县域需要分担教育投入的 20% 的经费，从教育附加费中安排相应的教育支出，确保本级财政投入"两个增长"。在微观的教育活动上，则需要综合考虑经济、人口等方面的因素，加强对本县域的教育结构、学校布局的规划、统筹并有目标、有计划地实施，促进教育质量的提升。概括地说，广泛调动一切积极因素，优先发展县域教育事业，提升县域教育质量是县级政府的重要职责。

创造性地组织教育实践。国家教育方针需要通过不同类型的教育和不同的学校加以落实。从实践的角度来看，相关的教育政策体系、制度体系、实践体系构成一个整体，并以不同层面、不同形式的实践活动为具体载体，形成落实国家教育方针的实践体系。县级政府要结合地方实际加强对党和国家的教育方针的宣传，引导人民群众正确地认识教育、理解教育，形成对教育方针的基本共识，营造良好的区域教育发展氛围，创造性地执行党和国家的教育方针。特别是要着力于县域内的微观教育实践活动，如组织教师培训、规范设置和落实国家课程计划，组织开展适合不同学段学生、不同群体的教育活动，促进学生全面健康发展，建设学习型社会，为本地和国家建设输送合格劳动者，为上一级学校输送优质生源，实现教育与地方经济社会和谐发展的目的。如果离开了县域内教育工作的从业者、决策者的创造性，党和国家的教育方针是难以准确地贯彻落实的。

第三节 县域教育的特征

县域教育是国家教育体系的重要组成部分。它是以县级行政区划为地理区间，以县级政府为调控主体，具有地域特色和功能完备的区域教育。[1] 发展县域教育，夯实国家教育体系的基础，对于促进国家教育整体现代化具有重要作用。从国家教育体系的整体视角来看，县域教育具有基础性、完整性、普惠性、差异性的特点。

一、基础性

基础性是指县域教育在人的发展和社会发展中具有奠基作用，是人和社会持续发展的重要基础支撑之一。它具有不可替代性、不可超越性。县域教育发展与现代经济社会发展越适应，越能发挥其对个人和国家的积极作用。

人是社会的核心构成要素。人具有生物性和社会性，但从本质上讲，人是一切社会关系的总和。社会性的发展是人的发展的关键，教育则是促进、发展人的社会性的重要力量。人从自然界分离出来，脱离了以生物属性为主而以社会属性为主以后，教育在促进人的社会性的培育与发展方中发挥着不可替代的作用。特别是基础教育对人的早期发展、终身发展具有重要的奠基作用。通过基础教育获得参与社会生活的基本知识、基本技能，获得进一步发展所需要的基本知识和基本技能是现代社会中个体发展不可逾越的一环。尽管随着经济发展、交通更加便捷，人们可以在更大范围内开展日常活动，甚至在异地求学、工作，但是绝大多数人在婴幼儿期、儿童期乃至青年早期仍然是以父辈居住地为核心区域学习、生活的。他们的日常学习、生活的空间半径往往从几公里到几十公里不等，这个范围大多属于其所在的县域。从教育的角度来看，以基础教育为主体的县域教育恰好与人从婴幼儿到青年早期社会性的发展需求相契合，因此，绝大多数人可以在县域内接受并完成基础教育。从这个意义上讲，

---

[1]朱庆环.县域教育现代化评价指标体系研究[M].北京：中国社会科学出版社,2019:7-8.

县域教育对人的发展具有良好的基础性作用。发展县域教育、促进县域教育现代化是对人的基本权利的尊重和维护。

县域教育是国家教育体系的重要基础。国家教育体系是由国民教育体系和非国民教育体系组成的。其中，国民教育体系的主体是学校教育体系。从国家的学校构成来看，学校教育体系包括学前教育、基础教育、职业教育、高等教育等不同类型、不同层次的各级各类学校，它们组成一个整体并承担着国民教育的任务。从县域内的学校来看，则主要包括学前教育、基础教育和中等职业教育学校。以基础教育为主体的县域教育，一方面，可以为国民教育体系更加强大提供支撑，实现宽基础、强质量；另一方面，可以为提升国民素质，提高劳动者的素质，为社会化大生产转型升级提供必需的、合格的劳动者。因此，县域教育承担着满足人民群众接受基础教育需求，保障人民群众基本的受教育权利的责任；同时，也为高等教育输送数量更多、更具发展潜力的优秀生源，为我国参与全球竞争赢得发展主动权奠定坚实基础。建设教育强国，加快推进教育现代化，办好人民满意的教育，必须加快发展县域教育。

二、完整性

完整性是指县域教育在内容和形式方面具有覆盖广泛的特征。县域教育不仅涉及国民教育的基础部分，也涉及社会教育和家庭教育。在国民教育方面，除了高等教育和军事教育外，在我国绝大多数县域内均分布着学前教育、义务教育、高中阶段教育学校。发展县域教育就是要促进县域内各级各类教育的整体发展、协调发展。

从学校教育来看，依据我国目前的基本学制，即学前教育 3 年、义务教育 9 年、高中阶段教育 3 年推算，县域内可提供的正规学校教育在时间跨度上长达 15 年。对于大多数学生来说，这 15 年正规的学校教育并不是在一所学校内完成的，不同的学段需要在不同的学校内接受相应的教育。在学前教育和义务教育阶段，主要是采取就近原则，选择家庭与学校之间空间距离较近的学校接受教育，获得相应的知识和技能，养成适合未来发展的核心素养。在完成义务教育后，经过考试选拔，学生分流进入普通高中或中等职业学校继续接受高中阶段教育。无论是在哪个学段，学生主要学习基础性的内容，为养成适合未来发展和后续学习的核心素养奠定基础。从实施来看，不同学段的学校按照国家的教育方针和相应学段的培养目标，落实国家规定的课程方案，引导学生德智体美劳全面发展，为适应更高一级的学校生活或社会生活做好准备。县级政府必须着眼于国家教育方针的落实和人的全面发展，履行好法定的教育职责，加强对县域内的各级各类学校的统筹规划、合理布局，促进县域教育全面、协调、优质发展，不断满足人民群众对优质教育的需求。

从家庭教育和社会教育来看，家庭教育和社会教育具有学校教育所不具备的优势。家庭教育、社会教育与学校教育相互配合，方能更好地助力学生的全面发展。家校合作是促进个体发展的重要积极力量。良好的家庭教育可以促进学校教育更好的发展。比如，重视教育的家庭，家长会在能力范围内想方设法让孩子接受良好的学校教育，并对学校教育作出积极的配合和回应，改变自身的学习和工作，努力形成家庭教育与学校教育的良性互动。社会教育则可以弥补学校教育、家庭教育的不足，为人民群众提供更好的继续教育，促进终身学习理念的践行和落实，构建学习型组织、学习型社区，为丰富少年儿童的课余生活，提高成年人的生活质量提供较好的服务。发展县域教育也需要对家庭教育、社会教育进行同步规划、积极实施。

发展县域教育需要将家庭教育、学校教育、社会教育统筹规划，整体推进。通过构建家庭教育、学校教育、社会教育的良好生态，提升县域教育的质量，发挥县域教育满足民生需求，维护社会和谐稳定的作用。

三、普惠性

普惠性是指县域教育面向县域内的全体居民，使人民群众可以普遍受益的性质。它表现为县域教育是不收费或少收费的，能够让人民群众以较低成本参与到教育活动中，享受教育的衍生收益。

创造便利的入学机会。首先，是保障平等的受教育权利。凡是具有我国国籍的所有适龄儿童、少年，不分性别、民族、种族、家庭财产状况、宗教信仰等都依法享有接受教育的权利。其次，是在义务教育阶段实施就近入学。以家校距离或步行时间作为衡量学生就近入学的标准。在群众聚居区域建立学校，让学生能够在"家门口"就近方便入学。对于个别地理环境差、交通不便、辐射范围广的地区，则建立寄宿制学校，让学生在学校生活和学习。就近入学减少了学生因远失学的可能。再次，是创造更多的学习机会。受教育年限的增长是经济社会向更高水平发展在教育方面的重要体现。适应这种变化是县域教育高质量发展的要求。如，21 世纪初期，四川省从民族地区实际出发创造性地提出和实施了"9+3"计划，即"9 年义务教育 +3 年中等职业教育"，使民族地区的学生普遍能够享受 12 年免费教育，为维护民族团结，维护藏区长治久安作出了重要贡献。这一经验后来被推广到了全国各地。

　　免费义务教育是县域教育普惠性的典型表现。在过去经济发展水平较低的时期，接受教育的个体是以付出一定的经济成本为前提的。"行束脩之礼"是我国古代劳动人民接受教育的重要条件之一。如果一个家庭的经济条件较差，那么这个家庭的子女接受教育的机会也可能受到限制。新中国成立后，在经济水平发展较低的时期，我国采取穷国办大教育的策略，倡导"人民教育人民办，办好教育为人民"，通过成本分担的方式，使人民群众有了更多的受教育机会。从 2001 年秋季开始，中央财政设立专项资金，对中西部农村地区义务教育阶段贫困家庭学生试行免费提供教科书制度。[1] 自 2006 年以来，我国按照"明确各级责任、中央地方共担、加大财政投入、提高保障水平、分步组织实施"的基本原则，逐步将农村义务教育全面纳入公共财政保障范围，建立中央和地方分项目、按比例分担的农村义务教育经费保障机制。[2] 从最初的免学费、免书本费到全免费的义务教育，从农村到城市，使人民群众的教育支出负担进一步减轻，使义务教育惠及全体国民。同时，在部分经济发达的地区，免费教

---

[1] 教育部，财政部. 关于印发《免费教科书政府采购工作暂行办法》的通知 [EB/OL]. https://www.moe.gov.cn/srsite/zsdwxxgk/200501/t20050128_61542.html.

[2] 国务院关于深化农村义务教育经费保障机制改革的通知 [EB/OL]. https://www.moe.gov.cn/jyb_xxgk/moe_1777/moe_1778/tnull_27721.html.

育则从义务教育扩展到了高中阶段的教育。县域教育不收费或少收费，为广大人民群众特别是经济落后地区的适龄儿童、少年上学提供了重要支持，最大限度地减少了学生因贫失学的情况。

扶助弱势群体。在原有助学金制度、奖学金制度的基础上，根据新的形势不断健全和完善学生资助体系，对家庭经济困难学生实施有针对性的资助，防止学生因贫失学。在学前教育阶段，按照"地方先行，中央补助"的原则，从2011年秋季学期起，建立学前教育资助政策体系。[1] 在普通高中教育阶段，从2010年起，按照"加大财政投入、经费合理分担、政策导向明确、多元混合资助、各方责任清晰"的基本原则，建立以政府为主导，国家助学金为主体，学校减免学费等为补充，社会力量积极参与的普通高中家庭经济困难学生资助政策体系，从制度上基本解决普通高中家庭经济困难学生的就学问题。[2] 在中等职业教育阶段，从2012年秋季学期起，将中等职业学校国家助学金资助对象由全日制正式学籍一、二年级在校农村（含县镇）学生和城市家庭经济困难学生，逐步调整为全日制正式学籍一、二年级在校涉农专业学生和非涉农专业家庭经济困难学生。[3] 从2016年起，四川省以教育扶贫攻坚为基本载体，确定了提高"四大片区"贫困县幼儿保教费减免比例、免除建档立卡贫困家庭在园幼儿保教费、在中职助学金的基础上，再给予贫困家庭学生一定的生活补助、集中连片特困地区"9+3"免费教育[4] 等学生资助政策，加大对贫困学生的资助力度。这些资助政策的制定与实施，让人民群众特别是家庭经济困难学生得到了实惠，减少了学生因贫失学的情况，保障了学生享受教育的权利。此外，

---

[1] 财政部，教育部. 关于建立学前教育资助制度的意见 [EB/OL]. https://www.moe.gov.cn/jyb_xxgk/moe_1777/moe_1779/201308/t20130807_155306.html.

[2] 财政部，教育部. 关于建立普通高中家庭经济困难学生国家资助制度的意见 [EB/OL]. http://www.moe.gov.cn/jyb_xxgk/moe_1777/moe_1779/201009/t20100927_108762.html.

[3] 财政部，国家发展改革委，教育部，人力资源社会保障部. 关于扩大中等职业教育免学费政策范围 进一步完善国家助学金制度的意见 [EB/OL]. http://www.moe.gov.cn/jyb_xxgk/moe_1777/moe_1779/201210/t20121030_143848.html.

[4] 四川省财政厅，四川省教育厅，四川省人力资源和社会保障厅，四川省扶贫移民局. 关于实施教育扶贫攻坚政策有关事项的通知 [EB/OL]. https://www.scxszz.cn/single/2016/05/16/171018101410694126641710240953462427178.html.

还通过社会捐助保障学生的入学权利。"希望工程"就是社会捐助的典型代表。1989 年，共青团中央、中国青少年发展基金会发起实施希望工程，动员社会力量改善贫困地区基础教育设施、救助贫困失学少年。截至 2021 年，全国希望工程累计接受捐款 194.2 亿元，资助家庭经济困难学生 662.6 万名，援建希望小学 20 878 所，[1] 有效推动了贫困地区教育事业的发展，服务了贫困家庭青少年成长发展，弘扬了社会文明新风。希望工程成为我国社会参与最广泛、最富影响力的公益事业之一。

多举措解决学位不足问题。随着城市化进程的加快，我国大中城市甚至县城出现了学位不足的问题。为保障人民群众的受教育权利，促进县域教育健康发展，各级政府积极采取多种举措解决部分地区现有学校的学位难以满足人民群众受教育的需要这一问题。一是购买学位。部分地方由财政经费买单，以政府购买服务的方式，增加财政投入，向民办学校购买学位，保障学生入学。二是新建学校。结合国土空间布局规划调整，在新建小区配套建立普惠型幼儿园、小学、初中等，解决新增入学人员的就学问题。三是改建学校。根据需要将过去闲置的学校等国有资产进行改造后重新启用，建设寄宿制学校等，解决进城务工人员子女和留守学生入学等问题。这些举措较好地巩固了义务教育的普及和普惠水平。

小资料

四川省高中阶段教育学生资助政策简介

一、中等职业教育

1. 国家奖学金。用于奖励中等职业学校（含技工学校）全日制在校生中特别优秀的学生，全国每年奖励 2 万名，奖励标准为每生每年 6000 元。

---

[1] 中国青少年发展基金会. 亲青公益 [EB/OL]. https://qinqing.cydf.org.cn/index.php?s=/ltem/info/id/67.html.

2. 国家助学金。国家助学金资助标准为平均每生每年2000元，具体标准由各地结合实际在1000~3000元范围内确定，可以分为2~3档。资助对象是具有中等职业学校全日制学历教育正式学籍的一、二年级在校涉农专业学生和非涉农专业家庭经济困难学生（按一、二年级非涉农专业学生总人数的20%确定非涉农专业家庭经济困难学生人数）。原连片特困地区、民族地区中职学校、四川省藏文学校、四川省彝文学校及"9+3"一、二年级学生全部纳入国家助学金享受范围。

3. 免学费。中等职业学校全日制正式学籍在校学生（艺术类相关表演专业除外）均可享受免学费政策。民办学校学生参照当地同类型同专业公办学校标准给予补助。

4. 学校资助和社会资助。中等职业学校每年安排一定的经费，用于国家资助政策之外的学费减免、勤工助学、校内奖学金和特殊困难补助等。鼓励和支持社会团体、企事业单位以及个人资助中职学校家庭经济困难学生。

此外，2020年及以前入学的四川户籍原建档立卡家庭中职在校学生，继续享受每生每学期500元的生活费特别资助。

二、普通高中教育

1. 国家助学金。为普通高中家庭经济困难学生提供国家助学金，全省平均受助面为普通高中在校生的30%，资助标准为每生每年平均2000元（各地可结合实际在1000~3000元范围内确定2~3个档次的具体标准）。

2. 民族自治地方免学费及教科书费。按当地普通高中收费标准，据实免除民族自治州、自治县（共51个县）公办普通高中在校学生学费，并免费提供教科书。在经教育部门批准设立的民办普通高中就读的学生，按公办普通高中学生的补助标准给予等额补助。

3. 非民族自治地方免学费。据实免除非民族自治地方公办普通高中家庭经济困难学生学费，民办学校参照当地同类型公办学校标准给予补助。全省平均资助比例为普通高中在校生的30%。原建档立卡家庭学生、农村低保家庭学生、农村特困救助供养学生、家庭经济困难残疾学生全部享受免学费政策。

4. 学校资助和社会资助。普通高中学校从事业收入中提取5%的经费，用于减免学费、设立校内奖助学金和特殊困难补助等。积极引导和鼓励企业、社会团体及个人等面向普通高中设立奖学金、助学金。

资料来源：四川教育发布，2022年5月28日。

从交费受教育到免费受教育，这一变化巩固了我国基础教育水平，扩大了义务教育的普及率、巩固率，进一步在教育领域体现了社会主义的属性，使人民群众的受教育权利成为了一项实实在在的权利。

四、差异性

差异性是指县域教育发展存在着多个方面的差异。这种差异体现在县域内，也体现在县域之间，具有一定的普遍性。差异性的存在一方面使我国的县域教育实践各具特色；另一方面也成为县域教育的不均衡性不断扩大的重要原因。

首先，差异性体现在县域内。县域内的差异主要体现为办学条件差异、师资力量差异、质量差异三个方面。从办学条件差异来看，同一个县域内不同学校之间的办学条件存在客观差异。典型表现是城区学校的办学条件好于乡镇学校、农村学校。从师资力量差异来看，同一个县域内，城区学校、传统优质学校师资力量往往整体强于一般学校。从质量差异来看，有的学校质量好，有的学校质量差。这些差异增强了学生的流动性，即学生在城乡之间、县域之间、县城与城市之间的大量流动。三大差异的存在往往导致县域内的"择校热"难以消除,最终出现基础教育学校"城挤""镇弱""村空"的局面,城市和部分城镇学校大班额现象普遍,甚至出现因子女求学而举家搬迁的现象,农村进城务工人员将适龄子女带到务工城市、县城以求进入更好的学校接受教育的"教育随迁潮"。据统计,2019 年全国义务教育阶段在校生中进城务工人员随迁子女 1426.96 万人。其中,在小学就读的有 1042.03 万人,在初中就读的有 384.93 万人。[1] 2020 年全国义务教育阶段在校生中进城务工人员随迁子女 1429.73 万人。其中,在小学就读的有 1034.86 万人,在初中就读的有 394.88 万人。[2] 在义务教育阶段出现的大量的随迁求学学生反映了人民群众对优质教育的热切追求。促进县域内教育均衡发展,破解城乡差异将成为县域教育现代化的重要任务。

其次,差异性体现在县域之间。除了自然条件、地理环境的差异外,县域间的教育差异还体现在教育环境的差异、教育经济支撑的差异、群众期望的差异、教育发展后劲的差异等方面。从教育环境差异来看,各地对教育的重视程度存在差异,教育优先发展战略的落实程度不一致,导致各地的尊师重教的氛围也有差别。从经济支撑差异来看,各地的经济发展水平的差异导致了各地在履行县级政府承担的财政事权方面的能力差异,客观上形成了经济发达地区保障力度大、学校发展快、教育规模大、教育质量高的特点,而在经济落后地区则存在经费保障力度弱、师生净流出、教育规模萎缩、教育质量下降等特点。从人民群众的期望差异来看,人民群众对优质教育资源的期望与当地政府能够提供的优质教育资源不一致,难以满足人民群众对"上好学"的需求,普遍存在"高期望,低满意"的现象。从教育发展后劲差异来看,落后地区教师流出大、流出快,教育持续发展、高质量发展的后劲不足,而发达地区则能吸引更多的优质师资,加强教师储备和人才更新,为当地教育发展注入新活力,为教育健康发展、高质量发展奠定坚实基础。如果任由这些差异发展和扩大,那么可能

---

[1] 教育部.2019 年全国教育事业发展统计公报 [EB/OL]. http://www.moe.gov.cn/jyb_sjzl/sjzl_fztjgb/202005/t20200520_456751.html.

[2] 教育部.2020 年全国教育事业发展统计公报 [EB/OL]. http://www.moe.gov.cn/jyb_sjzl/sjzl_fztjgb/202108/t20210827_555004.html.

会导致更加严重的县域间教育不均衡问题。

　　差异性是一个客观存在的问题。基于优质发展的差异性是个性化发展的一种重要反映，但是如果差异性的内涵集中于学生成绩高低，而忽略学生德智体美劳全面发展、学校特色发展，那么就难以满足部分人民群众对"上好学"的追求。这一问题如果不能得以较好的解决，则势必会使"城挤""乡弱""村空"的局面向更加严重的方向发展。

第三章　县域教育现代化监测的背景

县域教育现代化是一个以促进人的全面发展为核心教育理念，以经济基础为支撑，以法治为基本保障的历史进程。在这个进程中，在不同的发展阶段，县域教育现代化具有不同的任务和发展方式，县域教育不断通过量的积累以实现质的突破。将县域教育现代化置于时代背景之中，分析当前我国的教育理念、经济基础、社会规范、实践经验对于正确理解我国的教育现代化发展战略，扎实推进县域教育现代化具有重要意义。

第一节　不同视角下的县域教育现代化

教育现代化是一个长期的奋斗目标。县域教育现代化在不同的视角下亦不尽相同。将教育现代化置于整个社会的宏观生态背景和推进教育现代化实践工程的视角下加以分析，可以深刻认识教育现代化，有序推进县域教育现代化，科学实施县域教育现代化监测。

一、社会生态学视角

社会生态是由政治、经济、文化共同构成的整体。促进不同要素的协调发展、和谐发展是建设良好社会生态的重要任务。教育是社会生态中的重要基础性要素。充分认识教育在社会生态中的价值和意义是推进包含县域教育在内的教育现代化的重要前提。

教育是人类社会得以持续发展和进步的重要力量。人类社会是一个复杂的巨大系统，围绕着人类的生产与再生产而产生的各种生产关系和社会关系构成了特有的人类社会生态。作为人类社会生态的组成部分，教育系统是一个开放的、内外协调联动的生态系统。[1]教育的发展与经济、社会的发展紧密联系。教育为经济社会发展持续不断地提供人力和人才资源支撑；经济社会发展进步则为教育持续发展提供更加坚实的经济保障和物质基础。教育发展与经济社会发展之间存在的不均衡性，为教育改革和发展注入强大动力，推动教育不断改革以适应经济社会活动的需要。教育发展为经济社会发展提供更多数量、更高质量的人力和人才资源，为经济社会持续发展提供支撑。人类社会文明程度越高，教育与经济社会的联系越紧密。教育与经济社会的良性互动是维护人类社会生态和谐的重要因素，也是人类社会可持续发展的内生动力。

教育现代化有不同的类型和发展路径。从世界范围来看，内生型教育现代化和追赶型教育现代化是教育现代化的基本类型。教育现代化是随着近代大工业生产的发展而产生的，人类的生产、生活方式的转变迫切要求教育适应社会化大生产的要求。在世界范围内，早期的教育现代化产生的根本原因是教育不能适应经济社会发展需要。这种基于教育发展不能满足经济社会发展需要而催生的教育现代化是内生型教育现代化。随着国际交往的不断扩大，内生型教育现代化为世界其他国家推进教育改革和发展提供了努力方向和重要参考。在世界范围内，发展中国家迫切希望通过教育变革促进经济社会发展，提高国际地位，提高人民生活水平，发达国家的教育改革和发展方式成为发展中国家改革和发展本国教育的重要范例和追赶的目标。基于向发达国家学习而追求的教育

---

[1]顾明远,孟繁华,等.国际教育新理念[M].修订版.北京:教育科学出版社,2020:66.

现代化是追赶型的现代化。促进本国教育发展水平的提高，努力追赶世界发达国家的教育发展水平，是追赶型教育现代化的两大任务。

教育现代化是国家现代化的重要内容。教育不仅与经济社会发展息息相关、相辅相成，而且其本身就是人类社会的重要组成部分。实现教育现代化是人类可持续发展的重要战略选择，也是建设现代化国家的重要战略构成。从世界范围来看，教育是可持续发展的重要内容。2015 年，联合国《2030 年可持续发展议程》共提出 17 个可持续发展目标，"确保包容和公平的优质教育，让全民终身享有学习机会"[1] 就是其中之一。改革开放以来，教育优先发展战略在我国得以确立和长期坚持。自 2012 年以来，我国财政性教育经费支出实现占 GDP 4% 的目标并保持连续增长；2020 年，我国财政性教育经费为 42 908.15 亿元，占国内生产总值比例为 4.22%。[2] 教育强则国家强，是新时代的重要共识。加快推进教育现代化，建设教育强国，是建设社会主义现代化强国的重要基础。

我国教育现代化兼具内生型和追赶型的特点。1983 年，邓小平提出"教育要面向现代化，面向世界，面向未来"。[3] 这一思想包含着满足内部需要、国际比较、未来发展三个基本视角，成为我国推进教育现代化的重要指导思想。从内部需要来看，建设社会主义现代化国家是我国的战略目标，必须通过教育现代化为建设现代化国家提供更多数量、更高质量的合格人力和人才资源。从国际比较来看，我国与世界发达国家在教育发展水平上存在着较大差距，迫切需要通过改革提升教育发展水平，适应国际竞争并在国际竞争中争取主动权。从发展战略来看，迫切需要通过超前发展、跨越发展、优先发展使教育不断满足经济社会发展的需要，实现教育与经济社会发展的良性互动。教育现代化既是建设社会主义现代化强国的内容，也是建设社会主义现代化强国的重要支撑。

---

[1] 百度百科.2030 年可持续发展议程 [EB/OL].https://baike.baidu.com/item/2030 年可持续发展议程 /19208981?fr=ge_ala.

[2] 教育部，国家统计局，财政部.关于 2020 年全国教育经费执行情况统计公告 [EB/OL].http://www.moe.gov.cn/srcsite/A05/s3040/202111/t20211130_583343.html.

[3] 邓小平.邓小平文选：第三卷 [M].北京：人民出版社 ,1993:35.

建成社会主义现代化强国，必然包含着教育现代化。从这个意义上讲，我国的教育现代化从提出到实践，都体现了中国式现代化的基本特征。

二、教育本体视角

认识事物或现象的本体是对其进行有效干预、改造，促进其发展的重要基础。无论是推进教育现代化，还是开展教育现代化监测，都必须认识"教育现代化"这一本体。

教育是传递社会生活经验并培养人的社会活动。教育伴随着人类的产生而产生，随着社会的发展而发展。[1] 在不同时代、不同生产力条件下，教育有不同的表现形式。自工业化大生产以来，在适应社会化大生产中，教育的形态发生了巨大变化，各种教育理念不断涌现，班级授课制的产生和推广促进了教育效率的极大提高；同时，教育在发展中也受到社会的批评。这种批评成为促进教育自我反思、变革的重要力量。从历史的角度来看，教育现代化的理念与实践正是在教育的反思、变革和不断适应社会需要中萌芽、发展的。

教育实践是以一定的理念为指导，以必要的物质条件为保障的社会生产活动。制约教育实践的关键要素有教育理念、教育条件、社会经济水平等。教育现代化就是使教育适应现代的发展，反映并满足现代生产、科学文化发展需要，达到现代社会发展所要求的先进水平。[2] 国内的学者基于不同的认识角度、认识范围，对教育现代化的内涵和特征进行了阐释。如，顾明远认为，教育现代化是指传统教育向现代教育转化的过程。所谓转化，并不是把传统教育抛弃掉，在空中楼阁中构建一个现代教育，而是通过对传统教育的选择、改造、发展和继承来实现的。教育现代化是一个传统教育转化为现代教育的过程。[3] 现代教育应有以下基本特征：①受教育者的广泛性和平等性；②教育的终身性和全时空性；③教育的生产性和社会性；④教育的个性和创造性；⑤教育的多样性和

---

[1] 顾明远.教育大辞典 [M].上海：上海教育出版社,1998:725.

[2] 顾明远.教育大辞典 [M].上海：上海教育出版社,1998:783.

[3] 顾明远.关于教育现代化的几个问题 [J].中国教育学刊,1997(03):10-15.

差异性；⑥教育的信息化和数字化；⑦教育的变革性和创新性；⑧教育的开放性和国际性；⑨教育的科学性和法制性。[1] 褚宏启认为，现代教育或教育现代化的本质是教育的现代性，教育现代性是某种教育之所以是现代教育的本质规定性。[2] 教育现代化是指与教育形态的变迁相伴的教育现代性不断增长和实现的过程。教育现代性是现代教育的一些特征的集中反映，它体现了教育现代化过程中教育呈现出的一些新特点和新性质，如教育的人道性、民主性、理性化等，是现代教育区别于非现代教育的本质属性。教育现代化的本质是教育现代性的增长。[3] 何传启认为，教育现代化是 18 世纪以来教育系统的一种前沿变化和国际竞争。它包括现代教育的形成、发展、转型和国际互动，教育要素的创新、选择、传播和退出，以及追赶、达到和保持世界教育先进水平的国际竞争、国际分化和国家分层等。教育现代化包括教育行为、教育结构、教育制度、教育思想和观念的现代化，包括教育投入、教育过程、教育产出和教育环境的现代化，包括学校、教师和教育设施的现代化，包括教材和课程的现代化，包括教育参与、教育内容、教育方法和教学手段的现代化，包括教育成就、教育效率和教育回报的现代化等。[4] 这些观点涉及了教育现代化实践的不同层面，对于推进县域教育现代化、实施县域教育现代化监测具有重要的启发意义。

我们认为，教育现代化是一个动态的概念。虽然不同时代有不同的判断标准，不同教育理念下的教育现代化的内涵有所不同，甚至互相矛盾，但是教育与经济社会发展相适应、尊重教育对象的个性并促进人的解放与发展则是人们普遍认同的标准。教育现代化是教育发展和改革的一种目标和实践，其基本内容包括教育观的现代化、教育目标的现代化、教育体制的现代化、教育内容的现代化、教育手段和方法的现代化、教育理论和教育研究的现代化。[5] 教育

[1] 顾明远. 教育现代化的基本特征及实施策略 [J]. 人民教育, 2007(Z2): 8-11.

[2] 褚宏启. 教育现代化的路径 [M]. 3 版. 北京: 教育科学出版社, 2021: 038.

[3] 褚宏启. 教育现代化的本质与评价——我们需要什么样的教育现代化 [J]. 教育研究, 2013(11): 4-10.

[4] 何传启. 世界教育现代化的历史事实和理论假设 [J]. 教育学术月刊, 2013(08): 3-8.

[5] 顾明远. 教育大辞典 [M]. 上海: 上海教育出版社, 1998: 783.

现代化是教育与经济社会发展相适应的要求，也是教育与经济社会发展相适应的结果。教育在为社会的现代化服务的同时，还要努力实现自身的现代化。[1]在国家教育现代化战略中，县域教育现代化是教育现代化的组成部分，它属于区域教育现代化的范畴，是国家教育现代化战略的微观实践。多个县域教育现代化的实现有助于区域教育现代化、国家教育现代化的实现。从实践的角度来看，积极执行和落实国家的教育方针政策是县域教育现代化的基本要求。

县域教育现代化就是以国家教育方针为指导，落实教育优先发展战略，优化县域教育资源配置，优化县域教育结构，以促进学生全面发展为核心，不断促进教育与经济社会发展相适应的过程。推进县域教育现代化是以保障教育投入为基础，以优化资源配置为关键，以促进人的发展为核心和目标的长期过程。县域教育现代化表现为县域教育条件与保障的改善、普及与公平的提升、结构与质量的优化、服务与贡献的拓展等。衡量县域教育现代化水平，必须依据国家教育法律、法规、政策的相关要求构建科学的评价体系、评价标准，必须依据县域教育发展的事实，才能作出客观、准确的判断。

三、工程建设视角

任何一项工程都是以一定的理念和目标为指引进行统筹规划并以具体的施工图为依据循序渐进地达成的。作为社会工程的教育现代化需要将各种资源优化组合，形成相应的体制机制，以提升教育的发展水平，促进人的全面发展，促进教育与经济社会协调发展。精准地把握教育现代化的关键要素是推进包含县域教育在内的教育现代化的重要前提之一。

推进教育现代化是一个长期的、动态的过程。推进教育现代化涉及远期目标、中期目标、近期目标等，需要依据不同的阶段特点进行合理规划。着眼于教育现代化这一目标，《中共中央关于教育体制改革的决定》（1985）要求"教育要面向现代化，面向世界，面向未来"，《国家中长期教育改革和发展规划纲要（2010—2020年）》（2010）提出我国"2020年基本实现教育现代化"。在

---

[1] 杨小微,等.指标与路径：中国教育迈向现代化 [M].北京：教育科学出版社,2020:35.

2018 年的全国教育大会上，习近平总书记强调"加快推进教育现代化、建设教育强国、办好人民满意的教育"；2019 年年初，中共中央、国务院发布《中国教育现代化 2035》，提出"到 2035 年，总体实现教育现代化，迈入教育强国行列"，从提出"教育现代化"到确立推进教育现代化方案就长达近 40 年。《中国教育现代化 2035》首次明确了我国教育现代化的战略目标、战略任务和实施路径，是我国第一个以教育现代化为主题的中长期战略规划，是我国推进教育现代化，建设教育强国的纲领性文件。《中国教育现代化 2035》提出的目标，在内容上涉及我国各级各类教育，在时间跨度上涉及 15 年以上，是一项需要精心设计、系统规划、扎实推进的巨大工程。

推进教育现代化是一项系统工程。教育现代化是一个以相应的动力系统、支持系统、实践系统共同构成的复杂系统。不同组成部分、不同层级之间相互协作，共同推进教育现代化这一系统的运转。从宏观保障来看，推进教育现代化需要相应的政策保障、制度保障、物质支持，应根据区域特点制定不同阶段的具体实践方案有序推进。从微观实践来看，推进教育现代化要求作为教育实践主体的教育管理者、教育者、教育对象等不同的主体具备现代化理念和意识、具备实现现代化的能力素养，能够较好地将国家教育现代化要求转化为具体的教育实践活动。从区域推进来看，宏大的现代化目标任务需要通过基层实践得以实现，而基层实践则是在宏大目标的引领下开展的。离开了国家教育现代化战略，各地的教育现代化就可能出现标准不一、水平不一的现象，导致区域教育现代化不平衡现象更加严重。离开了基层教育现代化，就难以谈及更高层面、更大区域的教育现代化。我国幅员辽阔，人口众多，发展不平衡不充分的矛盾在教育领域的表现尤为突出，实现《中国教育现代化 2035》设定的目标，必须全国一盘棋，根据地方实际，因地制宜制定切实可行的方案，有计划、有步骤地推进，通过国家、省、市、县、校逐级分解细化、逐层传递得以落实。

推进教育现代化必须聚焦人的现代化。人的现代化是一个渐进的过程，促进人的现代化是教育的重要使命。教育特别是学校教育在促进人的现代化中，在现代化因素的选择、加工、传递方面具有天然的优势，有着不可替代的作用，是促进人的现代化的主要力量。推进教育现代化必须围绕"培养什么人、怎样培养人、为谁培养人"这一根本问题展开。《中国教育现代化2035》着眼于培养德智体美劳全面发展的社会主义建设者和接班人，要求大力推进教育理念、体系、制度、内容、方法、治理现代化，提出了"八大基本理念""七大基本原则""十大战略任务""四大实施路径"，构建了全国一盘棋的实施体系，系统回答了"培养什么人、怎样培养人、为谁培养人"这一根本问题，绘就了全国整体推进教育现代化的施工图。

推进教育现代化必须深化教育领域综合改革。教育问题是我国民生问题之首，牵涉面广，问题复杂，是人民群众感受最深切和最关切的问题之一。党和国家对教育的要求高，人民群众对教育的期望高。积极回应人民群众的热切期盼，落实落细党和国家的要求，聚焦重点领域和关键环节，以综合改革为基本方法，不断推进教育治理现代化，分期分批开展教育现代化改革试点，探索形成与现代化教育相适应的体制机制，才能有效地推进教育现代化。

推进教育现代化必须抓实县域教育现代化。从县域学校教育的实际情况来看，县域学校教育主要包含学前教育、义务教育、普通高中教育、中等职业教育、特殊教育，基础教育和中等职业教育是县域教育的主体。《中华人民共和国教育法》规定"国务院和地方各级人民政府根据分级管理、分工负责的原则，领导和管理教育工作。中等及中等以下教育在国务院领导下，由地方人民政府管理。""国务院和县级以上地方各级人民政府应当向本级人民代表大会或者其常务委员会报告教育工作和教育经费预算、决算情况，接受监督。"同时，《中华人民共和国义务教育法》《中华人民共和国教师法》《中华人民共和国职业教育法》《教育督导条例》等法律法规中均明确规定了县级人民政府应当承担的法律责任。从这个意义上讲，在我国的法律体系中，县级政府是教育事业的重要责任主体之一，县域教育是我国教育管理的基本单元。抓实县域教育现代化可以切实提高人民群众在教育方面的获得感、幸福感、认同感，提升人民群众对教育的满意度，维护社会稳定，促进社会和谐。

第二节　县域教育现代化的经济基础

经济是教育现代化的重要支撑。很难想象在经济不发达的地方可以依靠自身力量建立现代化程度较高的、可持续发展的教育体系。改革开放以来，我国在经济发展方面取得的巨大成就为促进教育现代化提供了重要支撑。

一、经济发展水平

教育与经济有着密切的联系。经济基础决定上层建筑。作为上层建筑的重要方面，教育的发展规模、发展方式、发展质量是受到国家和地方经济发展水平制约的。从教育与经济的相互关系来看，一方面，教育为经济社会发展输送必需的合格人才；另一方面，经济社会发展则为教育输入更多的物质资源和支撑条件。二者的良性互动是国家持续发展的重要前提。长期以来，我国充分发挥社会主义制度的优越性，坚持教育优先发展战略，较好地克服了县域经济普遍不发达的困难，创造了满足适龄儿童、少年入学的机会，较好地解决了人民群众"有学上"的问题。在新的历史时期，如何解决"上好学"的问题，不断满足人民群众对美好生活的向往是推进县域教育现代化必须回答的问题。

经济是改善包括教育在内的一切民生事业的基础。社会发展水平越高，民生需求也越丰富。提高民生事业的保障力度和发展质量，离不开强大的经济基础。随着我国经济水平的不断提高，国家对包括教育事业在内的民生事业的投入保障力度越来越强。国内生产总值中至少有 4%~6% 分配给教育[1]是《教育2030行动框架》提出的关于教育财政的关键目标之一。1978 年，我国的财政性教育经费为 94.23 亿元，教育投入不足严重制约着我国教育事业的发展。因为投入不足，只能采取穷国办大教育的思路，通过捐资助学等方式广泛动员人民群众、机关事业单位、企业单位等向教育捐资，努力满足人民群众对教育的基本需要。教育投入低，危房多，仪器设备、图书配置低，县域教育差异大、城乡差异大成为客观事实。20 世纪 90 年代，我国提出财政性教育经费占 GDP

---

[1]联合国教科文组织.教育问责：履行我们的承诺[M].北京：教育科学出版社,2018:264.

4% 的目标。长期以来，各界为实现这一目标而呼吁、奋斗，但是限于国家经济基础弱、经济总量有限、社会投入事项多，财政性教育经费占 GDP 4% 的目标长期难以实现。2012 年，我国国家财政性教育经费为 22 236.23 亿元，总支出超过 2 万亿元，占 GDP 比例为 4.28%，首次实现"教育财政投入占 GDP 4%"的目标，此后连续 9 年保持在 4% 以上，保障了一项项教育惠民举措落地生根。[1] 随着国家经济投入的增强，21 世纪初至今，我国县域义务教育实现了从普及向基本均衡、向优质均衡稳步迈进。2021 年，31 个省（区、市）和新疆生产建设兵团的 2895 个县都实现了县域义务教育基本均衡发展。2022 年 4 月，教育部公布的全国义务教育优质均衡先行创建县（市、区、旗）名单共有 135 个[2]，这些县（市、区、旗）大多数是当地经济水平发展较高的地区，它们的先行创建将会在当地形成良好的示范效应。以人民为中心的发展理念要求改革发展成果能够更好地惠及广大人民群众，让人民群众共享改革发展成果。国家经济发展为教育注入了强大支撑，也为推进教育现代化提供了重要的支撑。2019 年，我国的 GDP 总量接近 100 亿元，居世界第 2 位，人均 GDP 接近 10 000 美元。这与新中国成立之初相比，提高了不少，也为改善民生事业提供了重要的经济基础。2019 年，全国教育经费总投入为 50 178.12 亿元，比上年的 46 143.00 亿元增长 8.74%，国家财政性教育经费占国内生产总值比例为 4.04%；[3]2020 年，全国教育经费总投入为 53 033.87 亿元，比上年的 50 178.12 亿元增长 5.69%，国家财政性教育经费占国内生产总值比例为 4.22%。[4] 出现这种连续增长的态势，除了党和政府的高度重视外，经济发展水平较高也是非常重要的原因。

[1] 中国教育在线. 数据看教育百年之变 [EB/OL]. https://www.sohu.com/a/477788996_100226214.

[2] 教育部. 教育部办公厅关于公布义务教育优质均衡先行创建县（市、区、旗）名单的通知 [EB/OL]. http://www.moe.gov.cn/srcsite/A06/s3321/202204/t20220427_622337.html.

[3] 教育部. 教育部国家统计局财政部关于 2019 年全国教育经费执行情况统计公告 [EB/OL]. http://www.moe.gov.cn/srcsite/A05/s3040/202011/t20201103_497961.html.

[4] 教育部，国家统计局，财政部. 关于 2020 年全国教育经费执行情况统计公告 [EB/OL]. http://www.moe.gov.cn/srcsite/A05/s3040/202111/t20211130_583343.html.

小资料

教育经费"四个翻番"

2012—2021 年，我国的教育经费不管是总投入，还是财政性、一般公共预算、非财政等渠道用于教育的钱，都翻了一番。

第一个翻番是"总投入"。全国教育经费总投入，2011 年是 2.4 万亿元，2021 年达到 5.8 万亿元，是 2011 年的 2.4 倍，年均增长 9.3%。第二个翻番是"财政性教育经费"。国家财政性教育经费，2011 年不到 2 万亿元，2021 年达到 4.6 万亿元，是 2011 年的 2.5 倍，年均增长 9.4%。第三个翻番是"一般公共预算"。全国一般公共预算教育支出，2011 年是 1.6 万亿元，2021 年达到 3.7 万亿元，是 2011 年的 2.3 倍，年均增长 8.8%。第四个翻番是"非财政性教育经费"。全国非财政性教育经费，2011 年只有不到 0.6 万亿元，2021 年达到 1.2 万亿元，是 2011 年的 2.3 倍，年均增长 8.6%。

资料来源：教育部，"教育这十年""1+1"系列发布会⑮介绍从数据看党的十八大以来我国教育改革发展成效。

经济增长增强了国家和省级的统筹能力。据统计，2020 年，我国中央财政通过转移支付的方式对地方共同事权投入资金 32 914.03 亿元，其中基础教育投入 3087.82 亿元资金，[1] 占当年中央对地方一般性转移支付中共同财政事权转移支付的 9.38%，惠及成千上万的学生。从国家的财政事权划分来看，国家对落后地区的投入承担着主要责任。如，根据国家的投入责任，义务教育方面是按 80∶20 的比例分担的，反映了国家投入向落后地区倾斜的基本定位。国家和省级的统筹为加快推进县域教育现代化特别是西部地区县域教育现代化，提供了更加有力的保障。统筹能力的增强，为集中力量办大事、办难事、办急事提供了重要支撑，使国家全面实现教育现代化战略从可能性变成了可行性。

---

[1] 财政部. 关于 2020 年中央对地方转移支付决算的说明 [EB/OL]. http://yss.mof.gov.cn/2020zyjs/202106/t20210629_3727281.htm.

随着国家经济的稳步向前发展，经济对教育的支撑作用将会更加强大，实施《中国教育现代化 2035》的经济保障将会更加有力。

经济水平的提高，提升了我国县域教育的办学水平和标准。长期以来，我国县域教育存在着低标准、低水平的情况。2000 年，全国小学校舍建筑面积当年新增面积为 13 843 844 ㎡、危房面积 5 994 763 ㎡；普通中学校舍建筑面积当年新增面积为 24 570 659 ㎡、危房面积 4 758 003 ㎡。[1] 到 2020 年，全国小学当年新增校舍面积 39 642 987.28 ㎡、危房面积 2 237 960.19 ㎡；初中当年新增校舍面积 37 286 706.94 ㎡、危房面积 1 720 590.60 ㎡。[2] 2020 年与 2000 年相比，全国小学、初中均呈现出新增校舍面积成倍增长，危房面积成倍降低的趋势。这些变化反映了随着经济水平提升，我国义务教育学校办学条件得到了巨大改善。从县域义务教育均衡发展来看，2012 年国家推进县域义务教育基本均衡发展时，由各省制定相应的办学水平评估标准；到 2017 年国家推进县域义务教育优质均衡发展时，在办学标准方面则由国家制定相应的评估标准。从标准的高低来看，以生均教学及辅助用房面积为例，基本均衡的标准为小学 3.63 ㎡ / 生（低限）、初中 4.10 ㎡ / 生（低限）[3]，而优质均衡的标准为小学 4.5 ㎡ / 生、初中 5.4 ㎡ / 生[4]；生均仪器设备则从仅规定品种和数量转变为明确规定小学、初中分别达到 2000 元以上、2500 元以上[5]；多媒体教室则成为了新增评价指标。评价标准从"省标"变成"国标"、数量要求由低变高、与时代发展相适应的评价指标从无到有，这些充分反映了经济水平为教育发展提供强有力的支撑。

[1] 教育部 . 2000 年教育统计数据 [EB/OL]. http://www.moe.gov.cn/jyb_sjzl/moe_560/moe_566/moe_591/.

[2] 教育部 . 2020 年教育统计数据 [EB/OL]. http://www.moe.gov.cn/jyb_sjzl/moe_560/2020/quanguo/index_3.html.

[3] 四川省教育厅 . 四川省义务教育学校办学条件基本标准（试行）[EB/OL]. http://www.moe.gov.cn/jyb_xwfb/xw_zt/moe_357/s7865/s8513/qmgs_gkgs/201507/t20150706_192668.html.

[4] 教育部 . 县域义务教育优质均衡发展督导评估办法 [EB/OL]. http://www.gov.cn/xinwen/2017-05/23/content_5196093.htm.

[5] 教育部 . 县域义务教育优质均衡发展督导评估办法 [EB/OL]. http://www.gov.cn/xinwen/2017-05/23/content_5196093.htm.

经济发展要求教育必须提供更多数量、更高素质的人才。改革开放以来，我国每年的经济增长速度达到了 9% 以上，许多传统行业、产业在不断升级，新型的行业、职业不断涌现。行业、职业的发展要求劳动者应当具备更高素质、更强技能，掌握更多知识，才能胜任。经济的发展支撑着教育规模的扩大。2000 年，我国人口总量为 12.63 亿人，在读学生规模占总人口的 19.32%。2020 年，全国共有各级各类学校在校生 2.89 亿人，占 14 亿人口总数的 20.61%。[1] 经济的发展促进了教育质量的提升。从高等教育毛入学率来看，2001 年毛入学率达到 11%，2002 年达到 15%，高等教育从精英教育阶段进入大众化阶段。2019 年，高等教育毛入学率达到 51.6%，超过 50%，我国进入高等教育普及化阶段。2020 年，全国高等教育毛入学率继续增长至 54.4%。[2] 从教育的结构和规模来看，如果没有相应的县域基础教育作为支撑，高等教育要实现高质量的大众化、普及化是难以想象的。从经济的角度来看，如果没有经济的发展，是难以为如此多的大学生提供相应的就业岗位的。没有经济的发展，就无法支撑如此巨大的教育规模。

总体来看，经济发展的水平增强了教育的保障能力，促进了教育投入与 GDP 同步机制不断完善，为推进教育现代化奠定了坚实基础，特别是为推进落后地区跨越式发展，不断追赶先进地区、整体推进县域教育现代化提供了重要保障。

二、教育投入体制

教育投入的主体是谁，决定着教育投入保障的力度和可持续程度。投入主体的收入水平稳定增长时，教育投入的保障力度也会稳定增长。从世界范围来看，基础教育是以政府投入为主体的。在我国则形成了以政府财政投入为主体，

---

[1] 中国教育在线．数据看教育百年之变 [EB/OL]．https://www.sohu.com/a/477788996_10022 6214．

[2] 中国教育在线．数据看教育百年之变 [EB/OL]．https://www.sohu.com/a/477788996_10022 6214．

多元投入为补充的教育投入体制。在这一体制之下，形成了以公办学校为主体，民办学校为补充的办学格局。在政府财政投入方面，"分级负责，上级统筹"是政府财政投入的重要特征，县域教育则体现的是"省级统筹，以县为主"的基本格局。

　　成本分担是我国教育财政经费投入的基本方式。政府是教育投入的主要责任人和承担者。《中华人民共和国教育法》明确规定"国家建立以财政拨款为主、其他多种渠道筹措教育经费为辅的体制，逐步增加对教育的投入，保证国家举办的学校教育经费的稳定来源。"中央、省、市、县各级政府均对县域教育投入承担着不同的责任。各级人民政府的教育经费支出，按照事权和财权相统一的原则，在财政预算中单独列项。[1]《国务院关于推进中央与地方财政事权和支出责任划分改革的指导意见》（国发〔2016〕49号）明确提出"要逐步将义务教育……体现中央战略意图、跨省（区、市）且具有地域管理信息优势的基本公共服务确定为中央与地方共同财政事权，并明确各承担主体的职责。"[2]《教育领域中央与地方财政事权和支出责任划分改革方案》则进一步明确"将教育领域财政事权和支出责任划分为义务教育、学生资助、其他教育（含学前教育、普通高中教育、职业教育、高等教育等）三个方面。"以义务教育为例，要求"义务教育总体为中央与地方共同财政事权，并按具体事项细化，其中：涉及学校日常运转、校舍安全、学生学习生活等经常性事项，所需经费一般根据国家基础标准，明确中央与地方财政分档负担比例，中央财政承担的部分通过共同财政事权转移支付安排；涉及阶段性任务和专项性工作的事项，所需经费由地方财政统筹安排，中央财政通过转移支付统筹支持。"[3]各省则根据国家的规定进一步明确了省与县之

---

[1] 中华人民共和国教育法 [EB/OL]. http://www.moe.gov.cn/jyb_sjzl/sjzl_zcfg/zcfg_jyfl/202107/t20210730_547843.html.

[2] 国务院. 国务院关于推进中央与地方财政事权和支出责任划分改革的指导意见 [EB/OL]. http://www.gov.cn/zhengce/content/2016-08/24/content_5101963.htm.

[3] 国务院办公厅. 国务院办公厅关于印发教育领域中央与地方财政事权和支出责任划分改革方案的通知 [EB/OL]. http://www.gov.cn/zhengce/content/2019-06/03/content_5397093.htm.

间的责任划分。不同层级政府共同分担责任，为县域教育发展提供了强有力的保障。

小资料

2020 年中央对地方共同财政事权转移支付基础教育的经费统计

2020 年，中央对地方一般性转移支付中，共同财政事权转移支付为 32 914.03 亿元。主要用于：

1. 城乡义务教育补助经费为 1695.9 亿元。
2. 学生资助补助经费为 567.77 亿元。
3. 支持学前教育发展资金 188.4 亿元。
4. 义务教育薄弱环节改善与能力提升补助资金为 293.5 亿元。
5. 改善普通高中学校办学条件补助资金为 59.2 亿元。
6. 中小学幼儿园教师国家级培训计划资金为 21.84 亿元。
7. 现代职业教育质量提升计划资金为 257.11 亿元。
8. 特殊教育补助经费为 4.1 亿元。

资料来源：中华人民共和国财政部．关于 2020 年中央对地方转移支付决算的说明，http://yss.mof.gov.cn/2020zyjs/202106/t20210629_3727281.htm.

社会捐资助学是我国教育投入的重要组成部分。国家鼓励民间资本合法进入教育领域。我国民间历来有重视教育的传统，将民间的闲散资金集中利用可以弥补政府投入不足，满足人民群众受教育的期望。《中华人民共和国教育法》规定"国家鼓励境内、境外社会组织和个人捐资助学。"人民群众则期望通过加大向教育投入改变代际间的命运。自 20 世纪 80 年代以来，捐资助学成为我国民间教育投入的重要方式。希望工程是我国社会捐资助学的典型代表。自

1989 年以来，我国大力推进希望工程建设，社会各界踊跃向老少边穷地区捐资助学，据中国青少年发展基金会官方网站显示，截至 2021 年希望工程累计捐资助学 194.2 亿元，资助家庭困难学生 662.6 万名，为广大县域贫困学生提供了重要的资助，受到社会的广泛赞誉。

国家资助是教育投入的重要方式。我国建立了项目多、适用人群广的资助方式。如国家奖学金、国家助学金、贫困生资助计划、营养餐计划等都属于国家资助的范畴。通过这些资助为广大学生提供了广覆盖、常态化的帮助，减少了学生因贫失学的发生。

民办学校是我国一种重要的办学方式。依据《中华人民共和国民办教育促进法》，我国在广大县域地区创办了不少民办学校，以满足人民群众对优质教育的需求。从全国来看，民办中小学、幼儿园是县域内民办学校的重要主体。2020 年，全国共有民办幼儿园 16.80 万所，在园幼儿 2378.55 万人；民办普通小学 6187 所，在校生 966.03 万人；民办初中 6041 所，在校生 718.96 万人。同时，还有民办普通高中 36 94 所，在校生 401.29 万人；民办中等职业学校 1953 所，在校生 249.40 万人。[1] 民办学校的兴起增加了人民群众选择优质教育资源的机会，也为促进县域教育的整体发展注入了新的活力。

多元化的教育投入体制，激发了不同主体办学的积极性，为促进我国县域教育事业改革和发展注入了充分的活力，也促进了县域教育在相互竞争中不断提升质量、改善学校的办学条件。

除了常规项目外，国家还通过各种创建项目引导各级政府和办学主体加大教育投入。如发布办学基本条件的标准、薄弱学校改造、县域义务教育基本均衡发展、县域义务教育优质均衡发展、县域普通高中发展提升、县域学前教育发展提升等均涉及县域教育。这些创建项目促进了各级政府加大对县域教育的投入，也促进了县域义务教育质量的普遍提升，促进了社会和谐稳定。

县级政府是县域教育投入的重要主体。县域经济水平高低是影响县级政府履行法定教育投入职责的好坏的重要因素之一。从当前来看，县域教育存在的

---

[1] 教育部. 教育部国家统计局财政部关于 2020 年全国教育经费执行情况统计公告 [EB/OL]. http://www.moe.gov.cn/srcsite/A05/s3040/202111/t20211130_583343.html.

一些突出问题其背后的直接原因仍然是资源投入不足。一是县域内教育资源调配不合理。学校发展存在着明显差异，导致择校热的问题经久不衰，也导致城镇大班额问题在一定时期普遍存在。二是部分地方教师收入水平不如公务员。一些地方未落实《中华人民共和国教师法》规定的"教师的平均工资水平应当不低于或者高于国家公务员的平均工资水平，并逐步提高"的要求，难以在县域内吸引更高素质的年轻人从教，使得县域内的教师向城市或待遇更高的地方、学校流动。如何促进县域教育投入提高，促进县域教育更加均衡、更高质量发展，是县域教育治理必须思考和面临的问题。

督导是促进教育经费投入的重要力量。当县域经济发展出现波动时，如何保障教育经费按时足额地落实是县域教育面临的一个风险。加强教育督导，把保障教育经费投入纳入对地方政府履行教育职责评价体系是促进县域教育经费落实的重要方式。根据《教育督导条例》的要求，县级以上人民政府教育督导部门负责对相关教育经费实施专项督查。从实践来看，开展以教育经费专项督导与政府履行教育职责评价为内容的综合督导，有力地促进了县域教育经费的落实。

第三节　县域教育现代化的法治保障

法律法规是现代社会的基本规范。依法治国是我国治理现代化的重要方向，依法治教则是依法治国在教育领域的具体体现。世界上任何一个主权国家的教育都是依据本国的法律法规组织实施的。法律法规是保障教育持续发展的重要前提。根据《中华人民共和国宪法》，我国建立了一整套以维护教育正常秩序，保障教育健康持续发展的法律法规体系。这些法律法规体系为依法治教提供了依据，为推进县域教育现代化提供了重要保障。

一、法律保障

法律是国家维护正常的社会秩序、保障公民基本权利的一系列制度体系。法律是国家意志的体现，是国家治理的基本工具，也是国家治理的一种强制手段，具有权威性、强制性。遵守法律法规的规定，在法律规定范围内行动，是任何机关和公民的基本义务。教育法律法规体系是以教育为基本的规范领域，旨在维护广大人民群众在教育方面的基本权利，促进教育健康发展的制度体系。它是维护正常社会秩序的需要，也是保障教育正常发展的需要。

宪法是我国一切教育法律法规的根本依据。宪法是国家的根本大法。《中华人民共和国宪法》规定"中华人民共和国实行依法治国，建设社会主义法治国家。""一切法律、行政法规和地方性法规都不得同宪法相抵触。"对于如何举办教育，《中华人民共和国宪法》规定"国家发展社会主义的教育事业，提高全国人民的科学文化水平。""国家举办各种学校，普及初等义务教育，发展中等教育、职业教育和高等教育，并且发展学前教育。""国家发展各种教育设施，扫除文盲，对工人、农民、国家工作人员和其他劳动者进行政治、文化、科学、技术、业务的教育，鼓励自学成才。""国家鼓励集体经济组织、国家企业事业组织和其他社会力量依照法律规定举办各种教育事业。"对于公民的教育权利，《中华人民共和国宪法》规定"中华人民共和国公民有受教育的权利和义务。""国家培养青年、少年、儿童在品德、智力、体质等方面全面发展。""国家和社会帮助安排盲、聋、哑和其他有残疾的公民的劳动、生活和教育。"我国的教育法律法规是以宪法为基础的，是依据宪法对教育领域的关键事项的具体规定、细化和落实。从根本上讲，依法治教就是在宪法框架下组织开展教育实践活动，发展教育事业。

教育现代化是宪法规定的基本发展方向。《中华人民共和国宪法》规定"国家的根本任务是，沿着中国特色社会主义道路，集中力量进行社会主义现代化建设。"教育是重要的民生事业，事关国家发展，事关民生福祉，对于"实现工业、农业、国防和科学技术的现代化，推动物质文明、政治文明、精神文明、社会文明、生态文明协调发展，把我国建设成为富强民主文明和谐美丽的社会主义现代化强国，实现中华民族伟大复兴"具有重要的意义。朝着现代化方向，不断提高包括县域教育在内的国家教育事业发展水平，满足人民群众对优质教育的需求是教育改革和发展的重要任务，是履行宪法规定的具体体现。

国家的教育法律法规为发展县域教育事业提供了直接依据。基于《中华人民共和国宪法》，我国已经建立了以《中华人民共和国教育法》为标志的教育法律法规体系。《中华人民共和国教育法》规定"教育是社会主义现代化建设的基础，国家保障教育事业优先发展。""教育必须为社会主义现代化建设服务、为人民服务，必须与生产劳动和社会实践相结合，培养德、智、体、美等方面全面发展的社会主义建设者和接班人。""国家适应社会主义市场经济发展和社会进步的需要，推进教育改革，推动各级各类教育协调发展、衔接融通，完善现代国民教育体系，健全终身教育体系，提高教育现代化水平。""中等及中等以下教育在国务院领导下，由地方人民政府管理。""县级以上地方各级人民政府教育行政部门主管本行政区域内的教育工作。""县级以上各级人民政府其他有关部门在各自的职责范围内，负责有关的教育工作。""县级以上地方各级人民政府应当向本级人民代表大会或者其常务委员会报告教育工作和教育经费预算、决算情况，接受监督。"《中华人民共和国义务教育法》规定"义务教育实行国务院领导，省、自治区、直辖市人民政府统筹规划实施，县级人民政府为主管理的体制。""县级以上人民政府教育行政部门具体负责义务教育实施工作；县级以上人民政府其他有关部门在各自的职责范围内负责义务教育实施工作。"《中华人民共和国职业教育法》规定"县级以上地方各级人民政府应当加强对本行政区域内职业教育工作的领导、统筹协调和督导评估。"《中华人民共和国民办教育促进法》规定"县级以上地方各级人民政府教育行政部门主管本行政区域内的民办教育工作。""县级以上地方各级人民政府人力资源社会保障行政部门及其他有关部门在各自的职责范围内，分别负责有关的民办教育工作。"这些法律均强调了县级人民政府应当承担的责任，说明了县级政府是县域教育管理的重要主体之一，承担着推进县域教育现代化的基本责任。

我国的教育法律涉及教育的基本投入、教育目标和内容要求、教育质量等方面的规定。这些规定是对人民群众受教育权利的切实保障，也是依法治教的具体依据。推进县域教育现代化，不仅可以通过县级以上人民政府在经济社会规划中作出具体部署、承诺，而且可以通过逐级问责的方式保障法律规定的执行。

二、政策保障

政策是国家政党为实现一定历史时期的路线和任务而规定的行动准则和具体措施。[1] 国家坚持教育优先发展战略充分肯定了教育的基础性、全局性、先导性地位。教育政策是对教育领域中的关键问题、热点问题的基本规定和执行程序的规范，是保障和落实教育优先发展的重要依据。同时，在执行过程中会随着问题的变化及时作出相应的调整、优化，反映了权威性与及时性的结合。

教育现代化是教育政策的重要议题。政策是依据法律规定对某个专门问题的细化。教育政策是聚焦于教育领域中的某个专门问题制定的，是指导和组织开展教育实践的直接依据。在教育现代化方面，我国的教育政策围绕教育现代化形成了一条清晰的主线，并呈现出规格高、权威性强的特点。1985 年，《中共中央关于教育体制改革的决定》提出"必须极大地提高全党对教育工作的认识，面向现代化、面向世界、面向未来，为九十年代以至下世纪初叶我国经济和社会的发展，大规模地准备新的能够坚持社会主义方向的各级各类合格人才。"并进一步指出"要造就数以亿计的工业、农业、商业等各行各业有文化、懂技术、业务熟练的劳动者。要造就数以千万计的具有现代科学技术和经营管理知识，具有开拓能力的厂长、经理、工程师、农艺师、经济师、会计师、统计师和其他经济、技术工作人员。还要造就数以千万计的能够适应现代科学文化发展和新技术革命要求的教育工作者、科学工作者、医务工作者、理论工作者、文化工作者、新闻和编辑出版工作者、法律工作者、外事工作者、军事工作者和各方面党政工作者。"这一政策规定，把教育现代化明确定位于服务社会主义现代化建设，反映了当时对人才的迫切需求。1993 年，《中国教育改革

---

[1] 陈至立. 辞海：第七版 [M]. 上海：上海辞书出版社,2020:5634.

和发展纲要》首次提出了"建设教育现代化"。这是首次把发展重心回归于教育本身，其背后的逻辑是以现代化的教育支撑社会主义现代化建设。2010年，《国家中长期教育改革和发展规划纲要（2010—2020年）》将"到2020年，基本实现教育现代化，基本形成学习型社会，进入人力资源强国行列。"作为21世纪前20年教育改革和发展的战略目标。2012年，党的十八报告再次提出到本世纪中期实现教育现代化。2019年，中共中央、国务院共同发布了《中国教育现代化2035》，对教育现代化工作作出专门部署和安排。特别是《中国教育现代化2035》的发布，使国家教育现代化具有了时间表、路线图，成为指导各级政府推进本区域的教育现代化的纲领性文件。

县域教育是教育政策的重点议题。自20世纪80年代以来，县域教育就成为国家政策直接关注的重要内容。1985年《中共中央关于教育体制改革的决定》确定了"实行基础教育地方负责、分级管理的原则"，明确提出"把发展基础教育的责任交给地方，有步骤地实行九年制义务教育""基础教育管理权属于地方。除大政方针和宏观规划由中央决定外，具体政策、制度、计划的制定和实施，以及对学校的领导、管理和检查，责任和权力都交给地方。省、市（地）、县、乡分级管理的职责如何划分，由省、自治区、直辖市决定。"这一规定是对县域教育的不同责任主体划分其职责的基本指导性文件，指导着我国从20世纪80年代中期至今县域教育管理的持续探索和完善。1999年，《中共中央国务院关于深化教育改革全面推进素质教育的决定》规定了"继续完善基础教育主要由地方负责、分级管理的体制。根据各地实际，加大县级人民政府对教育经费、教师管理和校长任免等方面的统筹权。"进一步突出了县级政府对发展县域教育的主要责任，促进了"以县为主"管理体制的进一步落实。2001年，《国务院关于基础教育改革与发展的决定》指出"确立基础教育在社会主义现代化建设中的战略地位，坚持基础教育优先发展""完善管理体制，保障经费投入，推进农村义务教育持续健康发展"。进一步强调"实行在国务院领导下，由地方政府负责、分级管理、以县为主的体制。"在对各级政府的责任规定方面，明确要求"县级人民政府对本地农村义务教育负有主要责任，要抓好中小学的规划、布局调整、建设和管理，统一发放教职工工资，负责中小学校长、教师的管理，指导学校教育教学工作。""县级人民政府要强化对教师工资的管理，从 2001 年起，将农村中小学教师工资的管理上收到县，为此，原乡（镇）财政收入中用于农村中小学教职工工资发放的部分要相应划拨上交到县级财政，并按规定设立'工资资金专户'。财政安排的教师工资性支出，由财政部门根据核定的编制和中央统一规定的工资项目及标准，通过银行直接拨入教师在银行开设的个人账户中。"从此，在县域内从事基础教育工作的教师的工资保障力度大幅提升，许多地方特别是经济发展水平落后地区长期存在的拖欠教师工资的现象逐渐消失了，为留住师资、留住人才，促进县域教育向内涵发展，不断提升现代化水平奠定了坚实基础。

教育现代化是教育政策的实践议题。具有强制性和操作性是教育政策的重要特点。不同层级的政府均有权依据法律规定制定适用于所辖区域的政策。在推进县域教育现代化进程中，我国颁布了《中国教育现代化 2035》后，赓即出台了《加快推进教育现代化实施方案（2018—2022 年）》作为对前者的细化和对近期工作的具体部署。同时，全国各地也结合本地实际出台了相应的规划和实施方案，促进教育现代化发展战略的落地落实。如，四川省 2020 年出台的《四川教育现代化 2035》成为全省推进教育现代化的重要实施依据。与上级政策相比，县级政府及其教育行政部门制定的政策更加具体，与当地的实际结合更加紧密。通过不同层级的政策使国家教育法律法规要求转化为具体的行政行为，维护正常的教育教学秩序，组织开展各种教育实践活动，推动教育事业发展。教育现代化建设已经成为教育改革和发展的热词。从国家和地方规划来看，教育现代化将至少会对 2035 年之前的教育改革和发展产生重要的影响。

三、执法保障

执法是对法律法规政策的具体落实。它以促进教育法律法规在教育实践中得以执行为核心任务。围绕行政主体依法行政和相关机构依法监督两个基本方面建立多方面的执法监督机制是实现执法保障的重要措施。

依法行政是核心。依法行政反映了行政主体要知法、守法、执法"三位一体"，其关键是行政主体要严格遵守法律法规政策，严格按照法律法规政策的规定组织开展教育实践活动，保障教育实践有序进行。对县级政府及其所辖机构来说，既要保证相应的投入，优化县域教育要素组合，为县域教育事业发展提供基本的保障条件，如土地、资金、校舍、师资等，也要维持正常的秩序，促进县域教育质量提升。在推进县域教育现代化进程中，一是保障投入，落实教育优先发展战略，确保教育投入实现"三个增长""两个不低于"，完成相关政策规定的教育经费投入，落实《中国教育现代化 2035》要求的"健全保证财政教育投入持续稳定增长的长效机制，确保财政一般公共预算教育支出逐年只增不减，确保按在校学生人数平均的一般公共预算教育支出逐年只增不减"。二是调配和优化师资，补足教师数量，提高教师质量。依法行政的重要标志是根据地方实际制定年度工作计划、阶段发展规划，把国家要求落实在具体的行动方案、工作方案之中，确保国家的各项要求能够得到落实。

执法监督是关键。顾名思义，执法监督是对于法律法规政策的执行过程、结果进行监督。作为行政主体对教育法律法规政策的制定、执行是否体现了依法治教的基本要求，是执法监督的重要方面。管办评分离是我国教育治理现代化的重要顶层设计。2010 年，《国家中长期教育改革和发展规划纲要（2010—2020 年）》提出"明确各级政府责任，规范学校办学行为，促进管办评分离，形成政事分开、权责明确、统筹协调、规范有序的教育管理体制。"这是我国在教育专项政策中首次明确规定"管办评分离"。在教育执法方面则提出"完善督导制度和监督问责机制。制定教育督导条例，进一步健全教育督导制度。探索建立相对独立的教育督导机构，独立行使督导职能。健全国家督学制度，建设专职督导队伍。坚持督政与督学并重、监督与指导并重。加强义务教育督导检查，开展学前教育和高中阶段教育督导检查。强化对政府落实教育法律法规和政策情况的督导检查。建立督导检查结果公告制度和限期整改制度。""严格落实问责制。主动接受和积极配合各级人大及其常委会对教育法律法规执行情况的监督检查以及司法机关的司法监督。建立健全层级监督机制。加强监察、审计等专门监督。强化社会监督。"《中共中央关于全面深化改革若干重大问题的决定》要求"深入推进管办评分离""强化国家教育督导，委托社会组织开展教育评估监测。"进一步完善了执法保障的政策体系。在落实执法监督方面，国家"为了保证教育法律、法规、规章和国家教育方针、政策的贯彻执行，实施素质教育，提高教育质量，促进教育公平，推动教育事业科学发展"制定了《教育督导条例》。该条例明确规定，教育督导包括以下内容"（一）县级以上人民政府对下级人民政府落实教育法律、法规、规章和国家教育方针、政策的督导;（二）县级以上地方人民政府对本行政区域内的学校和其他教育机构（以下统称学校）教育教学工作的督导。"中共中央办公厅国务院办公厅印发的《关于深化新时代教育督导体制机制改革的意见》提出"到 2022 年，基本建成全面覆盖、运转高效、结果权威、问责有力的中国特色社会主义教育督导体制机制。在督政方面，构建对地方各级政府的分级教育督导机制，督促省、市、县三级政府履行教育职责。在督学方面，建立国家统筹制定标准、地方为主组织实施，对学校进行督导的工作机制，指导学校不断提高教育质量。在评估监测方面，建立教育督导部门统一归口管理、多方参与的教育评估监测机制，为改善教育管理、优化教育决策、指导教育工作提供科学依据。"并规定了教育督导问责的基本机制和具体举措。2021 年 7 月，国务院教育督导委员会印发《教育督导问责办法》明确了对被督导的地方各级人民政府和相关职能部门及其相关责任人，各级各类学校、其他教育机构及其相关责任人，督学、教育督导机构工作人员的问责情形及问责方式。[1] 问责制的确立为督促行政主体依法治教提供了切实可行的方案。依据督导问责机制，围绕人民群众关心的热点、难点问题，制约教育现代化发展的关键问题开展督导问责，实施执法监督已成为推进县域教育现代化的重要积极力量。例如，自 2018 年起开展的省级政府履行教育职责评价、2020 年组织的义务教育教师工资待遇落实情况督导，对于解决部分政府履行法定教育职责不实等问题具有重要的推动作用。

---

[1] 国务院教育督导委员会. 教育督导问责办法 [EB/OL]. http://www.moe.gov.cn/srcsite/A11/s7057/202107/t20210723_546399.html.

小资料

教育督导问责的若干规定

（十一）完善报告制度。各级教育督导机构开展督导工作，均要形成督导报告，并充分利用政府门户网站、新闻媒体及新媒体等载体，以适当方式向社会公开，接受人民群众监督。对落实党中央、国务院教育决策部署不力和违反有关教育法律法规的行为，要在新闻媒体予以曝光。

（十二）规范反馈制度。各级教育督导机构要及时向被督导单位反馈督导结果，逐项反馈存在的问题，下达整改决定，提出整改要求。

（十三）强化整改制度。各级教育督导机构要督促被督导单位牢固树立"问题必整改，整改必到位"的责任意识，切实维护督导严肃性。对整改不到位、不及时的，要发督办单，限期整改。被督导单位要针对问题，全面整改，及时向教育督导机构报告整改结果并向社会公布整改情况。被督导单位的主管部门要指导督促被督导单位落实整改意见，整改不力要负连带责任。

（十四）健全复查制度。各级教育督导机构对本行政区域内被督导事项建立"回头看"机制，针对上级和本级教育督导机构督导发现问题的整改情况及时进行复查，随时掌握整改情况，防止问题反弹。

（十五）落实激励制度。地方各级政府要对教育督导结果优秀的被督导单位及有关负责人进行表彰，在政策支持、资源配置和领导干部考核、任免、奖惩中注意了解教育督导结果及整改情况。

（十六）严肃约谈制度。对贯彻落实党的教育方针和党中央、国务院教育决策部署不坚决不彻底，履行教育职责不到位，教育攻坚任务完成严重滞后，办学行为不规范，教育教学质量下降，安全问题较多或拒不接受教育督导的被督导单位，由教育督导机构对其相关负责人进行约谈。约谈要严肃认真，作出书面记录并报送被督导单位所在地党委和政府以及上级部门备案，作为政绩和绩效考核的重要依据。

（十七）建立通报制度。对教育督导发现的问题整改不力、推诿扯皮、不作为或没有完成整改落实任务的被督导单位，由教育督导机构将教育督导结果、工作表现和整改情况通报其所在地党委和政府以及上级部门，建议其领导班子成员不得评优评先、提拔使用或者转任重要职务。

（十八）压实问责制度。整合教育监管力量，建立教育督导与教育行政审批、处罚、执法的联动机制。对年度目标任务未完成、履行教育职责评价不合格，阻挠、干扰和不配合教育督导工作的被督导单位，按照有关规定予以通报并对相关负责人进行问责；对于民办学校存在此类情况的，责成教育行政主管部门依法督促学校撤换相关负责人。对教育群体性事件多发高发、应对不力、群众反映强烈，因履行教育职责严重失职导致发生重大安全事故或重大涉校案事件，威胁恐吓、打击报复教育督导人员的被督导单位，根据情节轻重，按照有关规定严肃追究相关单位负责人的责任；对于民办学校存在此类情况的，审批部门要依法吊销办学许可证。督学在督导过程中，发现违法办学、侵犯受教育者和教师及学校合法权益、教师师德失范等违法行为的，移交相关执法部门调查处理；涉嫌犯罪的，依法追究刑事责任。问责和处理结果要及时向社会公布。

资料来源：关于深化新时代教育督导体制机制改革的意见，http://www.moe.gov.cn/jyb_xxgk/moe_1777/moe_1778/202002/t20200219_422406.html.

司法监督是底线。司法监督是教育执法的重要方面。《中华人民共和国教育法》专设"法律责任"一章，其中对"违反国家财政制度、财务制度，挪用、克扣教育经费的""结伙斗殴、寻衅滋事，扰乱学校及其他教育机构教育教学秩序或者破坏校舍、场地及其他财产的""明知校舍或者教育教学设施有危险，而不采取措施，造成人员伤亡或者重大财产损失的""学校或者其他教育机构违反国家有关规定招收学生的""在招收学生工作中徇私舞弊的""考生在国家教育考试中有（一）非法获取考试试题或者答案的；（二）携带或者使用考试作弊器材、资料的；（三）抄袭他人答案的；（四）让他人代替自己参加考试的；（五）其他以不正当手段获得考试成绩的作弊行为。之一的""任何组织或者个人在国家教育考试中有（一）组织作弊的；（二）通过提供考试作弊器材等方式为作弊提供帮助或者便利的；（三）代替他人参加考试的；（四）在考试结束前泄露、传播考试试题或者答案的；（五）其他扰乱考试秩序的行为。之一的""举办国家教育考试，教育行政部门、教育考试机构疏于管理，造成考场秩序混乱、作弊情况严重的""任何组织或者个人制造、销售、颁发假冒学位证书、学历证书或者其他学业证书，构成违反治安管理行为的"8种情形明确规定"构成犯罪的，依法追究刑事责任。"同时，规定"侵犯教师、受教育者、学校或者其他教育机构的合法权益，造成损失、损害的，应当依法承担民事责任。"这些规定说明了人民群众可以对违法问题通过司法途径进行解决，维护自身利益。近年来，随着法治意识深入人心，在行政投诉无效或第三方监督无效的情况下，选择法律途径解决教育中的主要矛盾或违法问题，已成为一种被行政主体及人民群众接受的方式。通过公开审理的涉及教育的一些案例，也对人民群众、行政主体依法维护自身权益产生了有益的启示和示范作用。

舆论监督是教育执法保障的有益补充。随着人们的维权意识的增强和获取信息更加多样、便捷，不同形式的媒体渠道也成为社会力量参与教育执法监督的重要方式。媒体在提高教育问题的能见度、向教育行动者施加压力使其履行责任，以及寻求政策变革方面具有巨大潜力。[1]通过媒体对违法事件的曝光、

---

[1] 联合国教科文组织. 全球教育监测报告：教育问责：履行我们的承诺.2017—2018[M]. 北京：教育科学出版社,2018:23.

追踪，形成舆论压力，可以促进对违法事件的追究、追责。舆论监督一方面增强了行政主体依法行政的意识，使其主动加强风险防控，减少违法事件的发生；另一方面也向社会传递了教育的正能量，澄清了社会上部分群体对教育事件中的真相的误解，甚至恶意的歪曲，促进了法治精神深入人心，客观上起到了引导人们学法、知法、守法的宣传教育作用。

教育法律法规政策为保障县域教育的规范发展、有序发展提供了重要法治依据，也为县域教育现代化提供了基本的法律法规依据。我国日益完善的教育法律法规政策体系必将成为促进县域教育现代化的重要积极力量。

第四节　县域教育现代化的历史积淀

教育现代化的提出与实践是一个历史的过程。县域教育现代化历程与国家教育改革和发展战略具有高度的吻合性。我国的教育改革和发展历程也是推进县域教育现代化的历程，县域教育现代化的方向伴随着国家教育改革和发展的步伐不断明确。县域教育现代化的推进与国家教育改革和发展战略密切相关，是在教育改革和发展进程中逐步确定的。

一、目标引领县域教育现代化的前进方向

现代化是我国社会主义建设的重要目标。我国在正式场合最早提出"现代化"这一概念的是第一届全国人民代表大会第四次会议，周恩来在《政府工作报告》中提出"实现工业、农业、国防和科学技术现代化"。从此，"四个现代化"成为指导我国社会主义建设的重要目标。尽管我国在社会主义现代化建设中历经了各种挑战和困难，但是这个目标始终引领着我国改革和发展的前进方向。1978年以来，我国确立了以经济建设为中心的方针，各项工作取得了长足进展，

迈向现代化的目标更加坚定。1982 年的《宪法》、2018 年的《宪法》均明确规定"集中力量进行社会主义现代化建设",为推进现代化建设提供了根本法律保障。

教育现代化是我国现代化目标的重要组成部分。1983 年,邓小平为北京景山学校题词"教育要面向现代化,面向世界,面向未来"。这是我国领导人首次将教育与现代化直接联系起来。从此,教育现代化逐渐成为国家现代化的有机组成部分。1985 年,《中共中央关于教育体制改革的决定》明确提出"教育现代化",使教育现代化成为我国教育改革和发展的重要目标。从此,教育现代化这个目标一直引领着我国的教育改革和发展,努力实现教育现代化成为我国教育改革和发展的主线。2022 年,《高举中国特色社会主义伟大旗帜　为全面建设社会主义现代化国家而团结奋斗》明确要求"以中国式现代化全面推进中华民族伟大复兴""全面建成社会主义现代化强国,总的战略安排是分两步走:从二〇二〇年到二〇三五年基本实现社会主义现代化;从二〇三五年到本世纪中叶把我国建成富强民主文明和谐美丽的社会主义现代化强国。"吹响了中国式现代化的号角。

在迈向教育现代化的征程中,各地积极探索形成了具有时代特点、地方特色的教育现代化实践模式。从 20 世纪 80 年代开始,在沿海经济发达地区率先出现了以区域推进教育现代化的探索,同时学校层面也积极探索如何实现现代化。例如,天津市明确出台了学校现代化评估标准,这是我国较早出现的在区域内推进学校现代化的尝试与实践。江苏省于 20 世纪 80 年代,依托其快速发展壮大的乡镇经济,着力于推进乡镇现代化和乡镇教育现代化。这些探索和实践推进了学校办学条件的极大改善,学校成为当地最好的建筑,促进了基础教育普及率的提升,成为全国推进教育现代化的先行者。特别是江苏省在 20世纪 90 年代提出了县域教育现代化,21 世纪初又提出了省域教育现代化,一步一个脚印地推进教育现代化,教育现代化的内涵也在实践中不断丰富升级。上海市在 21 世纪初提出"率先在全国实现教育现代化"。不同地区的实践实际上是我国教育现代化这一目标的实践化,反映了教育现代化这一目标对实践的引领作用。

二、政策保障护航县域教育现代化

教育现代化是经济社会发展到一定程度后对教育提出的重要要求。随着改革开放的推进，我国在人才储备方面的短板成为制约经济社会发展的重要因素。"教育要面向现代化，面向世界，面向未来"的提出在我国发出了向教育现代化进军的号召，正式开启了教育现代化的实践探索。1985 年，《中共中央关于教育体制改革的决定》发布，提出"多出人才，快出人才"的要求，"三个面向"正式写入党的文件，教育现代化首次出现在党中央的文件中，成为指导全国教育改革和发展的重要原则。从此，教育现代化成为我国教育政策的一个重要取向，以增强教育现代性的探索成为教育改革和发展的重要任务，教育现代化有了政策保障。

1993 年，《中国教育改革和发展纲要》首次明确提出"面向教育现代化"。教育现代化作为政策目标，首次写入我国的教育类文件中，成为引领和指导我国 20 世纪末期各级各类教育改革和发展的重要指导思想和政策要求。从此，在全国范围内掀起了教育现代化建设的高潮。这一时期，沿海各省依据本地教育发展实际积极加强省域内的教育现代化建设实践。如，江苏省充分利用苏南地区经济发展的先行优势，率先提出加快教育现代化建设，从乡镇教育现代化着手，加快教育现代化。教育现代化成为推进地方教育事业发展的重要抓手，在推进教育现代化进程中，优质教育资源不断扩大，不断满足人民群众对优质教育资源的需求，促进了区域教育的迅速发展。

1999 年，《中共中央国务院关于深化教育改革全面推进素质教育的决定》则进一步强化了教育现代化，把人的素质发展与教育现代化紧密结合起来。教育现代化包含生产基础、生产过程、生产结果的现代化：生产基础现代化要求相应的办学条件、师资、管理等方面满足教育发展要求；生产过程现代化包含教育体制机制改革和优化、教师队伍素质的整体提升、先进教育理念的普及与执行、课程设置与实施的现代化、先进教育技术的广泛应用等多个方面的要求；

生产结果的现代化要求教育能够为促进经济社会发展提供数量更多、质量更优的合格人才，能够培养与时代发展要求相适应的社会主义合格劳动者和接班人，能够促进学生潜能的发展和生活质量的提升。基本办学条件是教育现代化的重要内容和基础，但仅有办学条件现代化只是解决了生产条件现代化，能否实现人的现代化才是教育现代化的关键。人的素质高低，特别是学生素质发展的好坏是衡量教育现代化成效的重要指标，也是教育现代化的重要内涵。从这个意义上讲，《中共中央国务院关于深化教育改革全面推进素质教育的决定》标志着教育现代化关注的重点已经从简单的生产条件现代化向产品现代化转变，教育现代化的内涵更加丰富，人的现代化将成为教育现代化的核心目标。

2010 年，《国家中长期教育改革和发展规划纲要（2010—2020 年）》发布，明确提出"到 2020 年，基本实现教育现代化"的目标。从此，教育现代化成为我国重要的政策目标，引领全国各级各类教育深化改革，探索不同形式的教育现代化路径。上海市提出在全国率先实现教育现代化，江苏省出台了省域教育现代化的专门文件，广东、浙江也提出了本省教育现代化目标和规划。伴随着教育现代化在省域内的推进，教育现代化监测作为推进教育现代化的重要手段得以发展起来。上海提出了教育现代化的 40 项指标，作为判断教育现代化进程的重要标准，也成为监测教育现代化进程的重要指标。江苏省则提出了 60 多项指标，并分为高等教育现代化和县域教育现代化两类指标，将监测结果作为评价引领各地教育现代化的重要依据。同时，以教育信息化推进教育现代化作为一种非常重要的思路和方案得以强化和实践，各地纷纷加大对教育信息化的投入，促进教育装备升级换代。这一时期，"三通两平台"建设在各地如火如荼地实施，远程教育作为扩大优质教育资源的重要方式被广泛地推广、复制。从微观来看，同步录播、直播等方式成为优质学校课堂教学资源向落后地区、贫困地区传播，实现优质资源在更大范围内共享的重要方式。

2019 年，中共中央、国务院发布《中国教育现代化 2035》，这个文件是我国第一个以教育现代化为主题的专项文件，具有规格高、内容全的特点，是我国教育现代化探索经验的总结，也是面向新时代我国教育发展蓝图的规划。其内容反映了我国从 2019 年到 2035 年教育现代化的顶层设计，是指导全国教育现代化的纲领性文件。这个文件紧密围绕"培养什么人、怎样培养人、为谁培养人"这一根本问题，对教育现代化的目标、任务、路径作出了系统设计和规定。教育现代化成为衡量国家现代化的重要指标，成为国家现代化不可或缺的组成部分，得到进一步强化和巩固。至此，"三个面向"这一思想正式转化为全国教育改革和发展的施工图。加快推进教育现代化成为全国教育改革和发展的时代重任。

三、发展成就筑基县域教育现代化

我国的基础教育已经处于世界中上水平。2018 年，时任教育部长陈宝生宣布，中国教育已处于世界中上水平。这一判断展现了我国改革开放以来在教育领域取得的伟大成就，明确了我国教育在世界上的位置，增强了加快推进教育现代化的信心和决心。目前，我国各级教育普及程度达到或超过中高收入国家平均水平，其中学前教育、义务教育达到世界高收入国家平均水平，高等教育进入普及化阶段。2022 年，教育部部长怀进鹏宣布，我国"促进教育公平、提升教育质量，加快推进教育现代化、建设教育强国、办好人民满意的教育，教育的中国特色更加鲜明，取得历史性成就，教育面貌正在发生格局性变化。"[1]这一最新判断，更加增添了我们加快推进教育现代化的信心和底气。

教育已经成为我国公民的基本权利。改革开放 40 多年以来，我国的基础教育已经发生了翻天覆地的变化。不仅办学条件有了巨大的改变，而且"有学上"的问题得到了根本解决。从学生规模来看，2020 年，我国学前教育入园幼儿 1791.40 万人、毛入园率达到 85.2%；小学在校生 10 725.35 万人、学龄儿童净入学率 99.96%；初中在校生 4914.09 万人、初中阶段毛入学率 102.5%；高中阶段教育在校生 4163.02 万人、高中阶段毛入学率 91.2%。[2]《中华人民共

---

[1] 国新网. 中共中央宣传部举行教育改革发展成效新闻发布会[EB/OL]. http://www.scio.gov.cn/xwfb/gwyxwbgsxwfbh/wgfbh.2284/2022n_2285/49089/wz49091/202209/t20220922_440361.html.

[2] 教育部. 2020 年全国教育事业发展统计公报[EB/OL]. http://www.moe.gov.cn/jyb_sjzl/sjzl_fztjgb/202108/t20210827_555004.html.

和国宪法》规定的"人人享有受教育的权利"已经成为现实。如何进一步办好教育，实现"上好学"的期盼，将是我国教育改革和发展的重要时代任务。

小资料

我国各级教育普及情况（截至 2020 年）

指标／年度	1949 年	1978 年	2000 年	2020 年
学前教育毛入园率	0.4%（1950 年）	10.6%	46.1%	85.2%
小学学龄儿童净入学率	20.0%	94.0%	99.1%	99.96%
初中阶段毛入学率	3.1%	66.4%	88.6%	102.5%
高中阶段毛入学率	1.1%	35.1%	42.8%	91.2%
高等教育毛入学率	0.26%	2.7%	12.5%	54.4%

资料来源：中华人民共和国国务院新闻办公室. 中国的全面小康, http://www.gov.cn/zhengce/2021-09/28/content_5639778.htm.

我国的教育质量在世界范围内产生了巨大影响。随着改革开放的深入，我国基础教育参与国际比较项目获得的成就也令世人瞩目。从代表国家或地区教育水平的 PISA 测试来看，2010 年，上海市首次代表中国大陆地区参加 PISA 测试就取得了骄人的成绩，152 所学校 5115 名学生的平均成绩为 556 分，在阅读、数学和科学素养方面均排名全球第一，令世界为之瞩目。2018 年，上海、北京、广东、江苏等地的学生参加 PISA 测试，同样取得了非常好的成绩。在代表世界中学生的奥林匹克竞赛中，我国代表队多次获得竞赛优异成绩，在世界上产生了广泛影响。如 1986—2020 年，我国优秀中学生参加国际物理奥林匹克竞赛，共累计选派 168 人参赛，获得金牌 136 枚、银牌 21 枚和铜牌 9 枚的优异成绩；1989—2020 年，我国优秀中学生参加国际信息学奥林匹克竞赛，共选派 127 名优秀中学生参赛，获得金牌 88 枚、银牌 27 枚和铜牌 12 枚，10 次取得全金的

优异成绩。

基础教育领域改革深入推进。改革是贯穿基础教育领域的重要主线。2001年，在全国范围内开展的基础教育课程改革，立足于课程改革落实《中共中央国务院关于深化教育改革全面推进素质教育的决定》，将目标定位于培养具有现代化品质的时代新人，从课程设置、课程内容、教学方式、教学评价等多方面实施改革，促进学生全面发展。2016年，我国提出中国学生核心素养，将学生核心素养分为文化基础、自主发展、社会参与三个方面，构建了新时期中国学生的核心素养体系，把党和国家的教育方针在教育实践中不断加以落细落实。从微观层面来看，学校办学方式不断改善，致力于学生全面发展的教育实践改革不断涌现。比如，情境教学法、合作教学法在课堂教学改革中得到普遍认同和实践，学生是学习的主体，教师是教学的主导等先进理念深入人心，并落实在课堂教学实践中，校本研修深入开展，教师专业素质不断提升。

这些改革的深入推进，为从思想、理念、人才、物质等方面推进教育现代化奠定了基础，储备了必需的资源。

小资料

中国大陆学生参加 PISA 测试的表现

PISA 是经济合作与发展组织（OECD）于 2000 年发起的对基础教育进行跨国家（地区）、跨文化的评价项目，目的是对 15 岁学生的阅读、数学、科学素养和运用知识解决现实问题能力进行评价，反映学生参与未来生活的能力。PISA 坚持"能力立意"的命题导向，通过设置测试情境、设计高阶能力试题、组织问卷调查等多种方式，实现对学生核心素养的深度测评。同时，通过问卷调查的方式收集学生、教师和学校的背景信息，分析影响学生成绩的因素，形成对整个教育体系的评价，以使参与国家（地区）了解自己教育体系的优劣，改进和完善教育政策。

PISA 参与成员主要是 OECD 成员国家（地区），也吸收非成员国家（地区）参加，每三年进行一次，根据测评年份命名。经过近 20 年的发展，PISA 参与国家（地区）由 2000 年的 43 个扩大到 2018 年的 79 个（包括美国、加拿大、澳大利亚，绝大部分欧洲国家，日本、韩国、泰国等部分亚洲国家，巴西、阿根廷等部分南美洲国家等）。PISA 已经成为世界上规模较大、具有广泛国际影响的基础教育第三方评价项目。

我国内地四省市（北京、上海、江苏、浙江）作为一个整体取得全部 3 项科目（阅读、数学、科学）参测国家（地区）第一的好成绩。学生在阅读、数学、科学三项关键能力素养上的平均成绩分别为 555 分、591 分、590 分，在参测国家（地区）中均排名第一。四省市学生基本素养达标率为参测国家（地区）第一，高水平学生数量总数居于前列。

资料来源：教育部.PISA2018 测试结果正式发布，http://www.moe.gov.cn/jyb_xwfb/gzdt_gzdt/s5987/201912/t20191204_410707.html.

第四章 县域教育现代化监测的实践基础

县域教育现代化是我国教育现代化的重要实践单元。县域间的差异决定了各地推进县域教育现代化可以采取不同的方式和路径。坚持目标导向，充分地利用一切先进经验，着力于优化县域教育资源，探索适合县域特点的推进方式是县域教育现代化的应有之义。从县域教育现代化的实践出发，县域教育现代化监测方可有的放矢。

第一节 县域教育现代化的基本任务

县域教育现代化是国家教育现代化的有机组成部分。在国家教育现代化战略指引下，立足于县域实际，切实履行县域教育职责，促进县域教育事业健康持续发展，提升县域教育质量是县域教育现代化的重要使命。

一、全面落实教育方针

教育方针是党和国家对教育任务的高度概括和总结，也是做好教育工作的根本遵循。党的二十大报告明确指出"教育是国之大计、党之大计。培养什么人、怎样培养人、为谁培养人是教育的根本问题。育人的根本在于立德。全面贯彻党的教育方针，落实立德树人根本任务，培养德智体美劳全面发展的社会主义建设者和接班人。坚持以人民为中心发展教育，加快建设高质量教育体系，发展素质教育，促进教育公平。加快义务教育优质均衡发展和城乡一体化，优化区域教育资源配置，强化学前教育、特殊教育普惠发展，坚持高中阶段学校多样化发展，完善覆盖全学段学生资助体系。统筹职业教育、高等教育、继续教育协同创新，推进职普融通、产教融合、科教融汇，优化职业教育类型定位。加强基础学科、新兴学科、交叉学科建设，加快建设中国特色、世界一流的大学和优势学科。引导规范民办教育发展。加大国家通用语言文字推广力度。深化教育领域综合改革，加强教材建设和管理，完善学校管理和教育评价体系，健全学校家庭社会育人机制。加强师德师风建设，培养高素质教师队伍，弘扬尊师重教社会风尚。推进教育数字化，建设全民终身学习的学习型社会、学习型大国。"教育方针指向的是"培养什么人、怎样培养人、为谁培养人"这一根本问题，深刻阐明了教育与经济社会发展的关系、与国家长治久安的关系。从内容上看，它既指向受教育对象的基本素质和发展目标，也指向教育服务于经济社会发展、维护社会和谐稳定的基本功能。二者相得益彰，促进教育的本体功能与社会功能的高度统一，指导着各级各类教育实践活动。国家的教育体系是将党和国家的教育方针转化为各级各类教育实践活动的重要载体。县域教育直接与人民群众的切身利益相联系，关系着教育方针的各项要求能否落地落实，在贯彻落实党和国家的教育方针中发挥着不可或缺的作用。因此，全面落实党和国家的教育方针是县域教育的重要任务。

保障人民群众的受教育权利。教育是人的基本权利，也是人更好地适应社会、融入社会、实现发展的重要路径。特别是以基础教育为主体的县域教育，其核心是面向全体公民开展基础教育，对于人的发展和幸福具有重要的奠基作用。落实教育方针，推进教育现代化，首先是要保障每个公民的受教育权利。每一个适龄儿童少年不分性别、民族、种族、家庭财产状况、宗教信仰等都有接受学前教育、义务教育的权利。从推进县域教育现代化来看，建设符合国家办学基本条件的学校、提供足够的学位，满足学生"有学上""上好学"的需求是当前推进县域教育现代化的基本任务。围绕这一任务，各级政府要切实抓好相关资源调配，实现资源优化组合，充分发挥资源的育人价值。

贯彻落实培养计划。培养计划是对"培养什么人、怎样培养人、为谁培养人"这一根本问题在特定学段和领域的具体化。学校教育是落实培养计划的基本渠道和主要阵地，如何依托学校教育为一个人的终身发展奠基、为实现国家教育方针奠基，其关键是落实基础教育阶段的培养计划。为此，需要切实办好县域内的学校教育。在学校教育中，培养计划主要是通过落实课程方案来实现的。现阶段，我国在基础教育领域实行的是三级课程体系，即国家课程、地方课程、学校课程。《基础教育课程改革纲要（试行）》规定基础教育课程改革要"全面贯彻党的教育方针，全面推进素质教育。""新课程的培养目标应体现时代要求。""实行国家、地方、学校三级课程管理，增强课程对地方、学校及学生的适应性。"三级课程体系中，国家课程是基础和根本，地方课程和学校课程是补充，三者构成一个促进学生全面发展的载体体系。根据国家教育的分级管理原则，制定县域教育规划，开齐开足开好国家课程、地方课程、学校课程是县域教育实践的重要任务。

全面规划县域教育事业发展。不同的县域有不同的特点，以县域为单元加强教育规划才能保证学生在基础教育阶段更好地接受完整的、便捷的基础教育。首先，要落实教育优先发展战略。根据规划优先的要求，把县域教育发展纳入县域经济社会发展总体规划，增强教育规划的权威性、强制性，加强部门协同落实教育规划。其次，要突出以学校教育为主体。结合县域人口数量结构、年龄结构、区域分布、流动趋势等，合理规划学校布局，以落实学前教育和义务教育就近入学的要求。坚持发展普惠性学前教育，加强薄弱学校改造，多样化发展高中阶段教育，促进县域内学校教育协调、健康、持续发展，为人民群众提供数量更多、质量更优的教育资源，办好人民满意的教育。同时，对于边远地区学生、特殊儿童少年的入学权利给予特别关照、支持。最后，要突出结构优化。县域教育是由不同类型的教育构成的一个整体，坚持协调发展是其内在要求。对教育的相关要素、不同层级、不同类型的教育结构加以调整、优化，使县域教育发展与经济社会发展相适应，与人民群众的期盼相适应。

二、促进人的全面发展

教育的根本目标是促进人的发展。现代社会对人的素质要求越来越高。"德智体美劳全面发展"是对"培养什么人"的具体要求，也是各级各类教育实践承担的基本任务。离开了人的发展，教育就失去了灵魂。落实德智体美劳全面发展，必须立足于学校教育与社会教育、家庭教育的密切合作。

构建家庭教育、社会教育与学校教育的合作机制。促进人的发展不仅是学校的责任，也是家庭和社会的责任。学校内教育与学校外教育结合是我国教育改革和发展的重要要求。学校教育在系统传授知识、培养能力方面具有不可替代的优势，但是培养学生的实践能力则需要家庭和社会的支持。除了正常的学校内教育外，要结合实际在县域内建立和发展能够满足学生身心健康发展、促进学生德智体美劳全面发展的校外综合实践基地，为学生进入工厂、农村、商场等开展综合实践活动提供基础条件。

建设合理的师资队伍。有效的教育过程是以人与人之间的互动为基础的。教师承担着传播知识、传播思想、传播真理的历史使命，肩负着塑造灵魂、塑造生命、塑造人的时代重任，是教育发展的第一资源，是国家富强、民族振兴、人民幸福的重要基石。[1] 教师是学生全面发展的重要引路人。良好的师资队伍可以促进学生德智体美劳全面发展。师资队伍建设历来是我国教育改革和发展中的关键问题之一。中共中央国务院《关于全面深化新时代教师队伍建设改革的意见》明确要求"全面提高幼儿园教师质量，建设一支高素质善保教的教师队伍。""全面提高中小学教师质量，建设一支高素质专业化的教师队伍。""加强中小学校长队伍建设，努力造就一支政治过硬、品德高尚、业务精湛、治校有方的校长队伍。"培养数量和质量基本满足基础教育发展需求，区域分布、

---

[1] 新华社. 中共中央国务院关于全面深化新时代教师队伍建设改革的意见 [EB/OL]. http://www.gov.cn/xinwen/2018-01/31/content_5262659.htm.

学段分布、学历水平、学缘结构、年龄结构趋于合理，思想政治素质、师德修养、教育教学能力和信息技术应用能力显著提高的幼儿园教师队伍、中小学教师队伍和中小学校长队伍是县域教师队伍建设的重要任务。

开展丰富多彩的教育活动。教育活动是促进人的发展的基本载体和方式。首先，要以课堂为主阵地，贯彻落实教育方针。课堂是学生获取知识，掌握基本技能的主要场所。立足于课堂这一主阵地方能为全面落实教育方针奠定基础。其次，要引导学生参加社会实践活动。教育即生活，社会实践是课堂学习的延伸，是课程学习的重要组成部分。要依据课程方案和课程标准，组织开展内容丰富、形式多样的教育综合实践活动。通过综合实践活动、劳动教育、社会实践活动等方式，让学生接近社会、了解社会，更好地成为社会的人。特别是要让学生在活动中学习，在活动中体验，通过劳动让学生出力流汗，珍惜劳动成果。

三、服务县域经济社会发展

青年人是支撑县域发展的重要力量。县域是大多数人幼年、少年到青年早期长期生活、学习的地方。县域发展为年轻人接受教育创造了条件，健康成长的年轻人则是服务县域经济社会发展的生力军。县域内的青年学生是推动县域经济社会发展，维护社会稳定的重要力量。发挥县域教育对青年劳动者的引领作用，有助于县域教育更好地服务于县域经济社会发展。

培育学生的生涯规划意识。人的一生是发展变化的。一个人完成一定的学校教育后将从学生转变为劳动者。尽管目前我国的高等教育毛入学率已经超过了57%，[1] 但是仍然意味着我国县域内接受基础教育的学生将近一半甚至超过一半的高中毕业生将走入社会成为新的劳动力。从就业范围来看，会有相当多的高中生在县域内从事工业、商业、农业等不同行业的生产劳动。这是青年服务县域经济社会发展的基本方式。培育学生的生涯规划意识，增强学生的家国情怀，培育学生对家乡的认同感、责任感，引导学生树立服务县域经济社会

---

[1] 国新网. 中共中央宣传部举行教育改革发展成效新闻发布会 [EB/OL]. http://www.scio.gov.cn/xwfb/gwyxwbgsxwfbh/wqfbh_2284/2022n_2285/49089/wz49091/202209/t20220922_440361.html.

发展的意识，提升他们服务县域经济社会的能力，促进他们实现从学生到劳动者的顺利转变是基础教育的重要任务之一。

加强对学生的公民教育。遵守国家的法律法规，按照法律法规办事是公民的基本责任。作为国家公民，学生具有的公民意识对维护县域稳定、促进县域发展具有重要意义。在学校教育期间，必须加强对学生的公民教育，引导学生树立规则意识；遵纪守法教育，引导学生在国家法治框架内认识问题、分析问题，运用法律手段解决生活中的矛盾与纠纷，为国家长治久安贡献力量。同时，加强不同家境、不同民族之间学生的交流，促进民族认同、民族团结，促进不同阶层的交流、理解、认同，让教育成为维护和谐、稳定的积极力量。

创办必需的职业教育。人的发展具有多样性，适应不同学生的发展，为学生的发展提供可选择的机会是现代教育的重要特点。随着学生接受教育年限的增长，其发展也会出现分化。从初中到高中是一次分流，必须为那些不能进入普通高中的学生提供接受中等职业教育的机会。县域教育要结合当地产业发展规划、产业结构特点，合理规划县域内职业教育的规模、专业设置和布局，使县域内的普通高中与职业教育协调发展，为当地储备、培养适应地方经济发展的后备人力资源，或为学生实现更好的发展，更加顺利地融入现代社会化大生产提供基本的技能培训。

因地制宜开展职业培训。成人教育也是县域教育的重要组成部分。依据成人教育的特点，因地制宜地开展成人教育对于提高人民群众的生活质量具有重要作用。首先，要主动适应变化。随着地方经济的发展，产业结构调整，教育必须主动适应这种变化。针对当地产业发展的需要，劳动力市场变化的需要，加强以成年人为主的劳动教育培训。如，依托中等职业教育机构开展再就业培训，实现教育服务地方经济社会发展的目标。其次，接受定制服务。通过学校与企业、公司合作，培养当地企业、公司所需要的紧缺人才。与城镇化发展需求结合，加强对失地农民、下岗工人、再就业人员的培训，或提供相应的培训资源。通过职业培训提高县域内劳动人口的素质，为促进县域经济社会发展贡献教育的力量。

四、为国家输送优秀后备人才

县域教育并不是一个封闭的系统。县域教育与其他地区的教育存在一定数量的生源与师资交流，同时也与高等教育之间存在循环互动的关系。县域内的高中阶段教育除了为本地输送合格劳动力之外，还肩负着为高一级学校输送优质生源的责任。

构建县域教育质量提升的支撑机制。县域教育质量是一个整体，其不同的构成部分是相互影响的。从教育内部来看，前一学段的质量对后一学段的质量具有重要的奠基作用，后一学段的质量则对稳固本地优质生源具有持久影响。因此，县域义务教育质量的高低决定着本地高中阶段学校可获得的主要生源整体质量的高低，高中阶段质量的高低则对吸引本地义务教育的优质生源，实现长期稳定发展具有重要影响。但是，一些地方县域普通高中发展还存在生源和教师流失比较严重、基础条件相对薄弱、教育质量有待提高等突出问题。[1]促进县域教育质量整体提升，要注重构建县域教育的良好生态，办好县域内的各级各类学校，为本区域培养优秀生源，减少优秀生源的选择性流失，实现县域教育的良性循环。从为高等学校输送更多数量、更高质量的合格生源来看，尤其要加强对普通高中教育的管理、指导，通过普通高中教育为国家的高等教育输入更多的优秀生源。同时，通过县域经济社会发展，尊师重教环境的优化，吸引更多优秀高校毕业生到县域内从事教育及其他工作，为县域教育事业发展输入更多优秀人才。

持续提升高中阶段教育质量。考试招生制度是国家基本教育制度。高考被誉为"最为公平的考试"，是普通高中学生走进高等学校的重要方式。2014年，《国务院关于深化考试招生制度改革的实施意见》发布，提出"到2020年基本建立中国特色现代教育考试招生制度，形成分类考试、综合评价、多元录取的考试招生模式，健全促进公平、科学选才、监督有力的体制机制，构建衔接沟通各级各类教育、认可多种学习成果的终身学习'立交桥'。""基于统一高

---

[1] 教育部等九部门."十四五"县域普通高中发展提升行动计划 [EB/OL]. http://www.moe. gov.cn/srcsite/A06/s7053/202112/t20211216_587718.html.

考和高中学业水平考试成绩、参考综合素质评价的多元录取机制"将成为高中阶段学校毕业学生进入高等学校的重要方式。2019 年，教育部考试中心发布的《中国高考评价体系》是对《国务院关于深化考试招生制度改革的实施意见》的落实。《中国高考评价体系》由"一核""四层""四翼"组成，其中，"一核"是高考的核心功能，即"立德树人、服务选才、引导教学"，回答"为什么考"的问题；"四层"为高考的考查内容，即"核心价值、学科素养、关键能力、必备知识"，回答"考什么"的问题；"四翼"为高考的考查要求，即"基础性、综合性、应用性、创新性"，回答"怎么考"的问题。[1] 这些改革背后的深层理念是"把促进学生健康成长成才作为改革的出发点和落脚点，扭转片面应试教育倾向，坚持正确育人导向，践行社会主义核心价值观，深入推进素质教育，培养德智体美全面发展的社会主义建设者和接班人。"[2] 目前，我国的高考录取采取的是指标到省的方式，除了部分学生可以通过国家专项计划、地方专项计划和高校专项计划获得招生录取机会外，更多的学生则需要在全省范围内参加公平的竞争。想要在竞争中获得机会，则需要以办好县域内的高中阶段教育为基础。本地生源是县域内高中阶段学校的主要生源，县域内高中阶段学校教育质量的高低直接关系着本地人民群众获得高等教育机会的多少。因此，高中阶段教育要围绕落实国家的教育方针和高考改革的方向，积极调整、优化，不断适应，开展有质量的教育活动，为高等学校输送合格生源。必须本着对县域内人民群众高度负责的精神办好高中阶段教育，不断提高教育质量，为人民群众赢得更多的进入高等学校的机会。

[1] 中国教育考试网. 教育部考试中心发布《中国高考评价体系》[EB/OL]. http://www.neea.cn/html1/report/2001/8993-1.htm.

[2] 中华人民共和国教育部. 国务院关于深化考试招生制度改革的实施意见 [EB/OL]. http://www.moe.gov.cn/jyb_xxgk/moe_1777/moe_1778/201409/t20140904_174543.html.

第二节　县域教育现代化着力的关键要素

县域教育是经济社会的有机组成部分。推进县域教育现代化涉及众多的因素，抓住制约教育现代化的关键因素，方可实现纲举目张，有序推进县域教育现代化，增强县域教育可持续发展的后劲。

一、体制机制创新

体制机制是现代治理的重要因素，是制约县域教育现代化的关键因素。良好的体制机制对于顺利调配、优化县域教育资源，推动教育事业发展，促进教育与经济社会良性互动具有重要作用。县域教育是一个相对独立的治理单元。立足于县域实际，建立政府主导、社会参与、协作推进的体制机制，是有序推进县域教育现代化的重要环节。

充分发挥县级政府的主导作用。管理、发展县域教育是县级政府的重要责任。县域教育现代化是以县域内外资源的充分利用为前提的。从县域外部资源来看，主要是争取国家和省的政策支持、资金支持、项目支持、资源调配，为改善县域教育的基础条件，推进县域教育现代化奠定基础。特别是对于经济社会发展水平较低的县域，国家和省级的统筹对加快推进县域教育现代化显得尤为重要。从县域内部来看，关键是在县级政府的领导下，落实教育优先发展战略，把教育纳入经济社会发展总体规划，建立保障教育优先发展的联动机制，落实部门间的协调、合作，把国家政策如西部大开发政策、乡村振兴行动计划等与地方实际结合起来，创造性推进教育与地方经济发展的协调发展、学校布局与城市建设的协调发展、教育发展与乡村振兴的协调发展。

优化对社会资源的利用。各种社会资源是助力县域教育现代化的有益补充，对于县域教育结构调整、质量优化具有重要作用。社会资源的利用程度是衡量县域教育现代化程度的重要指标。充分利用各种社会资源助力县域教育现代化是建设学习型社会，建设教育强县，办好人民满意的县域教育的需要。在利用社会资源时，一是要严格落实相关法律法规的规定。如，利用社会资源助力县域的普惠性学前教育、公益性民办学校发展，在加强基础设施建设的过程中把教育配套建设纳入整体规划，城市住宅小区建立配套幼儿园移交地方政府等。二是要注意弥补县域教育发展中的短板。如，引入优秀管理人员改革学校管理，激发学校发展活力；把其他地区的优秀学校和管理经验引入县域办名校等。三是要扩大县域内的优质教育资源。在学前教育、义务教育阶段努力办好"家门口"的好学校，满足人民群众对优质教育资源的需求。在职业教育领域，进一步扩大校企合作，为中职学生就业找出路，以市场引领中职办学，以就业为导向设置中职专业，增添学校的基础设施设备，引导学生主动分流、自愿分流。

创新县域教育管理。创新是挖掘潜能，提高效益的重要方式。要坚持归口管理与协作管理结合，坚持服务即管理，充分发挥现代信息技术在县域教育管理中的积极作用，建设基于大数据的综合管理平台，设立一站式服务平台，方便学生、群众办事，让数据多跑路，让群众少跑腿。加强政务公开，明确办事程序，减少非规范操作，做到信息公开、透明，吸引优秀人才到县域内从事教育工作。注重对群众需求的回应，适时调研人民群众对县域教育的新期盼、了解分析县域教育存在的短板，主动破解人民群众关心、关注的难点问题。

建立现代学校制度。教师是学校教育的依靠力量。落实现代学校制度的关键是调动人的积极性，特别是广大教师的积极性。教师的参与是学校发展的重要力量，尊重教师参与学校管理的知情权、管理权是学校现代化治理的重要内容。要以教代会为主体渠道，引导广大教师参与学校管理，为学校发展出谋划策、贡献智慧。教师专业素养的提升则是学校教育质量不断提升的重要基础，要鼓励教师立足教育教学实践开展校本研修，实施教学改革，探索形成与学生实际需求相符合的教育教学方式，开展丰富多彩的教育教学活动。

二、基础资源优化

加强以基本办学条件和师资为主要内容的基础资源配置与优化是推进县域教育现代化的重要基础工作之一。县域教育现代化的基础资源配置与优化要聚焦于学校教育，并逐步辐射到社会教育，为县域教育现代化提供有效的支撑。

大力改善学校办学条件。办学条件是学校教育的物质基础。坚持城乡一体化发展为基本方向，以标准化建设为重点，缩小城乡教育差异，保证教育公平，是推进县域内学校教育办学条件改善的重要策略。国家和省对基础教育学校的办学条件有明确的规定。这个规定一方面来自于基本的建筑规范，一方面来自于教育运行和发展的合理要求。基本建筑规范是学校校舍、体育运动场馆的建筑标准，核心是保证建筑物的安全和基本功能健全。教育运行和发展的合理要求则以满足开展教育教学的需要为基本衡量标准。无论是哪一种标准均表现为对相应的办学条件的量化要求。如，对生均校舍面积的规定、生均体育运动场馆面积的规定，其目的是为开展教育教学提供必需的装备条件。同时，宜围绕学校装备优化，建立常态更新机制，引导学校相关的装备常态化地用于教育教学活动。当然，办学条件是一个适度指标，并非越高越好，要防止一配了之或配而不用的现象出现。

持续优化师资队伍。师资队伍是学校教育的核心资源。保证数量、优化质量是县域教育现代化在师资建设方面的基本要求。要"遵循教师成长发展规律，以高素质教师人才培养为引领，以高水平教师教育体系建设为支撑，以提升教师思想政治素质、师德师风水平和教育教学能力为重点，筑基提质、补短扶弱、做优建强、全面提高教师培养培训质量，整体提升中小学教师队伍教书育人能力素质，促进教师数量、素质、结构协调发展，为构建高质量教育体系奠定坚实的师资基础。"[1] 要从县域实际出发，建立吸引优秀人才从教的机制，形成结构合理的师资队伍。依据国家规定和教育改革发展要求，配足配齐满足教育教学活动需要的教师，其中，对于乡村微型学校、小规模学校要探索按班师比配备教师或以走教制的方式解决教师配额超标、学科不足的问题。要加强教师的培养培训工作。以供给侧改革为重点，依据教师需求和特点，建立职前、职中培训体系，坚持全员培训为基础，合理制定培训计划，对在职教师加强国家、省、县级培训，保证教师严格完成每五年 360 学时的基本培训。加强对骨干教

---

[1] 教育部等八部门. 新时代基础教育强师计划 [EB/OL]. http://www.moe.gov.cn/srcsite/A10/s7034/202204/t20220413_616644.html.

师的培训，探索适合县域特点的培训方式，适时更新培训内容和培训方式。坚持线上培训与线下培训相结合、教研与培训结合、校本研修与脱产进修结合、理论培训与案例培训结合，提高培训实效。

建立配培管用一体化的县域教师管理机制。配培管用是一个整体，对于激励人才成长，优化县域教师队伍具有重要作用。要探索适合县域特点的教师县管校用方式。加强教师在县域内校际间的流动，扩大优质教育资源的受益面。要充分发挥优秀教师的引领作用。以优秀教师为主心骨，建立县域内的名师工作室，形成辐射全域的骨干教师团队，带动更多教师成长。要加强教育管理梯队建设。尊重教育的专业性，加强对学校及教育行政干部队伍的储备、选拔、任用，把那些具有良好的政治意识、精湛的专业水平、有良好的群众基础的优秀教师选拔到各级后备干部队伍中加强培养，为造就一支政治过硬、品德高尚、业务精湛、治校有方的校长队伍，提升校长的领导力，提高教育管理的专业性，为促进县域教育事业可持续发展奠定坚实基础。要加强对从业人员的资格审查。对于社会教育机构的教师，要加强管理和督查，保证从业人员具有法定的资格，吸引更多的优秀人才从事教育工作。

三、教育实践规范

教育实践是以教育方针为指导的办学行为及教育教学活动的总和。它是将教育政策、理念以实践化的方式作用于教育对象，促进教育对象持续健康发展的基本路径。实践是改造世界的基本方式，也是改造人、发展人的基本方式。规范的教育实践是县域教育现代化的重要体现。

依法治教是规范教育实践的灵魂。教育的对象和从业人员都是变化着的人，决定了教育实践的变化性和复杂性强于其他的社会实践。国家法律法规是保证县域教育实践规范开展的重要前提。规范的县域教育实践体现为依法投入、依法办学、依法治校、依法治教等各个方面。依法投入是前提，它是县域教育事业正常运转的重要基础。离开了必须的投入，那么可能会使县域教育陷入停顿，甚至倒退。依法办学是关键，它是保证县域内正常的教育教学秩序，维护人民群众受教育权益的基本保障。离开了办学行为的规范，就可能会导致各种社会风险。依法治校是保持学校正常秩序，维护从业人员和受教育者的利益，贯彻落实党的教育方针的必须手段。离开了依法治校，就可能会导致校际间的过度竞争或学校内部的混乱。依法治教的核心是促进学生健康发展。它表现为根据国家课程标准设置课程、组织实施教育教学活动，把国家教育方针转化为具体的教育教学实践活动。

创新是规范教育实践的内核。规范教育实践并不是简单的教条主义和照本宣科。因地制宜、因校制宜地组织开展教育教学实践活动，创造性地落实教育方针是县域教育现代化的重要内容。从某种意义上讲，国家教育法律法规对教育的规定是底线要求。县域教育更需要在遵循国家法律法规要求的前提下依据地方实际进行创新。通过创新更好地解决人民群众所关注关切的热点问题、焦点问题和难点问题。增、减、改是创新的常见方式。增的内核是拓展和丰富。如教育投入方面，可以采取增的方式，增加投入的数量、拓宽投入的来源。减的内核是控制与限制。如在班额管理方面，可以采取减的方式，加强对每个班学生人数的控制，逐步减少班额，防止班额的过度膨胀，损害师生健康。改的内核是改进和优化。它是基于已有的规范、标准，对教育实践的程序、基础设施设备进行更优化。创新瞄准的是更高标准、更高质量，唯有不断创新县域教育现代化方能充满活力。

不同类型教育间的互动是标志。学校教育、家庭教育、社会教育是县域教育的主要类型和实践形式。三者之间的良性互动是县域教育走向现代化的重要标志。推进县域教育现代化尤其重视以社会实践为纽带，促进学校教育、家庭教育、社会教育的互动。从实践的角度来看，社会实践的近期任务是依托社会实践基地加强学校与县域内的社区、企业、工矿、农村的合作，规范学生的社会实践活动，引导学生完成与学段要求相符合的社会实践；远期目标则是聚焦于受教育者的健康成长，建立学校教育、社会教育、家庭教育的常态合作机制，构建县域内的大教育生态环境，实现学校教育、家庭教育、社会教育按需互动、有效互动。

四、教育治理现代化

全面实现小康社会后，举国上下正在向第二个一百年奋斗目标前进，在国家宏观目标、政策指引下确立县域教育发展的阶段性目标、发展路径、发展步骤，使之合乎县情民意，满足人民群众对优质教育资源的期盼是县域教育治理的重要要求。

牢固树立现代治理理念。治理是各种公共的或私人的个人和机构管理其共同事物的诸多方式的总和。[1]从管理到治理是理念的飞跃。中国要走向社会现代化，必然要走向国家治理现代化。[2]一个国家的治理现代化不仅要有现代化的手段，更要有现代化的理念和内容。现代社会治理是以人的权利为基础的，维护人的合法权利，促进人的健康发展是治理的核心要义。从实现过程来看，教育治理是指国家机关、社会组织、利益群体和公民个体，通过一定的制度安排进行合作互动，共同管理教育公共事务的过程。[3]教育法治是教育治理的典型特征。因此，尊重人的权利、维护人的权利，促进人的发展是教育治理的核心任务。必须牢固树立以人民为中心的发展理念，尊重和维护人的合法权利，把国家的发展要求落实到为人民服务的具体行动中。教育是公民的基本权利。教育治理的基本对象是教育活动，而教育活动的核心要素是人。县域教育涉及的对象主体更多的是未成年人，将《中华人民共和国未成年人保护法》《中华人民共和国妇女儿童权益保护法》《中华人民共和国义务教育法》等贯彻到实际工作中，成为营造良好县域教育生态，促进学生健康发展的重要基础，是县域教育治理现代化的重要内容。从这个意义上讲，教育治理是以人为核心对象的一系列治理活动，县域教育治理现代化的核心任务是提升民生福祉。为此，要以正确的理念统率各个方面的工作，把民主、协商等基本方式贯穿在教育治理的工作中，深入学校了解教育的实际开展情况，及时解决人民群众急难愁盼问题。如果忽视了人的权利，就无从谈起教育治理现代化。

---

[1] 俞可平.论国家治理现代化 [M].北京：社会科学文献出版社,2014:20.

[2] 俞可平.论国家治理现代化 [M].北京：社会科学文献出版社,2014:149.

[3] 袁本涛，孙霄兵.教育治理现代化：理念、制度与政策 [M].北京：经济科学出版社,2018:56.

　　构建与社会发展相适应的治理模式。治理的典型特征是多元主体参与的共同治理，即"共治"。共治是路径，善治是目标。善治就是使公共利益最大化的社会管理过程和管理活动。善治的基本要素有合法性、法治、透明性、回应、有效、参与、稳定、廉洁、公正。[1]县域教育要达到"善治"这一目标，首先是规划先行。基于县域实际，着眼县域教育现代化，认真解读国家的政策要求，广泛听取县域内人民群众的意见、咨询专家意见，准确地研判县域教育面临的现实情况和未来发展的任务、路径，确定县域教育现代化规划。学前教育、义务教育是县域教育的重要组成部分，也是当前教育民生的热点、难点问题。推进学前教育普及普惠发展、推进县域义务教育优质均衡发展体现的是县域教育现代化从物质条件向质量内涵发展转型，尤其需要县域教育治理及时了解实情、了解民意，及时调整工作重心、优化工作策略、提升工作效率。其次是优化治理模式。坚持依法行政，建立咨询、决策、规划、执行、评价、改进等相互衔接的教育治理模式，构建县域教育治理的闭环，提升县域教育治理成效。结合县域教育现代化的推进工作、县域内人口和经济的发展变化情况及时调整和优化工作方式，不断满足人民群众的需要。在做涉及广大人民群众切身利益的重要决策时，要把人民群众的利益放在首位，反复论证，多方征求意见，减少决策可能带来的不稳定风险、减少对人民群众利益的损害，特别是对特殊群众、弱势群体的利益伤害，防止好心办坏事。

　　搭建以信息技术为基础的治理平台。进入信息时代，宜基于大数据、云计算、人工智能等现代信息技术，构建与国家、省、市相通的教育治理平台。以现代信息技术为基础的治理平台，具有方便追踪、方便联络、方便精准地掌握和回应群众的诉求的优势。它一方面与国家、省、市的教育治理平台相通，成为上级教育治理的有机组成部分；一方面能够融入县域治理平台，使教育成为县域治理平台的有机组成部分。借助于这样的平台，能够真正让数据多跑路，群众少跑腿，让人民群众能够便捷地了解县域内的教育政策、信息，了解基本的办事程序和规范，及时表达相关诉求、反馈治理效果，实现将重大舆情及时通报，

---

　　[1] 俞可平. 论国家治理现代化 [M]. 北京：社会科学文献出版社 ,2014:59-60.

防止谣言和虚假信息的传播。同时，也可以促进管理群体依法治教、依法行政，防止滥作为、乱作为，给人民群众带来伤害。

五、教育结果优质化

教育结果是县域教育现代化所达到的实际状态。教育结果优质化是县域教育现代化的核心标志，是衡量县域教育现代化的重要指标。实现教育结果优质化是县域教育现代化追求的重要目标。

小资料

国家基本公共服务标准·学有所教

1. 学前教育助学服务

（1）学前教育幼儿资助

2. 义务教育服务

（2）义务教育阶段免除学杂费

（3）义务教育免费提供教科书

（4）义务教育家庭经济困难学生生活补助

（5）贫困地区学生营养膳食补助

3. 普通高中助学服务

（6）普通高中国家助学金

（7）普通高中免学杂费

4. 中等职业教育助学服务

（8）中等职业教育国家助学金

（9）中等职业教育免除学费

资料来源：国家基本公共服务标准（2021年版），http://www.gov.cn/zhengce/zhengceku/2021-04/20/content_5600894.htm。

教育机会公平。县域内能够提供满足不同学段、不同群体受教育的学位及相应的基础设施设备，让县域内的每一个适龄儿童少年均享有接受法定教育的机会。学前教育阶段要突出普惠性，让幼儿能够享受公平的、低成本的学前三年教育。义务教育阶段的学位供给则以就近为主，能够让孩子就近入学享受高质量的义务教育。高中阶段教育则以多样性为主，供学生选择适合自己发展的教育类型、接受相应的教育，并有获得高等教育的机会或就业的机会。建立资助性保障机制能够惠及残疾学生、家庭经济困难学生，防止学生因残失学、因贫辍学；惠及留守学生、随迁学生、寄宿学生，让他们能够和其他同龄人一样公平地享受学校教育。在教育过程中能够对学困生给予合适的辅导，防止心理问题的发生，避免学生因学辍学。

区域结构优化。县域内的教育是一个整体，必然要根据区域经济、人口等的变化而及时加以调整，满足不同群体受教育的需求。区域内的学校教育结构优化是县域教育布局调整优化的重要内容和标志。学校教育的优化重点包括学校布局、学位数量及相应资源的调整优化，以充分发挥区域内教育资源的效益。在学前教育、义务教育和普通高中教育方面，关键是根据人口分布调整学校布局，使学校分布与规模适应人口变化，实现办好人民群众"家门口"的好学校的目标；在中等职业教育和成人继续教育方面，关键是突出就业导向、需求导向，及时调整专业设置，提高教育对县域经济社会发展的贡献率；在资源调配方面，关键是与学校布局、专业调整相适应，对相关的投入及其他资源进行合理调配，以促进教育健康持续发展；在社会教育方面，则是加强少年宫、博物馆等地方校外机构建设，发挥其对学生综合素质发展的促进作用，防止学科类培训的野蛮生长、挤占学生全面发展的时间和空间。实现结构优化的县域教育将能够更好地保障适龄儿童少年的受教育权利以及成年人继续学习或受教育的权利，使学校教育、家庭教育和社会教育更加协调、合力更强。

教育质量优质。高质量是县域教育现代化的应有之义。教育质量既包括人的发展高质量，也包括教育发展保障的高质量。从人的发展来看，各级各类教育、学校在促进学生发展上与教育方针和阶段培养目标的达成度高是县域教育质量优质的重要表现。从学校教育来看，表现为县域内幼小初高四段衔接，各阶段学生能够顺利完成相应阶段的教育任务，获得相应的发展。从教育服务经济社会发展来看，表现为县域教育能够为上一级学校输送合格新生，或能够为社会输送合格的劳动者，使教育服务于经济社会发展。从教育的发展保障来看，表现为支持教育质量持续提升的区域环境更优，尊师重教的社会环境进一步得到巩固和提升，县域教育具有可持续发展的潜力。人的发展和教育保障水平提升是县域教育质量的两个方面，以高质量的保障促进人的高质量发展是推进县域教育现代化的重要思路。

人民满意度高。在新的历史时期，我国社会的主要矛盾已经转变为人民日益增长的美好生活需要和不平衡不充分的发展之间的矛盾。办好人民满意的教育是党和国家的要求，也是教育现代化的应有之义。人民群众对教育的满意度受到多方面因素的影响。人民群众对县域教育满意度较高，意味着县域教育的办学与发展结果符合或超过人民群众的期待；反之，县域教育的办学和发展结果可能与人民群众的期待存在差距。因此，人民群众对教育的满意度是衡量县域教育发展水平的一项综合指标。高水平的县域教育现代化也应当是能够让人民满意度高的教育。

着力于制约县域教育现代化的关键因素，根据县域教育现代化进程的阶段特点和重点任务，及时调整、优化各项举措，精准推进县域教育现代化，可以使县域教育与地方经济社会发展相得益彰，为实现国家教育现代化贡献力量。

第三节　县域教育现代化的基本模式

教育现代化有不同的发生、发展模式。依据教育现代化发生的基本动力及其作用方式，县域教育现代化可以分为内生模式、后发模式、优先模式、援助模式等不同的类型。把握这些不同模式的特点，对选择合适的模式，扬长避短，加快推进县域教育现代化具有重要意义。

一、内生模式

内生模式是主动推进县域教育现代化以适应县域教育发展需要的发展方式。这一模式往往发生在县域经济社会发达、教育发展水平较高的地区，它追求的是对教育发展水平、发展方式的自觉超越。因此，内生模式是主体的主动作为，是县域教育发展的自觉转型升级。

内生模式具有内在的自觉性、创新性、整体性。从自觉性来看，它是县域教育决策者、管理者、实践者基于对县域教育的现状分析和教育发展的未来趋势的预测所采取的自觉行动。这类地区往往有重视教育的传统，能够清醒地认识到教育与经济社会发展相互促进的关系，教育对促进人的发展、实现人的更大价值的积极作用。这类地区经济社会发展水平相对较高，能够为推进县域教育现代化提供必需的物质和人力资源支撑，教育优先发展战略成为县域教育决策和实践的共同认识和共同行动。从创新性来看，县域教育的未来发展是对原有的传统模式的突破，它将以一系列的改革为基本手段和路径，主动对传统教育中不适合现代社会和个人发展需要的因素加以改造，培育教育现代性因素增长，推动县域教育现代化发展。"在创新中发展，在实践中创新"成为县域教育现代化在创新方面的典型表现。从整体性来看，县域教育现代化的推进是与经济社会发展相协调的整体规划和行动。从教育内部来看，它是基于教育投入、教育经营、教育治理、教育管理、学校布局、教师资源、教育评价等一系列改革和关键要素的顶层设计。实现顶层设计可以采取整体推进和分步推进两种策略。整体推进强调形成整体改革方案，各项改革措施统筹、同步实施，形成改革和发展的合力。分步推进则遵循由易到难的思路设计单项改革方案，分领域、分阶段、分步骤实施，以促进教育稳步发展。无论采取哪种策略，均瞄准将推进县域教育现代化发展的任务逐层分解、落实到县域教育的各个方面和具体实践之中。从教育与经济社会发展相协调来看，教育发展是纳入经济社会发展规划的，作为当地整体发展规划的一部分加以统筹落实的。

内生模式体现的是依法治教的基本精神。法治是保障内生模式的根本制度保障。在推进县域教育现代化进程中，国家颁布的各种法律法规成为教育治理的重要依据。县域内的各种资源能够依法为发展教育提供相应的保障。首先，是落实教育优先发展战略，促进教育整体发展。内生模式以县域内的学校教育为重点和突破口，通过对学校教育改革，辐射到社会教育、家庭教育，形成区域内良好的教育生态，促进学校、家庭、社会良性互动。其次，是县域教育与其他行业融合发展，成为促进县域整体发展的积极力量。在实现教育现代化的过程中，教育与文化、卫生、体育、科技等关联部门加强合作，使得教育深度融入当地的区域文化建设之中，参与到学习型社会的建设之中，成为社会发展、稳定的重要因素。县域内尊师重教的社会环境的形成、巩固、发展是内生模式取得成效的重要标志。

内生模式具有示范效应和虹吸效应。内生模式是县域教育现代化的先行者，也是示范者。内生模式具有起步早的特点，能够以较低的成本优化县域教育资源，并在推进现代化发展的进程中吸引更多优质资源汇集于县域之中。由于缺少可借鉴的成功案例，因此，内生模式的早期实践是一种摸着石头过河的探索，到后期则是在深水区创新探索，预见改革和发展中的风险，避免改革和发展的损失，是内生模式需要注意的重要问题。从一定意义上讲，内生模式驱动下的县域教育可以早于国家实现教育现代化，能够对其他后发的县域起到示范引领作用。无论是成功的经验，还是失败的教训，都可能被其他县域或研究者进行分析，在分析中不断完善、优化，进而更好地推广应用到其他区域的教育现代化实践中。

二、后发模式

后发模式是在外部压力驱动下推动县域教育现代化实践的发展方式。在动力源上，后发模式的动力主要来自先行现代化地区的示范、辐射，也可能来自国家的教育改革和发展政策要求。形势逼人是后发型县域教育现代化产生的外部条件，不甘落后则是后发型县域教育现代化的内部条件。

后发模式具有回应性、模仿性、追赶性的特点。从回应性来看，后发模式不具有时间方面的领先性，而是对国家教育现代化战略的回应。一般说来，国家已经发出教育现代化的号召，或者国家已经制定了推进教育现代化的蓝图，或者部分发达地区已经开展教育现代化的探索与实践，其后方提出或推进现代化的地区均属于后发模式。从模仿性来看，在实践上可以借鉴内生模式的经验，或者根据国家政策要求结合本地实际进行规划、执行，发挥后发优势，复制内生模式的有益经验，更加高效地推进县域教育现代化水平，减少教育改革的不确定性风险和试错成本。从追赶性来看，县域教育的决策者、管理者对教育与经济社会发展的关系认识不深刻，县域教育发展水平和经济社会发展水平可能不高，制约推进县域教育现代化的不利因素较多，是造成县域教育现代化相对落后的重要原因。从发展的角度来看，采取后发模式的县域迫切需要通过推进县域教育现代化以弥补县域教育发展的历史欠账，通过发挥后发优势迅速缩短与先进地区、发达地区的差距。在实践中，县域教育现代化成为推进工作、发展提升的重要抓手。

后发模式注重统筹推进。从工作难度上来看，基于国家的政策要求和内生模式的示范效应，后发模式在动员社会力量，调配相关资源上存在的难度相对较小，能够根据县域经济社会发展水平较好地调集各种资源助力推进县域教育现代化。从条件准备方面来看，后发模式可能会依据国家要求或内生模式创造的经验，提前完成改革工作的准备，更加有计划、有步骤地推进县域教育现代化工作。从工作重点来看，它是国家教育现代化战略的具体实施和执行，其中关键是把国家教育方针政策和教育现代化重点工作落实到位，并能根据县域教育发展中存在的短板有针对性地开展工作，增强推进县域教育现代化工作的精准性。从整体上看，采取后发模式的县域能够在推进现代化进程中实现自身发展，也为整体提升国家教育现代化水平、如期实现国家教育现代化目标贡献区域力量。同时，可能部分地区会充分利用后发优势实现对某些先行地区的超越。

后发模式具有跟随效应和群体效应。后发模式的县域教育现代化虽然在创新、争先上存在不足，但是有国家教育现代化发展战略部署和政策要求、有内生模式创造的经验可借鉴，因此，它可以降低改革试验带来的高成本风险。同时，在推进县域教育现代化进程中，它可以根据本地实际实现局部创新和发展，为其他地区县域教育现代化提供更接地气、更具有推广和借鉴价值的实践经验。后发模式涉及的县数量多、覆盖面广，具有普遍性。经济社会条件相差不大的县往往会在大致相同的时间段启动加快推进县域教育现代化工作，在这个过程中，这些县则会形成相互竞争的关系，因而有利于加快推进县域教育现代化的步伐，扩大县域教育现代化的区域，提高县域教育现代化的工作成效。充分借鉴、利用内生模式创造的经验，及时推动广大县域的教育现代化工作是发挥后发优势的关键。

三、优先模式

优先模式是将教育现代化作为县域民生工作的先行要务加以实践的发展方式。它的核心是发展理念和资源调配的先行。优先模式既可能发生在经济社会发展水平较高的地区，也可能发生在经济社会发展水平相对落后的地区。这一模式表现为严格落实国家教育规划、教育法中的"三个优先"。

优先模式呈现出强保障、强聚力的特点。就强保障来看，我国教育法律法规规定的"三个增长""三个优先"是优先模式的基本保障。《中华人民共和国教育法》规定"教育是社会主义现代化建设的基础，国家保障教育事业优先发展。""各级人民政府的教育经费支出，按照事权和财权相统一的原则，在财政预算中单独列项。各级人民政府教育财政拨款的增长应当高于财政经常性收入的增长，并使按在校学生人数平均的教育费用逐步增长，保证教师工资和学生人均公用经费逐步增长。"《中国教育现代化2035》要求"坚持教育优先发展，经济社会发展规划优先安排教育发展，财政资金优先保障教育投入，公共资源配置优先满足教育和人力资源开发需要。""三个增长""三个优先"为将县域教育现代化置于优先发展地位，依法推进县域教育现代化提供了有力保障。从强聚力来看，在优先发展模式下，县域教育现代化发展的绝对水平未必能够比得上发达地区，但是却可以以标准化建设为重要抓手，调动各种资源促进县域教育在短期内实现设备更新、氛围更好、环境更优，县域教育特别是学校教育的基本办学条件、师资配备迅速达到或超过国家标准，扩大县域内的优质教育资源，有序开展各种教育实践活动，形成全社会支持教育、发展教育的新格局，满足人民群众对"上好学"的需求，减少学生特别是高中阶段学生选择性流失，为县域教育稳定、持续发展奠定基础。

优先模式要注重主动从外延发展向内涵发展转型。教育现代化的核心是人的发展。在优先模式之下，实现人的发展通常会经历物的改变和人的发展两个工作阶段。从工作重心的调整来看，物质条件的保障和办学条件的改善是优先发展的第一阶段。在基本办学条件改善以后，需要及时把教育现代化建设的重心从物的补足调整到促进人的发展上。通过教育理念的更新、师资队伍的培育，全面落实国家教育方针，提升人的素质，培养合格的劳动者和接班人。从形成发展合力来看，需要将学校教育的示范效应扩散到社会教育和家庭教育，营造构建良好的区域教育生态，促进教育与县域经济社会和谐发展。结合县域教育现代化工作实际及时转型是优先模式必须思考和回答的问题，否则，可能会出现县域教育现代化有其表而少其质的风险。

优先模式具有跨越效应和样本效应。优先模式是经济社会发展水平落后地区依法治教，还历史欠账的重要方式。通过优先发展，可能会弥补过去几十年在教育投入上的欠账，短期内缩短这类县域与其他地区的教育差距，提高人民群众对教育的满意度。教育的发展也可以提供更多能够满足县域经济社会发展的人力资源，维护县域稳定，促进县域经济社会可持续发展。同时，优先模式下的县域教育现代化实践对于落实教育优先发展战略、依法治教等积累的经验能够为其他县域提供推进县域教育现代化发展可参考、借鉴的现实样本和实践路径，带动更大范围内的县域教育现代化。

四、援助模式

援助模式是引进其他区域的支援以推进县域教育现代化的发展方式。援助模式的受援对象一般容易出现在自然环境差、经济社会发展相对落后、教育发展基础薄弱的地区。外部援助既是推进县域教育现代化的重要力量，也是推进县域教育现代化的重要方式。

援助模式的特点是外生性、多元性。从外生性来看，县域教育现代化的发展动力来源于外部对口援助的地区。在我国对口援助是促进落后地区经济社会发展的重要方式。近年来，教育发展也被纳入了对口援助的重要内容。外部支援不仅可以带来一定的物质资源、投资项目，也可以带来先进的发展理念、治理方式，促进被帮扶县域的教育理念发生变革。特别是一定数量的师资直接参与到被帮扶县的学校管理、教育教学实践之中，产生良好的示范效应，从而加速这种变革。从多元性来看，同一个被帮扶的县的帮扶单位、帮扶人员来源的多样性可以为被帮扶县吸取更多的先进经验、丰富的援助资源，使被帮扶县选择更加适合本地的经验、做法，为促进本地县域教育现代化发展提供便利。同时，多地的实践经验可以在援助县进行相互交流、碰撞，促进新的实践方式的产生、发展，进而提升被援助县的教育现代化进程。

援助模式的关键是实现由外而内的转化。从援助的实施来看，是以关键要素为主体内容的攻坚行动，援助效果表现为受援助地区发生的系列变化。首先，是基本办学条件的改善。主要是通过一定的经济、物质、项目援助，改善受援助县的基本办学条件，为开展现代化教育活动，特别是以现代信息技术利用为标志的教育教学活动奠定基础。其次，是先进理念和实践模式的传播。结合具体的学校管理、教育教学实践，开展培训、示范，引领受援助县的广大教育决策者、管理者和一线教师学习、接受新的教育理念，了解新的教育改革、发展趋势，掌握新的教育管理、教育教学技能。最后，是造血功能的培育。即立足于受援助县的实际，逐步培育其根据国家教育现代化要求规划教育、管理教育的能力，培育教师团队按照教育规律组织实践活动、提升教育质量、促进学生全面发展的能力，促进县域教育的可持续发展，并在服务县域经济社会发展中发挥积极作用。

援助模式要避免可能出现的风险。首先，是水土不服的风险，即援助单位、援助地区的经验难以适应被援助县的需求，产生"淮南为橘，淮北为枳"的后果。其次，是仅限于物质援助的风险，即援助活动以物质条件的改善为重点，缺少后续的培训、应用指导与跟进，造成物质援助的非应用性浪费。最后，是造血功能不足，即在既定的援助周期内县域教育现代化的理念被当地排斥，或本土新生力量的成长难以满足县域教育现代化发展需要，现代化的管理理念、方式、手段难以生根发芽，不得不长期依赖外部援助。避免这些潜在风险需要援助方和受援助方尽早谋划，加强沟通，确保援助成效。

无论哪一种模式，均是以政府主导，自上而下推动的。在推进县域教育现代化进程中，尤其要重视加强政策保障和整体规划，将县域教育现代化的任务进行科学分解，分阶段地推进。

第四节　推进县域教育现代化的实践经验

县域教育现代化与地方经济社会发展水平紧密相关。发达地区在教育现代化方面的先行先试为我国广大县域地区推进教育现代化积累了丰富的经验，为落实《中国教育现代化 2035》提出的"一地一案"这一要求提供了可借鉴的实践案例。认真地分析和借鉴这些实践经验、案例，可以极大地提升县域教育现代化的水平和效益。

一、江苏经验

江苏省是我国东部沿海发达地区，全省土地面积 10.72 万平方千米，以平原地形为主，共辖 95 个县（市、区）。截至 2022 年年末，全省常住人口 8515万人。2022 年，江苏省地区生产总值 122 875.6 亿元，人均地区生产总值

144 390 元。[1] 江苏人均 GDP、地区发展与民生指数（DLI）均居全国省域第一，已步入"中上等"发达国家水平。江苏省是全国首个启动县域教育现代化建设的省份，在全国产生了深远的影响。

分层次、分阶段推进教育现代化。江苏省的教育现代化建设是从学校和乡镇教育现代化建设起步的。20 世纪 90 年代，苏南地区的经济在改革开放中迅速发展，为教育发展提供了重要支撑。苏南地区的苏州市、无锡市、常州市是全国教育现代化最早的发源地。[2] 各地以学校、乡镇为实践单元，组织推进教育现代化建设。从微观实践着手迅速激发了地方办学的积极性，创造了具有地方特色的苏南模式。1995 年，江苏省出台了《江苏省乡镇教育基本实现现代化建设标准（试行）》，在全省推进以学校和乡镇为主体的教育现代化。江苏省教委于 1996 年出台《关于印发江苏省乡镇教育、中小学和幼儿园基本实现现代化建设标准（试行）的通知》，启动了对学校、乡镇教育现代化的评估。在以学校和乡镇为实践单元推进教育现代化建设时期，学校的校舍及其他办学条件得到了大规模的改善，九年义务教育迅速普及，为当地经济建设提供了大量接受过初等教育的高素质劳动者，成为全国各地推进教育改革和发展的重要样板，在全国产生了广泛的影响。20 世纪末 21 世纪初，江苏省教育现代化扩大到以县域为实践单元推进。1999 年，出台了《江苏省县（市）教育基本实现现代化建设标准》，标志着江苏省正式启动以县域为单元推进教育现代化的历程。2007 年，颁布了《江苏省县（市、区）教育现代化建设主要指标》，成为全国首个启动县域教育现代化建设和评估的省份。在发展重点上，除了关注办学条件外，更加强调教育公平、教育质量等因素，努力促进教育从外延发展向内涵发展转变，并将教育现代化具体化为一个涉及多个方面的指标体系，建立与之相应的评价体系。这些举措极大地调动了各县推进县域教育现代化的热情与积极性。到 2013 年年初，全省有 94 个县（市、区）通过建设水平评估和验收，超过 90% 的县（市、区）基本实现教育现代化。

---

[1] 江苏省统计局 . 2022 年江苏省国民经济和社会发展统计公报 [EB/OL]. http://tj.jiangsu.gov.cn/art/2023/3/3/art_85764_10849554.html.

[2] 张惠 . 教育现代化监测评价指标发展新趋势 [M]. 北京：科学出版社 ,2017:64.

以政府主导推进教育现代化。政府在推进教育现代化中发挥着不可替代的主导作用。一是将教育现代化纳入经济社会发展规划。江苏省非常重视对教育现代化的规划，并把教育现代化纳入全省经济社会发展总体规划。2003 年，在《江苏省"十二五"教育事业发展规划》中明确提出"在 21 世纪实现教育现代化"。二是注重行政推动和引领。近 20 年，江苏省先后出台了《江苏省县（市）教育基本实现现代化建设标准》（1999 年）、《江苏省县（市、区）教育现代化建设主要指标》（2007 年）、《江苏教育现代化指标体系》（2013 年）、《江苏教育现代化监测指标》（2016 年）。这些标准或指标最初由省教育厅（教委）发布，后来由省政府发布，在内容上与时俱进、适时调整，成为指导全省推进县域教育现代化的重要文件。三是落实工作考核评价。在全省开展教育现代化建设评估验收，把县域教育现代化建设情况作为对各级政府的考核评价的内容之一。这一举措为落实政府的主体责任提供了重要保障。

注重发挥专业机构对推进教育现代化的作用。全省教育系统深度参与教育现代化建设，并成为促进教育现代化从外延发展向内涵发展的重要内在力量。在教育厅的领导下，教育行政、教育科研、教育评价等部门分工合作，遵循教育规律，切实抓住教育资源调配、教师队伍建设、教育教学实践、教育评价等关键要素，切实促进全省教育质量提升。特别是在推进县域教育现代化进程中，制定了评价县域教育现代化的专业评价标准，并依托省教育评估院这一专业机构对各县教育现代化进程实施评估监测，为精准推进县域教育现代化提供科学依据。同时，根据最新情况对全省县域教育现代化指标体系进行修订完善。《江苏教育现代化指标体系》（2018 年）的总体框架包括一级指标 8 项、二级指标 16 项、三级监测点 46 个，涵盖教育公平、教育质量、教育开放、教育保障、教育统筹、教育贡献、教育满意度等方面的内容。

注重引导社会关注和支持教育现代化建设。江苏省每年发布县域教育现代化监测报告，保障人民群众的知情权，引导全社会关注教育、支持教育，不断营造良好的教育环境。监测报告的发布使县域教育现代化建设成为民生大事，为推进县域教育现代化深入、持续发展注入了源源不断的动力。

二、浙江经验

浙江省与江苏省毗邻，同属我国长三角地区。全省陆域面积 10.55 万平方千米，山地较多，有"七山一水两分田"之说，共辖 90 个县（市、区）。截至 2022 年年末，全省常住人口 6577 万人。2022 年，浙江省地区生产总值 77 715 亿元，人均 GDP 为 118 496 元。[1] 浙江省在推进县域教育现代化方面，形成了具有浙江特点的思路和实践。

教育现代化是全省教育发展战略的重要内容。浙江省于 21 世纪初就明确提出了教育现代化发展战略，并将教育现代化纳入教育整体规划。从发展策略来看，优先发展、育人为本、促进公平、提高质量、改革创新是浙江省推进教育现代化非常关注的内容。2019 年，浙江省出台了《浙江教育现代化 2035 行动纲要》，这是全国首个以省委省政府名义发布的省域教育现代化专项规划。在县域教育现代化方面，提出了到 2035 年要有 95% 以上的县通过教育现代化验收。就教育现代化验收来看，则确立了 50 个验收指标，将教育现代化分为 5 个维度，每个维度有 10 个指标。这些指标是与县级管理相匹配的事权，突出的是县域教育现代化、针对的是县域教育事业发展的关键因素，突出引导县级政府切实履行推进县域教育现代化的主体责任。

密切关注县域教育现代化进程。浙江省非常重视县域教育现代化进展情况，依据不同阶段确定的教育现代化目标及相关评价指标体系组织实施专项评估监测。2012 年，中共浙江省委办公厅、浙江省人民政府办公厅联合下发《关于在全省开展教育现代化县（市、区）评估工作的通知》，并据此制定出台了《浙江省教育现代化县（市、区）评估操作标准》。2015 年，经过省政府同意，浙江省人民政府教育督导室、浙江省教育厅颁发了《浙江省教育现代化县（市、区）评估操作标准（2015 年修订版）》。从 2017 年开始，浙江省教育现代化研究与评价中心对全省县（市、区）教育现代化发展水平实施监测。全省 2018 年的监测结果在《浙江日报》进行公示后，对推进全省县域教育现代化发挥了积极

---

[1] 浙江省统计局，国家统计局浙江调查总队.2022 年浙江省国民经济和社会发展统计公报 [EB/OL].http://tjj.zj.gov.cn/art/2023/3/16/art_1229129205_5080307.html.

作用。

推进县域教育现代化监测升级。2012年，浙江省首次发布全省县域教育现代化指标体系，推动全省县域教育现代化；2019年，又推出《浙江省县域基础教育生态监测评价指标体系》。县域基础教育生态监测评价指标体系是县域教育现代化指标体系的升级，着眼的是县域教育更加协调、持续地发展，体现了浙江省以国家教育现代化发展战略为指导，牢固树立"五位一体"的发展战略，实现地方发展理念与国家发展理念的契合、统一，在推进县域教育现代化方面不断追求超越的创新精神。

三、广东经验

广东省是我国改革开放的前沿地区，经济水平长期处于全国领先位置。全省陆域面积17.98万平方千米，共辖122个县（市、区）。截至2022年年末，全省常住人口12 656.80万人。2022年，全省地区生产总值129 118.58亿元，人均地区生产总值101 905元。[1] 全省既有与世界发达城市毗美的粤港澳大湾区，也有相对落后的粤北山区，省内地貌差异、地区发展水平的差异巨大。广东省立足本省实际，不断推进县域教育现代化，形成了具有广东特点的县域教育现代化模式。

突出先进地区的示范作用。2004年，广东省委、省政府发布《广东省教育现代化建设纲要（2004—2020年）》提出"2010年，珠江三角洲地区和大中城市率先基本实现教育现代化；2015年，全省基本实现教育现代化"的目标。2005年，广东省教育厅印发《广东省教育现代化建设纲要实施意见（2004—2010年）》，明确提出"将积极开展教育现代化建设试验，选择若干个不同类型的市、县（市、区）作为试点，形成教育现代化建设示范区。各地级以上市也应结合实际，积极推进县（市、区）、乡镇、学校教育现代化建设试点工作，加快我省教育现代化进程。"其后，佛山市等地被列为广东省教育现代化建设

---

[1] 广东省统计局，国家统计局广东调查总队.2022年广东省国民经济和社会发展统计公报[EB/OL].http://stats.gd.gov.cn/tjgb/content/post_4146083.html.

试点市，开启了以试点引领全省县域教育现代化的探索实践。2014年，广东省财政厅、教育厅印发《广东省推进教育现代化先进市专项奖励资金管理办法》，并按照奖励先进、注重绩效的基本原则，奖励2013年10月经省政府批复同意授予"广东省推进教育现代化先进市称号"的佛山市4000万元，奖励2014年3月经省政府批复同意授予"广东省推进教育现代化先进市称号"的中山市3000万元。这些举措加大了广东省县域教育现代化的推进力度，全省县域教育现代化推进速度进一步加快。

以县域教育现代化的关键因素为突破口。2008年，广东省人民政府教育督导室出台了《广东省县域教育现代化指标体系及评估方案（试行）》。从内容上来看，其主要包括教育现代化保障、教育现代化实践和教育现代化成就。这一指标体系包括一级指标3个、二级指标14个、主要观测点（三级指标）43个。从基本思路来看，这些指标关注的重点以学校教育为主，将评价的重心置于学校教育实践，突出以学校现代化促进教育现代化，以学校现代化实现县域教育现代化；从关注的要素来看，既关注了教育发展的支持条件，又聚焦教育本身的发展过程与结果，强调投入与产出的关系，对全省县域教育现代化实践发挥了积极的引领作用；从推进方式来看，广东省县域教育现代化具有自上而下的特点。强大的地方经济和省级统筹能力，为全省推进县域教育现代化，实现跨越式发展提供了重要支撑，特别是在经济发展较差的地区，受益于省内强大的统筹能力，实现了较快发展。

坚持分区推进的策略。面对全省各地发展水平差异大的客观实际，广东省人民政府办公厅于2016年印发《广东省人民政府办公厅关于加快推进教育现代化工作的通知》，要求围绕"创建教育强省，推进教育现代化，打造南方教育高地"的目标，"到2018年，全省推进教育现代化先进县（市、区）覆盖率达85%以上""到2020年，全省实现推进教育现代化先进县（市、区）全覆盖"，并将全省分为粤东西北地区、珠三角地区，分别提出推进教育现代化的主要任务和要求。截至2019年2月，广东省推进教育现代化先进县（市、区）达111个，覆盖率达87.4%，完成该省推进教育现代化先进县（市、区）覆盖率达85%的目标任务。[1]

　　注重省级的精准统筹。教育现代化监测在全省推进县域教育现代化中发挥着重要作用。"以评促建、以评促改、以评促管、评建结合、重在建设"是广东省组织开展县域教育现代化建设评估的重要原则，旨在通过评估最终实现县域教育的发展和现代化水平的提升。广东省将监测结果作为全省调配资源、优化资源配置的重要依据。2012 年，广东省印发了《广东省推进教育现代化先进县（市、区）督导验收方案》，全面推进全省县域教育现代化建设工作。在这个过程中，教育现代化监测发挥着重要作用。根据监测结果，广东省每年对推进教育现代化方向的有关专项资金进行省级统筹，加大对薄弱地区、薄弱学校的投入，并通过省教育厅网站进行公示。可以说，如果没有教育现代化监测，那么就难以实现精准化的省级统筹。

四、成都经验

　　成都市是四川省的省会，也是一个副省级城市。它是我国西部地区的一个发达城市，被誉为"新一线城市之首"。全市土地面积为 14 335 平方千米，是成都平原的核心地带，共辖 20 个县（市、区）。截至 2022 年年末，全市常住人口 2126.8 万人。2022 年，全市地区生产总值 20 817.5 亿元，人均地区生产总值 98 149 元。[2]自 2010 年以来，成都市在西部地区率先提出教育现代化目标，推进区域教育现代化，形成了成都经验。

　　注重市域统筹。成都市在推进县域教育现代化时，注重发挥市级统筹优势加大对薄弱地区的帮扶。如，成都市已于 2013 年在全国副省级城市中率先全域通过国家义务教育基本均衡发展县评估认定。2017 年，简阳市划入成都市代管后，成了全市唯一一个尚未通过国家义务教育基本均衡县督导评估认定的县。

---

[1] 广东省教育研究院.中国青年报：广东教育现代化先进县达 87.4%[EB/OL].https://gdae.gdedu.gov.cn/gdjyyjy/mtgz/202008/eead4b6448e64243b644174d4c73937a.shtml.

[2] 成都市统计局，国家统计局成都调查队.2022 年成都市国民经济与社会发展统计公报[EB/OL].https://cdstats.chengdu.gov.cn/cdstjj/c154795/2023-03/25/content_c2016a5d71b24884835ddb8eaobfbe/a.shtml.

从 2017 年开始，成都市通过统筹加大了对简阳市的财力、人力、物力支持，促进了简阳市教育的跨越式发展，迅速地缩小了简阳市与成都市其他区县的差距。同时，注重引导区县之间的帮扶。依据与城市中心的距离远近，成都市所辖 20 个县（市、区）分为一圈层、二圈层、三圈层。一圈层是成都市的核心圈层，经济社会发展水平高，对全市其他县（市、区）具有很好的示范引领作用。成都市制定政策，要求一圈层的区县、学校对二圈层、三圈层的区县、学校实施对口结对帮扶。通过这一方式快速提升了成都市全域的教育现代化水平。

注重评价引领。成都市建立合适的评价指标体系引领全域推进教育现代化。依据公认性原则、针对性与可比性原则、可操作性原则、指导性原则、特色性原则，成都市建立了教育现代化监测指标体系。在监测指标体系设计方面，运用国际教育指标研究常用的"投入—产出"模式将国家基本实现教育现代化战略目标"实现更高水平的普及教育，形成惠及全民的公平教育，提供更加丰富的优质教育，构建体系完备的终身教育，健全充满活力的教育体制"五个方面的要求贯彻在成都市教育现代化监测指标体系中。[1] 监测指标体系有一级指标 8 个、二级指标 33 个，涵盖教育事业、教育公平和质量、教育经费投入、办学条件及教育信息化水平、师资队伍建设、教育国际化、学习型社会建设水平、教育管理水平和社会满意度等方面。学校教育是教育现代化评价、监测的关键指标。坚持量化评价与质性评价结合，既采取以数据为基本证据的量化评价，也注重对教育理念、教育制度、教育管理及学校教育实践方面的定性评价。在质性评价方面，特别注重深入到以学校为代表的教育现场进行相关的数据、事实采集。在结果报告上，对县域教育现代化发展程度既有数据的刻画，也有定性的判断，注重促进县域和学校两个层面的协调发展。

注重多元视角下的比较。县域教育现代化既要与国家教育现代化发展战略相适应，也要与经济社会发展水平相适应。成都市注重通过多元比较判断其教育现代化水平。一是注重同类比较。与国内其他 14 个副省级城市协作，组织开展全国 15 个副省级城市教育现代化监测评价，以比较其在全国同类城市中

---

[1] 张惠. 教育现代化监测评价指标发展新趋势 [M]. 北京：科学出版社, 2017: 78.

的排名、位置。通过横向比较结果来改进工作，调整和优化发展目标。二是注重增值比较。自 2012 年起，每年均常态化地组织实施县域教育现代化监测，并发布全市县域教育现代化监测报告。通过连续监测总结全市推进教育现代化的成就与经验，发现发展中存在的主要问题与差距，给予教育现代化中的短板更大的关注，改进工作，调整投入。

五、重要启示

我国幅员辽阔，省与省之间、市与市之间，甚至县与县之间存在着巨大的客观差异，使得县域教育现代化难以同步推进。充分借鉴发达地区教育现代化经验，根据"一地一案"的要求将县域教育现代化纳入地方经济社会发展规划，对于推进实现《中国教育现代化 2035》具有重要启示。

县域教育现代化必须坚持教育优先发展的战略定位。教育优先发展是我国经济社会发展的重要战略。"三省一市"均积极落实教育优先发展战略，采取多种措施推进县域教育现代化。对于广大地区来说，推进县域教育现代化要坚持做到"经济社会发展优先安排教育发展，财政资金优先保障教育投入，公共资源配置优先满足教育和人力资源开发需要。"严格执行"各级人民政府教育财政拨款的增长应当高于财政经常性收入的增长，并使按在校学生人数平均的教育费用逐步增长，保证教师工资和学生人均公用经费逐步增长。"坚持依法治教，为县域教育现代化提供重要的保障。

县域教育现代化必须发挥政府主导，加强统筹规划。推进县域教育现代化需要大量财力、物力、人力的投入和政策支持。经济发展水平越高，越容易为县域教育现代化提供强有力的支撑。"三省一市"均由省委（市委）或政府出台了相关政策，保障了教育现代化的推进工作，把教育现代化推进工作作为政府考核的重要内容。对于大多数地区来说，仅靠县域的力量是难以推进县域教育现代化的。加强国家和省级统筹是全面推进县域教育现代化的重要策略。特别是在经济发展水平差异大的地区、经济水平发展比较弱的县推进县域教育现代化更加需要国家和省级统筹。以省域推进县域教育现代化则需要制定相应的专项规划，积极稳妥地推进相关工作。

县域教育现代化重点是内涵发展。县域教育现代化是一个动态的过程，一个阶段有一个阶段的发展任务。"三省一市"的实践表明，推进县域教育现代化既要重视基本办学条件的改善，更要注重教育的内涵发展，为实现人的全面发展积蓄力量。对于大多数地区来说，要从学校教育入手，从改善办学条件入手，逐步转向推进教育内涵发展，提高学校教育质量，进而推动县域内学校教育、家庭教育、社会教育的协调发展，全面落实党和国家的教育方针，努力实现教育为县域经济社会发展服务，为国家经济社会发展服务的目标。

实现县域教育现代化可以采取不同的策略。"一地一案"是《中国教育现代化 2035》提出的重要要求。"三省一市"推进县域教育现代化既有共性，也有个性，关键是坚持从本地实际出发选择有效策略。对于广大地区来说，它们是《中国教育现代化 2035》发布后，按照国家教育发展整体战略推进教育现代化，总体上属于后发模式。但是，推进县域教育现代化的实践模式并不是截然分开的，内生模式、后发模式、先行模式、援助模式的优点均可能在推进县域教育现代化中发挥积极作用。要善于从本地实际出发，根据县域经济社会发展水平充分发挥后发模式的优势，整合不同模式的优点，探索和创新县域教育现代化实践。

充分发挥监测在推进教育现代化中的重要作用。监测是改进县域教育现代化工作的重要手段，也是推进县域教育现代化的重要力量。"三省一市"均注重监测指标体系建设，全面客观地评价县域教育现代化水平，注重通过监测推进和改进县域教育现代化工作。这些地方的县域教育现代化监测指标均以 CIPP 的基本思路或模型为基础，即关注发展背景、教育投入、生产过程、教育产出，体现了对国际上成熟的监测成果的借鉴和应用，增强了监测结果的可信性和国际可比性，有利于全面地发现县域教育现代化推进工作中的薄弱环节，分析其原因，提出改进对策。对于大多数地区来说，要善于借助专门机构实施县域教育现代化监测，并配合做好相关的数据采集，保证监测内容的全面性、结果的可靠性。建立监测结果应用机制，将监测结果用于诊断和改进县域教育现代化工作，助力推进县域教育现代化。

第五章　县域教育现代化监测团队建设

县域教育现代化监测团队是组织开展县域教育现代化监测的实际执行主体。人是一切实践活动中最为活跃的因素。监测团队对于实现监测意图，保证监测质量，促进监测结果应用发挥着至关重要的作用。加强县域教育现代化监测团队建设是常态化开展县域教育现代化监测的需要，是以监测推进县域教育现代化建设的重要基础。

第一节　团队的人员组成

监测团队是设计和实施县域教育现代化监测的主体。从实践来看，县域教育现代化监测是督导、测评、执行、应用等环节相互协作的过程。明确县域教育现代化监测团队的人员构成，瞄准县域教育现代化监测的关键环节，加强县域教育现代化监测团队的人员配备是顺利推进县域教育现代化监测的重要前提。

一、督导人员

督导人员是指在国家各级教育督导机构专门从事教育督导的工作人员。我国已经建立了督政、督学、评估监测"三位一体"的督导体制机制，教育督导需求直接决定着县域教育现代化监测的重点和形式。广义的督导人员包括从事督政、督学、评估监测工作的相关人员。狭义的督导人员则是指《教育督导条例》中规定的督学。这里的督导人员更多的是狭义的督导人员。在县域教育现代化监测中，督导机构、督导人员发挥着重要的作用，他们的参与是县域教育现代化监测走向常态化的重要力量。

督导人员是"三位一体"督导体制机制的核心力量。督政、督学、评估监测"三位一体"的督导体制机制中，督政、督学需要以评估监测获得的基本事实、数据为依据，评估监测的结果应用于督政、督学则是体现其价值的重要方式。以县域教育现代化监测为着力点可以探索和创新基于县域教育现代化实践的督导机制的运行方式。在具体的实施过程中，督导人员的深度参与可以进一步实现督导需求与评估监测的实践对接，使需求调整与优化、过程协调与沟通、结果展示与转化等得以迅速落实，可以了解教育监测的具体运行，帮助监测团队更好地明确县域教育现代化监测的得失，突出县域教育现代化监测的阶段重点，增强县域教育现代化监测服务督导特别是督政方面的作用，提高县域教育现代化监测的应用性，促进督导体制机制更加高效地运转，形成服务于教育管办评分离的有效方式。

督导人员是明确监测取向的关键。县域教育现代化监测是与教育督导紧密联系的，是国家教育督导制度在推进教育现代化方面发挥作用的具体体现之一。督导部门熟悉政府决策程序和需求，是县域教育现代化监测的重要发起者、推动者，督导人员的参与有助于监测结果的迅速转化、应用。督导人员长期从事教育督导工作，熟悉国家教育法律法规和政策要求，熟悉教育实践，能够基于教育督导的专项工作将国家多项政策要求整合为一个整体，有效地发挥督导的力量，能够针对教育实践中存在的短板和问题明确监测重点，提供监测建议，有助于形成服务督导、服务教育决策的县域教育现代化监测取向，并将监测重点转化为具体的监测指标，完善监测指标体系和监测程序，促进县域教育现代化监测满足决策与实践需求。

督导人员是组织协调的重要力量。县域教育现代化监测的要素多，牵涉面广，牵涉部门多，其实施过程涉及大量的组织协调工作。强有力的组织协调能力是开展县域教育现代化监测的重要前提。开展教育督导是国家教育法律赋予教育督导部门的权力，督政是教育督导部门的基本职责之一。从县域教育现代化监测的实施来看，督导人员的参与是督导机构与专业监测机构基于"三位一体"教育督导体制机制的内部协作。由督导人员代表教育督导机构出面协调可以减少县域教育现代化监测的时间成本，提高监测质量。特别是在涉及教育系统以外的其他部门或机构的相关基础信息、数据、工作等资料采集，促进监测结果应用等方面，督导部门的参与具有不可替代的优势。

二、测评人员

测评人员是指具体承担县域教育现代化监测的专业人员。通常，测评人员是专门从事测评研究与实践的专业人员，是县域教育现代化监测的基本依靠力量。他们承担着县域教育现代化监测的总体设计、模型构建、工具研发、组织实施、结果报告与反馈、结果应用指导等具体工作。专业性、技术性是测评人员的基本特征。测评人员的专业水平的高低决定了县域教育现代化监测质量的高低。

测评人员是县域教育现代化监测的技术团队。测评包括设计策划、工具研发、数据采集与分析、报告撰写与反馈、结果解读与应用指导等流程。县域教育现代化监测的实施主体由承担以上具体工作的团队成员构成，他们的合理分工是保证县域教育现代化监测顺利实施的重要前提。首先，要完成监测设计策划。主要是从整体上实现对县域教育现代化监测的构建，对外实现监测与应用需求的对接，对内则包括监测的基本程序和实施方案的构建。其次，要实施专业研发与跟进。在工具研发方面，要着眼于监测需求的实现，将监测需求具体化，将县域教育现代化目标与监测指标具体化，形成可用于量化县域教育现代化的系列工具。监测报告与反馈则需要测评人员依据采集到的基本数据和事实对县域教育现代化水平作出判断，并向决策者、应用者、实践者等不同主体反馈、解读。应用指导的重点是提供技术指导和结果解读，以促进县域教育现代化工作的改进。最后，要负责组织现场实施。主要是对参加监测人员的培训，组织协调各方面力量按照监测方案推进监测工作。

测评人员主要承担相应的设计、实施、解释工作。设计即依据县域教育现代化监测目标和教育监测规范形成县域教育现代化监测方案，研发县域教育现代化监测工具。在设计过程中，测评人员主动与教育督导部门、测评专家进行沟通，将国家的教育现代化监测要求落实在县域教育现代化监测方案之中，为规范有序地推进县域教育现代化监测奠定基础。实施的核心是组织、协调各方面的力量完成数据和事实采集分析。它具体包括对监测方案的培训、过程指导与督促等。解释的重点是对实施工作的解疑释难和监测结果的解读。它是保证县域教育现代化监测按预设方案执行，获得预期信息的关键，也是监测结果走向应用的重要环节。

测评人员是沟通与协作的重要力量。围绕县域教育现代化监测的设计与实施，和不同群体进行及时有效的沟通和协作是测评人员的重要职责和工作方式。县域教育现代化监测的周期较长，在这个过程中测评人员及时与督导人员、县域教育实践主体等加强沟通协作方能保证县域教育现代化监测及时对接决策需求、实践需求，使需求导向落到实处。在这个过程中关键是将监测的基本设计及实施中可能存在的困难与督导人员进行沟通，谋求相应的理解、支持；就监测要求与受监测县域的具体工作人员进行沟通，争取受监测县域的理解、配合，获得县域教育的真实信息、数据。

三、执行人员

执行人员是指具体落实县域教育现代化监测方案的人员。从来源看，执行人员包括测评人员，也包括监测对象派出的具体工作人员。其根本任务是将县域教育现代化监测从思想状态、设计状态变成实践状态，并承担数据采集、运算，报告撰写等具体工作。

执行人员要有高度的责任感。任何设计都需要由具体的执行人员来实现。

执行人员的责任感是决定县域教育现代化监测设计能否按预设实现的重要因素。首先，是要认识到监测的意义，明白自己承担的责任。充分认识到县域教育现代化监测在国家教育现代化建设中的作用，认识到教育凝聚人心、完善人格、开发人力、培育人才、造福人民的作用，了解自己在整个监测工作中承担的具体工作的意义。其次，是要充分地理解监测设计。县域教育现代化监测的复杂性要求执行人员切实履职，充分地认识县域教育现代化监测的重要性和各项工作的质量要求，明白监测数据采集、运算、报告的关键技术要点，严格执行监测方案，以强烈的责任感落实各项工作，实现监测团队的有效协作，为顺利推进县域教育现代化监测实施工作奠定基础。

执行人员要善于相互协作。作为具体的执行人员常常容易局限于自己承担的具体任务，陷入"只见树木不见森林"的误区。因此，要从县域教育现代化监测的整体设计着眼，了解与自己工作相邻的工作时段、工作程序、工作内容等，根据县域教育现代化监测的整体工作安排，主动预见县域教育现代化监测进程中可能出现的问题或疏漏，主动提醒、报告，加强团队成员之间的协作，按规定的时间节点完成各自承担的工作，保证方案的顺利执行，防止监测偏离预设方案。

执行人员要能够吃苦耐劳。县域教育现代化监测面临工作周期长、头绪多、工作量大、区域间差异大等问题，执行人员需要深入不同的县域教育实践现场，了解和分析县域教育实际状况。同时，县域教育现代化监测涉及的技术问题多，可能常常会涉及执行主体不熟悉的新技术、新方法。这些都可能是执行主体面临的实际困难，执行主体要加强学习、沟通，善于克服外部和自身两个方面的困难，克服监测中的不利条件，准确、熟练地应用有关技术方法，及时识变应变，保证工作质量。

执行人员要善于沟通。执行主体之间的相互理解、相互配合才能使监测过程顺利推进。执行主体间的沟通要善于立足于操作性问题，明确是什么、怎么做，进而理解为什么，着力于提高方案执行质量以保证监测质量，避免对方案的误解造成监测失误，导致错误的监测结果。从监测的实施方来看，执行人员要通过通俗易懂的方式对县域教育现代化监测背后的设计思想、指标含义、操作要点、可能出现的问题与受监测对象进行沟通、讲解，将监测意图正确地传递给相关的监测对象，消除其困惑，获得其信任和支持，提供高质量的监测数据。受监测方的执行人员则宜将执行监测方案时遇到的困惑、问题及时通过恰当的方式反馈给测评团队，保证监测方案的执行质量。

四、应用人员

应用人员是监测结果的使用主体。应用是监测工作的延伸，也是广义的监测的组成部分，它是一个由浅到深、由点到面的过程。应用人员是监测结果从测评状态走向应用实践，实现以监测促改进的重要力量。

应用人员对监测要有强烈的认同感。应用是实践的具体方式之一。将县域教育现代化监测结果应用于推进县域教育现代化的实践是以对监测结果的认同为基础的。这种认同包括对监测的价值、定位、过程、结果的全面认同。其中，价值认同是基础，结果认同是关键。对监测的认同是自觉应用的重要前提。应用人员只有认识到教育监测在推进工作、改进工作中的价值和作用，才会具有应用的主观能动性。从应用的角度看，监测认同感是团队的整体认同感，而不是少数几个人的认同。应用主体要通过主动学习理解县域教育现代化监测的基本原理，明确县域教育现代化监测在推进县域教育现代化中的积极作用，了解教育改革和发展的基本趋势，明确教育监测在教育治理现代化中的积极作用，主动树立循证意识，把监测结果应用于指导推进县域教育现代化实践。

应用人员要树立强烈的变革意识。实现教育现代化是不断地对教育现实的变革、超越，不断培育教育的现代性的过程。改革是贯穿于推进县域教育现代化实践全过程的，对已有工作的批判性反思和改进是实现变革的重要前提。将推进县域教育现代化的实践与国家法律法规要求、与国家教育改革和发展的阶段工作和重点相对照，主动发现其中的不足，是变革实践的重要起点。县域教育现代化监测结果描述了县域教育现代化的现状，是变革县域教育现代化实践的重要依据。从实践来看，问题是县域教育现代化现状中不可回避的内容，以问题为导向是变革的重要推动方式。应用主体要有担当精神，立足于县域教育现实，对监测发现的问题进行系统分析，从实际出发构建变革的举措，不断改进县域教育工作，促进县域教育现代化水平不断提升。

应用人员要有权责意识。基于监测结果应用的县域教育现代化实践是一个以团队为主体的实践过程。县域教育现代化实践是联系不同主体的基础和纽带。在这个实践中，不同的主体承担着不同的职责、行使着不同的权力。坚持责权结合，要在推进县域教育现代化实践中明确不同主体的责任，特别是以问题为导向，以任务为核心构建相应的协作机制，促进不同应用主体之间的及时交流、沟通、合作，更好地履行各自在推进县域教育现代化中的责任，形成推进县域教育现代化的合力。

此外，县域教育现代化监测还需要加强辅助人员的配备。辅助人员是指协助开展县域教育现代化监测的助手。他们是开展大规模县域教育现代化监测团队不可缺少的一部分，主要负责资料收集整理、协助完成一些基础性、辅助性工作。宜选择那些具有良好心态、谦虚好学、细心周到、亲和力强、服务意识强的人员参加县域教育现代化监测的辅助性工作。

县域教育现代化监测的不同时段会有不同的任务。县域教育现代化监测团队中的人员分工并不是截然分开的。一岗多责是团队成员的重要特征，因此，一岗多责的架构决定了团队成员在不同的阶段会承担不同的角色。依据县域教育现代化监测的实际需求，履行好相应的角色和责任，是对县域教育现代化监测团队成员的重要要求。

第二节　团队的核心能力

县域教育现代化监测团队的核心竞争力是指团队应当拥有的以顺利获得精准的监测结果的关键能力。它基于县域教育现代化监测的关键节点，以团队成员个体能力的有效整合为内核，以相应监测评估技术、工具、产品等成果和服务为外在表现。形成相应的核心竞争力是县域教育现代化监测团队建设的重要内容。

一、标准研制能力

标准研制能力是县域教育现代化监测团队从教育监测评估主题和任务出发，自主研制相应的监测评估标准的能力。简单地说，标准研制就是对工作规程及其应当达到的结果加以定性或定量描述。它以对监测评估工作及监测评估对象的深刻把握为前提。加强标准研制，可以促进工作流程和结果的规范化，保证基本的工作质量。标准研制能力是监测评估团队对教育规律、教育政策、教育实践的精准把握能力的直接体现，是衡量监测评估团队能否自主开展定制性教育监测评估服务的重要标志之一。深刻地认识教育监测评估标准的特性，选择恰当的路径进行标准研制实践，是形成标准研制能力的重要基础。

标准是教育监测评估的基本规范。作为规范性文件的标准是为保证监测评估质量服务的。从规范的对象来看，它包括对监测评估工作的规范和对监测评估对象评价的规范两个方面。对监测评估工作来说，它就是工作标准，旨在对教育监测评估活动的发起、组织、实施等关键环节、关键内容作出技术规定，形成相应的工作规范，指导教育监测评估活动有序开展。对监测评估对象的评价来说，它就是评价标准，旨在规定评估对象的应然状态，以对监测评估对象当前的实然状态加以判断，引导监测评估对象不断向更高水平发展。通过对过程和结果两个方面的关注，形成监测评估规范的技术要求和质量要求。教育监测评估标准是定性与定量的结合。从定性来看，主要指向对工作节点或评价维度的要求，反映的是教育监测评估的基本价值追求。从定量来看，则是定性要求的数量化，反映的是教育监测评估的基本事实追求。通过定性和定量的结合，使标准具有可操作性，成为条款性技术文件，引领教育监测评估的具体方向。

标准是决定教育监测评估独立性的重要因素。以高质量的标准为依据，教育监测评估过程才会有序，结果才会可靠可信。教育实践需求的多样性决定了教育监测评估需要根据不同的监测评估主题设计不同的监测评估标准。在教育监测评估中没有普遍适用于多种监测评估活动的标准，也没有一成不变的标准，一个高质量的标准是与教育监测评估的具体任务、时代特征相匹配的。从实际需要出发研制合适的标准是开展教育监测评估的重要基础性工作。教育监测评估标准是一种底线要求。在教育监测评估中确立的标准是对具体事项的基本要求，具有一定的阶段性。科学的监测评估标准可以引领教育监测评估与监测主题对接，提高教育监测评估的公信力。当一个团队具备了相应的标准研制能力，将会为其在所熟悉领域开展自主监测评估提供重要的基础支撑。

　　多源归一是铸就标准研制能力的基本路径。教育监测评估标准不是主观臆想或简单思辨的结果，而是从不同渠道获取信息经由系统思考和实践检验的结果。从实践中来，到实践中去，接受实践的检验并在实践中调整优化是标准研制的基本要求。研制教育监测评估标准，形成标准研制能力，宜将转化这一基本思想和方法贯穿其中，尤其重视教育政策、教育理论、教育案例的转化。一是政策转化。教育政策是一定时期内国家对教育的基本要求，体现的是国家意志。将教育政策的要求转化为教育监测评估的具体标准，不仅能够保证教育监测评估标准的权威性，使教育监测评估成为贯彻落实国家教育政策的重要途径，而且会使监测评估结果更容易为各方接受，为监测评估结果大规模应用奠定坚实基础。县域教育现代化是国家教育现代化战略的有机组成部分，紧盯《中国教育现代化2035》分阶段制定工作目标，形成监测标准，是县域教育现代化监测的客观要求。二是理论转化。教育理论是对教育规律的深刻把握和揭示，是认识教育、改造教育的重要武器。将教育理论中的关键部分转化为具体的教育监测评估标准，能够使其成为理论与实践的重要桥梁，实现教育理论与具体的教育实践、教育场境的结合。依据从相关理论转化而来的教育监测评估标准，获得的结果将会成为理论建设的直接素材，使教育理论和教育监测评估标准在实践中得以检验和完善，拓展其应用前景。教育现代化是国家现代化的有机组成部分，要将县域教育现代化置于经济社会现代化的宏观背景中分析教育现代化与经济社会现代化的关系，借鉴国际经验，形成行业认同的标准。三是案例转化。教育案例是教育实践中生成的典型代表，优秀的案例既是一定理论指导下的实践成果，也是广大教育实践工作者理当追求的发展目标。优秀的教育案例是对教育方针政策、教育理论的具体践行，将教育实践的优秀典型案例加以总结、概括、梳理，进而转化为教育监测评估的标准，可以使教育监测评估具有相应的实践基础，使相关的优秀经验在更大范围内得以推广应用。在教育现代化监测方面，上海、江苏、浙江等东部发达地区走在全国前列，可以成为借鉴的重要对象。

二、模型建构能力

模型建构能力是县域教育现代化监测团队依据监测评估任务建立恰当的教育监测评估模型的能力。简单地说，模型建构就是运用教育测量概念和语言对拟监测的任务加以描述。它以对监测任务的实践化解读为基础。建构适当的模型，可以实现对监测主题的科学解释，研究不同成分的关系及其对监测对象的影响，对后续行为进行预测。模型建构能力是监测评估团队运用基本原理和方法将监测评估顶层设计具体化的核心，是衡量监测评估团队能否实现理论与实践结合的重要指标之一。深刻地认识监测模型建构的基本环节，建立能够满足实践需求的监测评估模型是模型建构能力的重要反映。

模型是实施教育监测评估的核心要件。一个良好的监测评估模型是以对教育监测评估中的关键要素及其关系的把握、揭示为基础的，是教育监测评估思想理念、基本原理和技术方法与监测评估主题的结合。建立良好的监测评估模型，首先，需要对监测评估需求进行分析。监测评估需求是模型的决定要素。通过需求分析，明确监测评估的具体目标。其次，需要分析监测评估项目涉及的关键要素。监测主题涉及的要素分析是模型建构的关键。其核心是通过分析明确要素之间的关联性，理清要素之间的联结方式。最后，需要明确数据处理原则。明确监测数据进行采集、加工的方式，使之为描述客观事实、达成监测目标提供科学证据。通过模型建构，可以使教育监测实施程序化、常态化，将实施的差异控制在可接受的范围内，防止教育监测评估因实施主体的不同、监测评估对象的区别而造成过大差异。结合监测评估的主题，形成相应的监测评估模型，可以使监测评估的组织实施与标准顺利对接，使监测评估在更大范围内推广应用，获得可比较的监测评估结果。

模型是教育监测评估理论与实践的桥梁。将相关的原理转化为实践操作策略，是实现理论与实践结合，实现理论指导实践的重要环节。从教育监测评估来看，教育监测评估的核心任务是用数据对监测事项进行客观描述、分析，监测评估模型反映了监测团队基本的监测理念、监测技术，规定着采集哪些数据、如何采集数据、如何处理数据等关键环节和程序。借助于模型，教育监测评估的相关原理与具体的教育情境、监测评估任务产生联结，使相关原理得以具体化、情境化，为其应用作好相应准备。从这个意义上说，教育监测评估模型是理论与实践的临界态。良好的监测评估模型是组织开展教育监测评估实践的直接依据，可以使监测评估聚焦于监测评估主题，保证监测评估工作有序进行，减少人为因素的干扰。

建验贯通是形成县域教育现代化监测团队模型建构能力的关键策略。建立监测评估模型的核心是把面临的现实问题转换为能够成功地应用已有的测量规则加以解决的教育监测问题，或者使之成为新教育实践问题的开端。教育监测评估模型的形成标志着教育监测评估从理论走向实践获得重要进展。在教育监测评估中涉及教育监测评估主题、监测评估对象、监测评估实施等要素，只有将这些不同方面的要素加以全面客观深刻地分析后，基于对相关要素、实践的正确认识，才能实现要素、环节的合理重组、优化，形成具有团队特点的、反映和遵循教育监测评估规律的监测评估模型。培育良好的模型建构能力，宜着力于以下要点。首先是要素分解。着力于教育监测评估测评什么、怎么测评这两个基本问题，系统回答测什么、测谁、由谁测、怎么测等问题，实现监测评估模型的模块化。在这个过程中既要重视理论的分析，也要重视对实践的观照，充分地考虑教育监测评估可能会涉及的要素、实施可能存在的困难。其次是模型组建。以实践为导向，尝试运用多种方式将分解出的相应模块加以重新组合，使监测评估模型中的要素与实践对应，使之既符合理论要求，又体现实践需要，形成具有功能性、操作性的可应用模型。在这个过程中，要以问题为导向、以实践为导向，细化模型的具体操作，使之与教育监测评估的实践环节相对应，成为指导、规范教育监测评估实践的基本依据，避免对监测评估模型的纯理论推演。最后是模型检验。将监测评估模型应用于具体的监测活动，通过数据采集、数据挖掘、结果分析等，检验模型是否能够体现基本的理论假设，是否能够解释现实问题，并根据实际情况对监测评估模型进行必须的修订和完善。在这个过程中，要仔细推敲各个环节获得信息的真实性，防止虚假信息对建模工作产生误导。就县域教育现代化监测的模型建构来看，它属于以区域为基本对象的监测，必须考虑其背景、输入、过程、输出四个基本环节，参考 CIPP 模型构建适用于县域教育现代化发展不同阶段的简约模型、生态模型，重点监测县域教育现代化发展水平和影响县域教育现代化的关键要素。

三、数据采掘能力

数据采掘能力是县域教育现代化监测团队获取科学的监测证据，并从中发现客观事实、规律的基本能力。简单地说，数据采掘就是运用已知的方法针对特定的教育现象采集相应的数据并发现其蕴藏的价值。数据采掘能力是监测评估团队将面临的教育事实、现象转化为具体的监测数据，形成与监测评估模型相吻合的证据，实现"用数据说话"的关键能力。了解数据采掘的基本程序，发现并科学地呈现数据背后的事实、规律，是形成教育监测评估团队数据采掘能力的关键。

数据是开展教育监测评估的基础资源。从教育监测评估的视角来看，任何教育事实都是可以通过一定的数据来衡量的。离开了数据，教育监测评估就成了无源之水、无本之木。在教育监测评估视野下，数据具有可采性、即时性、多维性等基本特点，对数据的高效采掘是教育监测评估及时回应教育需求的客观要求。可采性是指监测评估对象与监测主题相应的主要特征能够用一定的数据加以量化。它取决于能否将监测对象的主要特征转化为相应的可获取的数据，能否与监测评估对象建立信任关系。即时性是指教育监测评估所获得的数据时延较短，描述的是事物的当前状态。实现即时性需要借助于以现代信息技术为基础的技术手段，实现采集、加工自动化、智能化。多维性则既要求监测评估数据应从多个角度反映个体的基本特征，也要求监测评估数据能够从多个维度反映事物的整体情况。唯有数据具有多维性，其才能全面、客观地反映事物的多个特征，展现服务决策、指导实践的实现价值。

数据的本质是证据。数据是事实的量化表现，因此，数据即证据。用数据说话是对教育监测评估的基本要求。从事实到数据，从数据到证据，是教育监测评估中数据产生和变化的基本历程。采得到、采得准、挖得出，是对数据采掘的基本要求。首先，数据要解决能够采得到的问题。任何数据的获得都是基于一定的监测评估工具的。工具的研制与选择是采集数据的重要环节。其核心是依据监测主题，全面分析监测评估对象的特征，确定相应的监测评估点，并形成相应的监测评估指标体系。离开了工具，数据只能成为沉睡之物。其次，要解决采得准的问题。工具质量和样本质量是决定数据是否准确的重要因素。需要回归于监测评估的基本任务，选择恰当的监测工具和合适的监测样本，严密地组织实施方能获得可靠的数据。最后，要解决挖得出的问题。数据是事实的反映，但数据并不能自动反映事实之间的深层关系。发现数据与事实之间的深层关系需要发挥监测评估团队的主观能动性，形成与监测评估主题、监测评估模型相适应的算法，将不同格式的数据加以加工处理、运算，使数据聚焦于监测主题。经过采掘而来的数据，可以实现对监测对象的精准描述。

融合创新是形成数据采掘能力的关键。工具、渠道、平台、法则是影响教育监测评估团队数据采掘能力的重要因素。结合教育监测评估的项目特点，加强数据采集的工具研发、渠道建设和平台建设，促进融合创新，是形成强大的数据采掘能力的基本走向。为此，宜突出以下几个重点。一是要加强工具研发。教育监测评估团队宜从具体的监测任务出发，与相应领域的专家合作，依据不同的监测主题研发相应的监测评估工具，使监测工具能够多维度、多层次地有效反映监测对象的主要特征及其关联因素。二是要加强渠道建设与维护，形成数据采集的网络渠道。教育监测评估团队要建立以监测评估任务为内容、以区域专业机构为节点、以学校为基点的合作机制，形成数据采集的网络节点体系，强化监测实施的及时联络、培训，为顺利开展数据采掘奠定坚实基础。三是要形成数据采掘的法则。数据的运算处理是数据采掘的核心，要依据监测评估模型，研发与教育监测评估主题相适应，与数据特征相适应的数学运算法则，保证教育监测评估数据的有效性、运算过程的自动性、运算结果的准确性。四是形成基于"互联网+"的监测平台。建立基于"互联网+"的网络平台，集监测工具、数据采掘渠道与数据算法于一体，实现数据采集、运算、存储、查询一体化，努力提升数据采掘自动化、网络化、智能化水平，提高教育监测评估的时效性。达成上述目标，需要教育监测评估团队与相应的互联网技术团队跨界交流，充分地发挥各自的优势，形成新合力。

四、结果解释能力

结果解释能力是县域教育现代化监测团队对获得的监测评估结果进行客观解读、描述的能力。简单地说，结果解释就是对教育监测获得的基本事实及其相关要素之间的关系进行描述性说明。结果是一种客观存在，但是这种客观存在需要经由教育监测评估团队的合理解释方能呈现出其基本状态的价值意义。结果解释能力是教育监测评估团队将普遍原理与具体问题结合，以满足决策与实践需要的能力，是引领监测评估结果走向应用的关键。以监测评估结果应用为导向，加强团队专业素养的提升是形成良好的结果解释能力的重要基础。

监测结果是基于数据得以表现的。作为监测结果的数据，其核心是关系。具体地说，它是对数据与数据之间、数据与事实之间、事实与事实之间、不同要素之间的多重关系的定量描述和揭示。从过程来看，监测结果是依靠相应的监测评估标准、监测评估工具，以相应的样本为对象从教育现场转化而来的。在这个过程中，监测场景、监测对象、监测时间的特定性决定了相关数据的唯一性。从相应的监测场景、监测对象、监测时间出发，将数据置于特定的场景、对象、时间背景之下，对其反映的关系的准确揭示是教育监测评估的本质要求之一。结果解释的关键就在于对这种蕴含关系的准确提示。离开了对结果的合理、准确解释，教育监测评估就难以应用于实践。回归于客观存在的真实，对数据与事实、数据与对象、数据与决策、数据与实践等多个主体、多个层次、多个维度之间的关系的揭示，是教育监测评估的独特优势，是教育监测评估团队的重要使命。

结果解释最终服务于应用。基于一定的背景，对教育问题预测、预示、预见是教育监测评估的重要功能。从实践出发，任何教育问题都是与特定的教育场境相联系的。将普遍的教育规律与具体教育场境结合起来精准揭示监测主题涉及的不同要素之间的关系是结果解释的核心。教育监测评估服务教育决策、服务教育实践改进的功能定位决定了结果解释是以应用为基本取向的。发现问题特别是发现问题存在的症结，方能使后续的干预精准发力。教育监测评估获得的结果，除了对事物当前状态的描述之外，更需要将结果用于改造实践，使结果成为决策的证据、改进的证据。坚持应用导向的原则形成教育监测评估结果解释能力是教育监测评估回归于教育实践，区别于理论研究及其他实践研究的重要标志。坚持应用导向，不断促进结果解释的精准度，才能主动优化供给侧改革，实现监测评估与应用的对接，使教育监测评估来源于实践，回归于实践，在精准应用中实现自身价值。精准解释体现的是透过现象看本质的基本要求，其基础是教育监测评估团队对事实、数据的深刻、全面把握。

去伪存真是培育精准的结果解释能力的关键。任何教育问题都不是孤立的，全面地分析问题及其相关因素方能接近问题的本质。对教育监测评估结果的精准解释是一个不断地由表及里、去伪存真的过程。将监测评估的背景、监测评估设计与实施、获得的基本数据结合起来，方能得出合理的结论。培育良好的结果解释能力，要注意以下几点。一是要回归监测评估设计。从为什么开展监测评估、如何开展监测评估这两个基本问题出发，深刻地理解、应用监测标准和监测模型，为结果解释提供直接的理论依据。从数据的获取原理、数据的基本含义、数据形成的基本方法与过程等不同角度来反映数据的基本内涵，建立事实与理论假设之间的联结，进而判断二者的真实关系，并能够相互印证，使结果解释具有坚实的实践基础。二是要培育教育学的素养。监测数据来源于对教育事实的测量，着眼的是与监测评估主题相关的教育问题的发现与解决，教育监测评估团队要自觉地运用教育学的基本原理、方法来认识问题、分析问题，形成对问题的合理解释，避免简单地就事论事或只停留于数据之间、事实之间的表面联系。三是要拓展分析视角。任何教育问题都有其存在的社会根源。将教育问题置于社会视域之下加以系统分析，可以使认识接近问题的本质，为采取有效措施促进问题解决奠定坚实基础。仅限于教育的视域来看问题，难免会出现局限性。教育监测评估团队要善于将教育问题置于社会大背景之中，形成认识问题、分析问题、解决问题的多重视野，为形成系统解决问题的合力提供合理的证据。

五、自我更新能力

自我更新能力是县域教育现代化监测团队自我更新，保持团队活力的能力。简单地说，团队自我更新就是教育监测评估团队通过内部变化，实现自我提升、自我超越。它是教育监测评估团队以自我批判、自我否定为基础，不断实现自我超越的重要内在力量。团队自我更新能力不仅可以维持团队的现有水平，保持团队活力，而且可以促进团队的教育监测评估实力从量变到质变，主动适应教育决策和实践需求的变化。以自我超越为目标，积极培育以扬弃为核心的团队文化，深耕于教育监测评估实践，是培育教育监测评估团队自我更新能力的关键。

自我更新是教育监测评估团队的自我发展。自我更新既指向团队成员的个体，也指向团队的整体。从个体来看，每一个团队成员都有其优势，也有其局限性。客观地认识自己的优势与不足，认识其他团队成员的优势与不足，认识到本团队的优势与不足，认识到本团队与其他团队的比较优势与差距，形成对个体与团队发展的基本定位，是个体主动克服自身局限性，走向自我提升的重要基础。从整体来看，长期的合作和实践极易使团队思维固化，形成团队思维定势。团队人员构成是否合理、团队制度建设是否合理、团队发展方向是否正确、团队发展动力是否充足等问题，需要依据事实进行重新认识和判断。借助于团队自我更新能力，保持团队持续的创造性，促进团队的监测评估理念、监测评估文化不断向更高层次发展，保持团队活力，保持团队不断推陈出新、自我超越、追求卓越的能力是教育监测评估团队发展壮大的内在需求。

自我更新旨在促进教育监测评估健康发展、持续发展。教育监测评估的健康持续发展既要求相应的外部环境支持，也要求教育监测评估实践水平的不断提升。从根本上讲，教育监测评估实践能否满足决策需求、实践需求决定了教育监测评估的生命力，而能否满足决策和实践的需求则依赖于教育监测评估团队能否开展高质量的教育监测评估工作，提供高质量的教育监测评估服务。开展高质量的教育监测评估，提供高质量的教育监测评估服务则依赖于高质量的教育监测评估团队。教育监测评估发展的内在动力来源于教育监测评估队伍对自我超越的孜孜追求。通过团队自我更新，一方面可促进教育监测评估水平和质量的不断提升，顺应教育改革和发展的需要，并促进教育监测评估的健康、持续发展；另一方面可促进教育监测评估团队自我更新，实现监测评估能力的不断提升，提供满足决策和实践需要的产品和服务，获得广阔的发展空间。教育监测评估团队的发展和教育监测评估实践的发展借助于团队自我更新能力，实现良性互动，螺旋式上升。不断形成和提升自我更新能力是教育监测评估团队实现自我更新，实现教育监测评估水平不断提升的客观需要。

吐故纳新是培育教育监测评估团队自我更新能力的基本路径。教育监测评估团队自我更新是一个在传承中发展，在稳定中变化，在开放中吸纳的过程。形成良好的团队自我更新能力，应注意以下几个方面。首先，聚焦人的素养。团队的基本要素是人，人是团队中最活跃的因素。团队自我更新必须指向人的变化，特别是聚焦于人的专业素养和合作品质的提升。二者皆以观念变化为前提，以相应的行为改变为表征。通过专业素养提升，强化团队专业能力；通过合作品质提升，促进团队服务质量提升，直至产生"1+1 > 2"的效果。其次，注重技术更新。技术是教育监测评估团队核心竞争力的直接体现。教育监测评估团队宜主动跟踪教育监测评估理论、技术、方法的新进展，积极吸纳最新成果，形成能够满足教育决策和教育实践需要的、与教育监测评估实践发展相适应的具有时代特点的教育监测技术体系。最后，培育以扬弃为核心追求的团队文化。以扬弃为核心的团队文化是促进团队的个体与整体主动求变，主动提升的重要因素。以批判精神、开放精神、创新精神为重点培育以扬弃为核心的团队文化。通过批判精神的培育，促进团队实现自我否定、自我超越，进入新的境界。通过开放精神的培育，促进团队不断吸收新理念、新技术，为团队注入新活力。通过创新精神的培育，促进团队主动打破已有的陈见，积极探索未知世界，形成团队新的生长点。一旦以扬弃为核心的团队文化得以形成，并以相应的制度作为保障，教育监测评估团队的核心竞争力将会得以持续发展。

随着教育现代化的深入推进，以监测推进教育现代化的思路得到了广泛认可，各界对教育监测满怀期望。不断培育县域教育现代化监测团队的核心竞争力，既是教育监测评估的实践需要，也是教育监测评估团队建设的需要。县域教育现代化监测团队核心能力的形成与迁移将为县域教育现代化监测赢得更大的空间。

第三节　团队的培养培训

培养培训是提高县域教育现代化监测团队的整体素质，保证县域教育现代化监测工作效能和不断提升县域教育现代化监测质量的重要方式。加强对县域教育现代化监测团队成员的培养培训是县域教育现代化监测团队建设的重要内容。

一、基本渠道

培养培训渠道是提升人才素养的基本途径。不同的培养培训渠道的着力点、侧重解决的问题和主要方式并不相同。选择培养培训团队人员的合适渠道，可以为团队输入新生力量，促进团队的持续发展。从实践来看，院校培养和实践培养是县域教育现代化监测团队的培养培训的基本渠道。

院校培养。就是通过高等教育学校有目的、有计划地培养监测人员。高等院校是我国培养高级专门人才的重要机构，在人才培养培训方面具有计划性、专业性、系统性强等特点。接受过高等教育的专业人才的专业基础扎实，在学习和接受新思想、新理念、新技术、新方法方面具有较大的优势，对于实践创新具有重要推动作用。2020 年，我国高等教育毛入学率已经达到 54.4%[1]；第七次全国人口普查表明，与 2010 年第六次全国人口普查相比，每 10 万人中拥有大学文化程度的由 8930 人上升为 15 467 人。[2] 受过高等教育的人才广泛分布于各行各业，发挥着重要作用。随着我国教育现代化的推进，对专门的监测人才的需求量会不断增长，着眼于教育现代化实践需求培养教育监测人员是高等院校参与推进教育现代化建设的重要使命担当。一般来说，高等院校培养的对象包括高校学生和在职人员两类。高校学生是指高等院校从普通高中毕业生或本科生中选择的优秀学生。通常，可以对他们进行 3~4 年以至更长时间的系统培训。经过这类专业培训的人员往往具有扎实的专业基础，能够深度参与县域教育现代化监测方案的设计、模型建构、工具研发、数据处理等专业性强的关键工作，是县域教育现代化监测的重要新生力量。同时，在职人员也是院校培养的对象。对在职人员的培养是以实践培养为基础的提升培训。从时间上来看，对在职人员的培训短则数天，长则数月。在职人员具有经验丰富、目标明确的特点，通过专门的监测培训能够及时更新、补充在职人员的教育监测理念、知识、技能、方法，提升其监测的专业素养和专业水平，为开展高质量的县域教育现代化监测提供支持。

实践培养。就是通过工作实践提升县域教育现代化监测团队人员的专业素养和能力。实践是改造世界的方式，也是培养人才的重要渠道。实践培养的基

[1] 教育部. 2020 年全国教育事业发展统计公报 [EB/OL]. http://www.moe.gov.cn/jyb_sjzl/ sjzl_fztjgb/202108/t20210827_555004.html.

[2] 国家统计局，国务院第七次全国人口普查领导小组办公室. 第七次全国人口普查公报（第六号）——人口受教育情况 [EB/OL]. http://www.stats.gov.cn/sj/zxfb/202302/t20230 203_1901086.html.

本特点是做中学、做中悟。它的培养对象是已经从事教育监测的专业人员，其优势在于不仅可以增强定向性，而且可以兼顾当前与长远，实现将提升在职专业人员的素养与完成相关工作相结合，具有综合效益。通常，它主要包括转岗培养、跟岗培养两种基本方式。转岗培养就是根据工作需要或个人发展规划，拟转岗人员转移到与监测工作相关的岗位上，结合工作实际不断提升监测素养，发展监测能力的方式。在转岗培养前，宜对相应的转岗人员进行必要的考察，了解其从事教育监测工作的意愿和基础素养，帮助其树立监测意识。对教育监测工作具有排斥心理的人员不宜作为转岗培养培训的人员。跟岗培养主要是指已经在监测工作岗位上的人员在专业机构和专业人员的指导下承担具体的监测任务，提升监测素养和能力的方式。跟岗培养重在以监测项目为载体，让培训人员在参与中开阔思路和眼界，领悟、掌握教育现代化监测的基本思想和关键技术。这两种方式均以实践为基础，培养对象可以近距离地了解、观察教育监测的基本程序和过程，充分利用和发挥过去工作中积累的经验，实现经验的迁移、嫁接、融合。但是，也可能存在过去经验影响监测意识形成的风险。

院校培养、实践培养都宜注重培养的计划性、系统性，强调理论与实践结合，不断提高培养对象的理论素养和解决县域教育现代化监测实际问题的能力。

二、重点内容

培养培训的内容直接决定着培养培训对象的获得感。着眼于县域教育现代化监测的实际需求和长远发展，坚持宏观与微观结合、理论与实践结合，促进合法、合规、合作开展县域教育现代化监测，着力解决县域教育现代化监测实践中的不同问题，宜以政策培训、技术培训、操作培训为重点内容组织实施县域教育现代化监测培训，为提升县域教育现代化监测的信度，促进监测工作高效实施奠定基础。

政策培训。服务于决策的基本定位决定了政策培训是县域教育现代化监测的重点内容之一。具体地说，国家和省颁发的教育法律法规和政策解读是培训重点，可以进一步细分为教育法律法规类、发展规划类、条件保障类、行政规范类、教育质量类等。①教育法律法规类，即以保障教育秩序，维护教育运行，促进教育发展的相关法律法规。如《中华人民共和国宪法》《中华人民共和国教育法》《中华人民共和国义务教育法》《中华人民共和国教师法》等法律是培训的重要内容。这些法律是依法治教的基本依据。②发展规划类，即不同发展阶段的教育规划。如，《中国教育现代化2035》及各省发布的省级教育现代化发展规划及实施方案、教育事业发展规划、教育发展的专项规划等。通过这些规划能够了解在一个较长时期、较大区域内教育发展的整体部署和工作安排，明确阶段工作重点。③条件保障类，即着眼于教育事业的基础性保障条件的政策要求。主要涉及教育投入、教师配置、办学条件改善、教育扶贫与资助等。这些是教育现代化建设的基础条件，不仅是判断政府履行教育职责情况的重要内容，而且是反映县域教育现代化的重要指标。④行政规范类，即教育行政管理的法定职责、履行职责的方式和程序等。它是合法、合规进行教育管理的重要前提。⑤教育质量类，即直接指向人的发展的相关政策要求。主要涉及招生考试、质量管理、教师培训、教育科研等方面的具体工作要求。这些内容与教育质量紧密相关。政策培训既要关注宏观政策，也要注重实际操作。政策培训服务于依法治国理念的落实，将依法治教理念落实到教育监测之中，使县域教育现代化监测以政策法律为基本依据实现依法监测。

技术培训。技术是体现县域教育现代化监测的专业性的重要因素。加强技术培训是落实县域教育现代化监测方案的客观要求。技术培训的对象主要是县域教育现代化监测团队的骨干成员。狭义的技术仅指县域教育现代化监测如何实施，聚焦的是一个较短周期的操作流程和要点。作为技术培训中的技术是一种广义的技术，它体现的是理论与实践的结合，是理论转变为实践的重要连接，涉及县域教育现代化监测从设计到结果应用的全周期的基本规范和操作要领。技术培训的主体内容是方法培训、流程培训，要着眼于县域教育现代化监测的全程来选择、设计相关的技术要点并突出系统性，具体内容包括监测模型构建、监测工具研发、监测组织与实施、监测报告撰写、监测结果应用的关键规范和技巧等。在此基础上，延伸到县域教育现代化监测的核心操作，如统计技术特别是现代化的统计软件的应用。培训对象系统地掌握相关知识、方法，形成数据采集分析能力后，可促进技术转化为监测生产力；反之，缺少了这样的技术，则难以体现县域教育现代化监测的专业性。理论学习、模拟应用、临场实践是技术培训的常见方式。理论学习以听讲授报告、自学书本知识为主。模拟应用强调设计具体的监测场境和任务，以任务驱动，让培训对象在完成模拟任务中增强对技术的感悟。临场实践则是培训对象深度参与培训团队的监测实践，通过与具体的实践案例、与具体的实践任务结合，增强技术培训的现场感、体验感。对培训对象来说，要注意对理论的学习和钻研，理解技术背后的理论基础和支撑，为实现个人知识更新、能力提升、胜任更加专业的监测工作奠定坚实的基础。技术培训可以委托专业力量较强的专业监测机构或高等院校进行。

操作培训。操作培训是一种微观培训。它是基于实践的，关注和解决的基本问题是如何做。它是监测方案执行的关键，是大规模监测的重要组成部分，对于按方案规定的规范程序采集可信可靠的数据至关重要。规范统一是操作培训的基本目标，核心是要在监测实施中保证按照统一规定的时间、技术、内容、质量等完成相关工作。特别是大规模的县域教育现代化监测，需要在时间节奏上保持一致性，以保证监测质量。因此，数据采集的时间节点、统计口径、反馈的基本方式与渠道等都是培训的内容。如果不注重操作培训，那么可能出现功亏一篑的后果。操作培训的对象是以参加县域教育现代化监测的临时团队成员和配合监测的监测对象中的具体工作人员为主的。操作是技术的应用与实践化，因此，操作培训是一测一训，以体验和实操为主。操作培训在每次监测前实施，监测方案是操作培训的基本依据，监测中易出现分歧或理解不一致，存在多样化操作、多种选择的环节是培训的重点。操作培训具有低重心、细致化的特征，即始终立足于县域教育现代化监测的场境化实践，借助具体实例、具体操作将问题讲明讲细讲透，让培训对象知道如何做，让培训对象通过模拟具体的场境和任务，加深对操作技术要点的体验。讲解示范是操作培训的基本方式。对操作技术、过程的流程化分解是操作培训的重要前提和要求。要结合县域教育现代化监测的具体流程，讲清楚、讲明白培训内容。同时，必须体现直观性。除了传统的讲解之外，相关操作还应当制作成视频供监测实施团队反复观摩学习，减少县域教育现代化监测中的消极异变现象。

三、主要方式

深入分析参与县域教育现代化监测的不同主体承担的任务及职能职责，可以选择恰当的培训方式更好地满足培训对象的需求，提高县域教育现代化监测培训的实效。着力于建设满足实践需要的县域教育现代化监测团队，常用的培训方式有系统培训、短期培训、跟岗培训等。

系统培训。它基于一定的课程计划，以课程为载体对县域教育现代化监测团队进行培训。课程计划是反映系统性的关键和标志，宜针对县域教育现代化的关键节点，将理论与实践结合起来开展培训。在理论方面，围绕什么是现代化、教育现代化、教育监测、教育现代化监测等基本问题展开，形成对县域教育现代化的系统认识，促进培训对象树立县域教育现代化监测的理念，掌握监测的基本理论与关键技术等。在实践方面，围绕"怎么做"这个核心，即监测指标设计、监测模型构建、监测工具研发、监测组织与实施等核心操作进行培训与实践，促进培训对象掌握"怎么做"。系统性培训的关键是处理好理论与实践的关系，理论培训重在系统，实践培训重在落实。倡导、践行理论指导下的实践，在实践中进一步感悟理念、理解理论。经过系统培训的监测评估人员经由实践锻炼后，将成为县域教育现代化监测的核心成员和骨干力量。

短期培训。它以短平快的思路对监测团队施以培训。这种培训方式具有时间短、见效快的特点，是监测团队后备人员储备不足时采取的应急之举，也是监测团队发展到一定阶段后实现监测团队专业素养不断提升的有效方式。短期培训具有良好的适应性。它既可以适用于初次接触监测工作的新人，也可以适用于长期从事监测工作的各类骨干人员。从培训内容来看，对于新入职教育监测人员，宜以基础知识、基本技能为主进行培训，重在引导入门，注重操作性指导。对于提升型人员，则宜坚持问题导向，突出培训的专题性，以专题性促进监测人员对某些问题的深入钻研，立足问题加强研讨与交流，强化解决问题的方案设计，实现培训与问题解决的结合。在培训方式上，不仅有教师讲，更有学员研，把短期培训作为一个与实际工作密切结合的平台。短期培训的组织宜以菜单式培训为主，增强针对性、适应性。加强培训前调研，征求学员意见，拟制培训菜单，形成可供选择的培训内容和方式，实现以需求为导向的培训，提高培训与需求的契合性。短期培训要突出培训与实践结合，既要防止一讲到底，也要防止以参观、考察作为全部的培训内容和形式；突出针对性和灵活性，不宜只有一项内容或一种形式，否则可能会削弱其适用性。短期培训宜建立后期合作机制，以任务为纽带，建立学员之间、培训组织者之间的合作关系，让学员在实践中提升县域教育现代化监测的能力。

跟岗培训。它是一种以案例与实践为主的提升性培训。这种培训的周期介于系统培训与短期培训之间，是师徒制培训方式在教育监测领域培训中的应用和发展。跟岗培训是一个双向选择的过程。从承担跟岗培训的机构或人员来看，他们往往占有较多的监测资源，具有组织开展多种监测活动的优势，能够实现对跟岗培训人员的专业引领、指导，可以从更大范围、更多对象中选择适合的对象进行培训；从参加跟岗培训的机构或人员来说，他们往往与跟岗机构或人员有着密切的联系或合作，需要在监测领域得到及时提升，迫切期望结合自身工作需要和发展需要选择合适的机构或人员接受培训。在选择跟岗人员时，跟岗中的培训方应有较高的专业能力和可共享的资源，而学习方则宜有在监测方面长期从事监测工作的愿望和提升的主动性，且年龄不宜过大。跟岗培训是一种在职培训和研修。跟岗培训要注意跟岗与项目合为一体，以项目为载体，通过参加具体的项目，以案例的方式对学习者加以引领、提升；牵动学习者深度参加监测工作的研讨，在完成具体任务中熟悉监测工作的基本流程和规范，进而在项目研讨中形成研究专题，促进自身发展。条件具备的情况下，可以采取一岗多人或多岗一人的方式，即学习者不固定在一个专业岗位上，而是采取全程、多岗的方式参与多个项目，全面地了解模型建构、工具研发、数据采集、报告撰写、解读反馈等关键环节。适当地引入竞争机制，可以增强跟岗培训的实效。一般来说，跟岗培训的时间可长可短，通常在 3 个月至 1 年之间，具体宜根据项目数量和项目难度来确定。跟岗培训要注意避免以纯事务性工作为主，否则难以实现在实践中提升的目的。

县域教育现代化监测团队建设的核心是对人的培养。除此之外，还要重视监测团队的基本装备建设。特别是在积累了一定的监测实践经验后，要注重开发建立适合监测团队的监测平台，构建相对稳固和完善的监测网络，促进县域教育现代化监测质量的不断提升。

第六章　县域教育现代化监测实施逻辑

县域教育现代化监测实施是依据监测方案获取数据，形成结果的过程。它是县域教育现代化监测从设计转变为实践的重要标志，在县域教育现代化监测中具有承前启后的作用。规范有序实施县域教育现代化监测可以高效地获得可靠的监测结果，为监测结果应用奠定坚实基础，实现以监测服务于县域教育现代化实践的目标。

第一节　监测的基本原则

监测原则是县域教育现代化监测必须遵守的基本行为准则。它是保证监测设计与实施的科学性、监测结果的可靠性和可信性的重要基础。在监测过程中，宜遵循对接原则、整合原则、诊断原则、应用原则。

一、对接原则

对接原则是指县域教育现代化监测主动与国家要求和战略对接。它是县域教育现代化融入国家教育改革和发展战略的重要要求。坚持对接原则可以在国家、省、市、县四个行政层级及县域内不同部门之间形成同向同力的局面，加快推进县域教育现代化。

对接原则是部分与整体关系在县域教育现代化监测上的反映。县域教育是国家教育体系的组成部分，国家教育发展战略的执行必然会通过县域教育得以体现、落实。县域教育现代化的推进是在国家战略指导下的具体实践。在推进县域教育现代化进程中，县域教育对国家教育发展战略执行的好坏影响着国家教育战略在全国的整体落实和实现程度，也影响着县域教育的发展好坏。国家教育发展战略的阶段任务与县域教育发展的阶段任务的吻合程度怎样、国家规定的阶段任务的达成度怎样，是县域教育现代化监测需要回答的基本问题。因此，主动对接国家要求和战略是由县域教育现代化是国家教育现代化的有机组成部分这一性质决定的。

对接原则的核心是遵循政策导向和目标导向。作为我国教育改革和发展的重要方向，教育现代化已经从早期的号召转化为了全国一盘棋的实践，国家出台了一系列的政策加以保障和引领，细化了不同阶段的重点任务，形成了推进教育现代化的路线图、时间表。坚持对接原则开展县域教育现代化监测，就是要通过对各项工作是否如期达标的准确判断，促进县域教育现代化在总体方向上与国家要求保持一致，保障县域教育现代化的底线水平，保障县域教育现代化与国家教育现代化步调一致，实现县域教育促进地方经济发展，维护社会稳定和发展的目标。同时，对接原则并不否认地方实践的创造性。在遵循国家要求的基础上，县域教育可以进一步创新，更好地服务地方经济社会发展，办好更高质量的教育，提高人民群众的满意度，增强人民群众的获得感。

县域教育现代化监测的对接原则表现为战略对接、政策对接、任务对接三个基本方面。从战略对接来看，县域教育是否体现了教育的社会主义属性，是否与国家规定的大政方针一致，是否体现了国家对教育公平、正义方面的要求，是否以落实立德树人为根本任务等是反映县域教育现代化是否与国家战略对接的重要方面。政策对接则是县域教育是否体现了依法治教，是否全面贯彻落实国家的政策要求，县域内的各项教育政策能否为县域教育现代化提供有力保障等是反映县域教育现代化是否与国家政策对接的重要方面。任务对接则是指县域教育现代化的阶段任务是否与国家的整体规划相一致，其中，县域教育现代化水平是超前于还是滞后于国家教育现代化，是判断任务落实程度的重要方面。总之，对接原则通过对战略、政策、任务的落实情况的关注，引领县域教育现代化推进工作积极落实国家规定的各项标准，保证过程与结果的质量。

二、整合原则

整合原则是指将县域教育现代化置于经济社会发展的宏观背景中进行设计与实施。它是实现常态化监测、常态化应用监测结果的重要前提。

整合原则关注的是政府教育职责的落实。教育是民生事业，是公共服务的重要内容，是经济社会发展的重要组成部分。县域教育与地方经济社会发展有着密切关系。地方经济社会发展为教育发展提供了重要的物质和经济等方面的支撑，教育发展则会为地方经济社会发展提供重要的人力资源支撑。办好教育、提高教育质量在我国教育法律体系中有明确规定。推进县域教育现代化是各级政府的重要责任。开展县域教育现代化监测要构建以整合为特征和手段的监测指标体系，以实践为基础，整合多种渠道、多项文件的要求，将县域教育现代化监测融入对县级政府履行教育职责的考评之中，充分发挥监测的整体带动、推进作用。通过结果反拨过程，推进监测结果应用，推进县域教育现代化工作改进，形成推进县域教育现代化的整体合力。

整合的关键是处理好整体与局部的关系。推进县域教育现代化是一个长期的工作，将此项工作纳入地方经济社会发展规划，持之以恒的调动各种资源、推进实践方能取得预期的成效。从宏观视角来看，县域教育现代化要整合于经济社会发展的整体之中，通过纳入规划及实施，实现教育与经济社会发展协调发展；从具体实施来看，发展教育的手段、资源需要通过一定的指标加以整合，形成一个整体，成为改进县域教育现代化的整体力量。因此，整合既是推进县域教育现代化的实践要求，也是开展县域教育现代化监测的要求。开展县域教育现代化监测要处理好推进县域教育现代化与开展县域教育现代化监测的关系，推进监测工作与发展任务的协调。把阶段任务与长远目标结合起来，以阶段任务的完成推进长远目标和规划的落实，以长远目标和规划引领、指导阶段工作的开展，实现对推进县域教育现代化的多种因素的系统聚焦，形成持续的推动力量，推进县域教育现代化的发展不断从量变向质变飞跃。

县域教育现代化监测的整合主要通过指标整合、力量整合、方式整合来实现。从指标整合来看，抓住"关键少数"尤为重要。监测指标设计宜按"以一带多，以一整多"的思路将推进县域教育现代化的关键环节、关键要素纳入其中，发挥监测指标对实践工作的牵引作用。从力量整合来看，推进县域教育现代化需要县域内甚至上级及外部力量的深度参与。宜立足于基于本域，争取外援的思路，统筹多方面的力量推进县域教育现代化，使汇聚的力量能够有助于落实县级责任，充分发挥县级主体的主导作用、主责作用，切实履行好县级政府的法定教育职责。从方式整合来看，合理的方式可以发挥事半功倍的效果。宜按县域教育现代化一盘棋的要求，统筹考虑推进县域教育现代化和县域教育现代化监测，将监测置于县域教育现代化的统一规划中，整体设计、整体推进，形成对县域教育现代化的多维度、多方式的系统聚焦。

三、诊断原则

诊断原则是指利用多种方法对县域教育现代化现状作出分析、判断。特别是对存在的不足及其原因进行精准判断。诊断的深层理念是问题导向，以标准为判断依据，以县域教育现代化的实际状态为事实依据。它对于明了成绩与不足，调整对策，改进工作具有重要意义。

诊断原则是对事物发展变化规律性的承认。任何事物都是存在于一定的空间和时间范围内的，有一个发生、发展、变化的过程。县域教育现代化并非一个一蹴而就的过程，其进程受主客观条件的制约，可能会遇到各种困难，出现各种反复。县域教育现代化监测瞄准县域教育的当前状态，追溯过去一段时间的县域教育实践，引领县域教育未来一段时间的发展。开展县域教育现代化监测要突出对县域教育的全面诊断，对一定时间内县域教育的成绩和问题进行精准的数量化描述。通过诊断，明确县域教育现代化工作的优势与不足，指导县域教育现代化工作的改进。

县域教育现代化监测诊断的核心是对标分析。标准是对县域教育现代化应当达到的状态的规定，也是对其诊断的基本依据。县域教育现代化标准是通过国家教育现代化建设要求反映的，它涉及时间和质量的要求。以标准为依据，充分运用比较思维，不断提高监测的精准性和时效性是县域教育现代化监测的重要要求。首先，要突出精准性。县域教育现代化监测要以标准为基本依据，通过与标准比较，发现县域教育现代化进度是快还是慢，质量是好还是坏。通过不同视角的比较，发现问题所在，明确县域教育发展的优势和短板。离开了比较的诊断，是一种不全面的诊断，甚至可能是盲目的诊断。离开了标准的县域教育现代化监测可能陷入仁者见仁，智者见智，难以统一的窘境。其次，要体现时效性。严重滞后的监测对于工作改进缺少实际的指导意义，也会削弱人们对监测的认同感。对于一个县域的教育现代化成效的判断，应当尽可能缩短监测实施与结果报告反馈之间的周期，为改进工作提供及时的、可参考的报告。最后，要具备归因意识。以客观事实为基础，借助于大数据分析的优势，力求透过现象看本质，通过样本发现整体的特征，发现普遍性问题，举一反三，发现导致县域教育现代化滞后、产生短板的具体原因、深层原因，防止异常数据的误导，从而为提出可行的、有针对性的对策奠定基础。

县域教育现代化监测结果要听取多方面的意见。县域教育现代化涉及众多的因素。对县域教育现代化作出判断和结论，不仅要依据相关的数据和事实，还要善于听取不同群体的意见，特别是利益相关者、具体工作的实施者的意见，了解实践产生的成效，了解实践中的具体问题和困难。肯定成绩而不回避问题，发现问题而不漠视成绩是教育监测的重要特点。管理学中的木桶原理告诉我们，只有发现短板并加以弥补才能实现木桶的最大效益。发现问题是改进工作的重要前提。作为诊断的县域教育现代化监测要突出问题导向，要善于、敢于发现工作中存在的问题，特别是通过大规模监测发现普遍性问题、长期性问题、关键性问题、顽固性问题，为解决问题奠定基础和前提。发现县域教育现代化的短板，才会有的放矢，提高工作成效，全面实现县域教育现代化的目标。

四、应用原则

应用原则是指着眼于实践改进来组织实施县域教育现代化监测活动。它是将县域教育现代化监测与县域教育现代化实践结合的重要准则。坚持应用原则可以基于实践形成实践→监测→实践→监测的循环体系，使县域教育现代化监测服务于推进县域教育现代化实践。

应用原则是循证决策的具体体现。推进县域教育现代化是具有现代治理性质的实践活动，从实际出发是推进县域教育现代化的客观要求。县域教育现代化监测的应用既包括将县域教育现代化监测作为治理手段来应用，也包括将县域教育现代化监测结果作为证据来应用。从手段的视角来看，运用县域教育现代化监测这一手段可以掌握县域教育现代化的实际状况，提高县域教育治理水平。从结果的角度来看，监测获得的结果是对实际状况的数量化描述，也是改进工作、促进发展的基本证据。将县域教育现代化监测结果应用于推进县域教育现代化实践，有利于及时把握不断发展变化的县域教育的实际状况，调整和优化推进县域教育现代化的策略。通过应用，县域教育现代化监测的成果才能实现有效的转化，成为推动县域教育现代化发展的现实生产力。

县域教育现代化监测的应用要突出问题导向和实践导向。认识问题、解决问题是一切实践活动的根本任务。县域教育现代化涉及不同的责任主体，监测发现的问题是引领不同主体分析问题产生的原因，主动探寻解决和改进的方案的重要起点。众多主体的参与，将会使问题分析与实践的视角更加丰富，形成多主体深度参与的态势。在推进县域教育现代化实践中坚持低重心的思路构建应用体系，立足于实践的改进、改造确立应用的着力点，使县域教育现代化的推进工作落实在教育教学实践中，落实到县域推进的具体活动中，推进县域教育现代化从外延向内涵发展。应用县域教育现代化监测结果，要对问题加以梳理，形成问题清单，以问题改进为着力点建立整改应用方案，形成应用的实践合力。特别是县级政府、教育归口管理机构、教育实践工作者要善于从问题中发现自己承担的责任，切实履行好相应的职责，突出链式思维，主动勾联前后要素，形成改造实践的链条。

县域教育现代化监测的应用要重点关注机制优化、资源配置、实践创新等要点。首先，要着力于长效机制优化。体制机制在推进县域教育现代化实践中具有不可替代的作用。县域教育现代化监测是教育管办评分离的重要组成部分，为科学的现代治理提供着重要证据。要在分级管理的前提下，将县域教育现代化监测纳入现代治理能力建设之中，处理好"上级统筹，本级主体"的基本运行方式，减少中间环节，建立与国家"放管服"改革总体要求一致的教育治理体系，提升教育治理现代化的能力，使治理体系与教育现代化要求匹配，使县域教育现代化监测服务于推进县域教育现代化实践。其次，要突出基础资源配置。基础资源在推进县域教育现代化中发挥着关键作用。离开了基础资源现代化是难以实现持续的教育现代化的。县域教育现代化监测要关注基础资源配置这个重点。从内容来看，既要关注以办学条件为基本内容的物的现代化，更要关注以教师为主体的人的现代化。通过人和物的现代化促进服务的现代化。最后，要鼓励实践创新。具体问题具体分析是应用的基本要求之一。"N+监测""监测+N"是教育监测走向应用的基本思路，也是县域教育现代化监测走向应用的基本思路。不同的地区面临的问题不同、同样的问题在不同地区会有不同的表现形式，也存在着不同的产生原因。"N"的不确定性正是对各地实际情况不同的承认，对应用策略多样性的肯定。如何在实践中将"N"加以具体化、实践化，需要不同的应用者充分地发挥智慧和创造力。"N"既是着力于教育内部的，也是着眼于教育外部的。要善于整合教育内外力量、区域内外力量，建立加快推进县域教育现代化的实践体系，不断优化县域教育现代化的实践。监测与县域教育现代化实践的关系如图 6-1 所示。

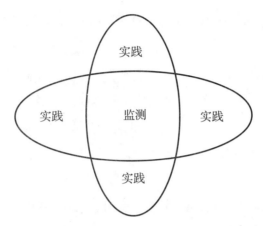

图 6-1　监测与县域教育现代化实践关系示意图

　　监测结果是对客观事实的反映。主体的职责和应用视角的不同，决定了县域教育现代化监测和应用是丰富多彩的。在县域层面、学校层面，推进教育现代化的具体任务并不相同，宜根据监测结果和实践基础创造性地开展教育现代化实践。

第二节　监测的主要内容

　　教育现代化的丰富性决定着教育现代化监测应当精选其关键内容。县域教育现代化监测包含着区域性与现代化两个方面的要求。其中，区域性决定着县域教育现代化监测要从中宏观视野出发选择相关的要素进行观察和测量。现代化的基本定位则决定着县域教育现代化监测不可将其质量要求置于一个低水平状态。实施县域教育现代化监测要重视对制约区域教育事业发展的要素及区域教育发展所达到的水平的了解和判断，反映县域内不同教育形态的现代性增长情况，以便为服务决策、改进实践提供参考依据。

　　监测模型对县域教育现代化监测内容的选择有很大的影响。从国际上的教育监测来看,国际上通常采用的是 CIPP 模型。CIPP 模型以关注背景、输入、过程、产出等为特色,具有较好的认可度,是一种广泛应用于区域教育监测的基本模型,也是目前我国发达地区用于监测当地教育现代化水平的基本模型。基于这一监测模型所构建的指标则反映着具体监测内容。通常,作为核心指标,起码应具备如下三个方面的品质:一是敏感度高,二是覆盖力强,三是可观测到。[1]着眼于发展背景、教育投入、教育过程、教育产出四个重点,县域教育现代化监测的主要内容可以聚焦到条件与保障、普及与公平、过程与质量、服务与贡献等方面,形成县域教育现代化监测框架和相应的指标体系。

小资料

CIPP 评估模型

美国学者斯塔弗尔比姆(D. L. Stufflebeam)1967 年在对泰勒行为目标模式反思的基础上提出了 CIPP 评估模型。

CIPP 评估模型由四项评估活动的首个字母组成:(1)背景评估(Context evaluation),(2)输入评估(Input evaluation),(3)过程评估(Process evaluation),(4)成果评估(Product evaluation),简称 CIPP 评估模型。这四种评价为决策的不同方面提供信息,所以,CIPP 模型亦称决策导向型评价模型。

全程性、过程性和反馈性是 CIPP 评估模型的显著特点。

资料来源:百度百科, https://baike.baidu.com/item/CIPP%E8%AF%84%E4%BC%B0%E6%A8%A1%E5%9E%8B/15735660?fr=aladdin.

---

[1] 杨小微,等.指标与路径:中国教育迈向现代化 [M].北京:教育科学出版社,2020:113.

一、条件与保障

条件与保障是县域教育现代化的基础资源及供给。教育与其他社会活动都是以一定的基础条件与保障为基础的。难以期望一个地区的教育发展能够在长期的低条件、低水平保障下获得稳定的、长期的高质量、高回报。从现实来看，教育作为社会中的一个行业，需要大量的投入才会有较高的产出。如果投入不足，那么会导致从业人员的流失、基础资源的短缺。基础教育是公益性的民生事业，因此，基础教育在许多国家都是以政府投入、政府保障为主的。在推进县域教育现代化进程中，政府的投入和保障显得尤为重要。例如，世界上普遍以教育经费是否达到当年 GDP 的 4% 作为衡量一个国家或地区教育投入是否达到基本标准，是否能够满足发展教育事业、维持教育正常运行的基本判断标准。长期以来，我国坚持穷国办大教育的策略支撑起了世界上最大规模的基础教育。目前，我国的教育水平已经达到了世界中上水平，正在向现代化迈进，要实现《中国教育现代化 2035》规定的目标，仍然需要持续加大投入，提高教育的基础条件和保障水平。由于县域差异大、发展水平不一致，在许多地方客观上存在着保障力度弱、办学条件差的现实。因此，从一定意义上讲，一个地区的教育条件与保障的好坏是由教育投入水平决定的，是教育投入高低的直观反映，持续地关注县域教育的条件与保障是县域教育现代化监测的重要内容之一。

办学基本条件是条件与保障水平高低的直接反映。办学基本条件包括基础的物质条件和师资配备两个核心组成部分。每个地区的发展阶段和发展目标不同，办学基本条件设立的标准亦有不同。例如，普及义务教育、基本均衡发展义务教育、优质均衡发展义务教育是我国自 20 世纪 90 年代以来在义务教育领域以不同发展目标为指导的三种发展策略。这三种水平下的学校办学条件评价标准是有较大区别的。不同时代的标准是为实现不同的任务服务的，是以不同的经济基础为支撑的，是可行性与现实性的统一。当前，我国的县域教育从整体上看，普及程度不断提高，人民群众对优质教育资源的需求不断提升，将国家教育发展的最新要求作为县域教育现代化监测的具体内容和指标，可以实现国家政策与县域教育现代化监测的融合。国家的最新要求实际上也是教育现代化在当前阶段发展任务的具体体现。在条件与保障方面,《县域义务教育优质均衡督导评估办法》《县域学前教育普及普惠督导评估办法》《"十四五"学前教育发展提升行动计划》《"十四五"县域普通高中发展提升行动计划》等文件是基于过去标准的升级与更新,具有牵一发而动全身的功效。当前及未来较长一段时期,县域义务教育发展更加强调的是优质均衡,并设定了用于评价基本资源配置的评价标准和用于评价校际差异的评价标准。这些标准对于提高区域教育质量,缩小县域内城乡差异、校际差异具有非常重要的指导性,宜将其中的关键指标作为具体监测指标,通过监测判断当前县域教育办学条件的达成度,引领、督促政府加大投入,特别是针对现实办学条件中的短板精准投入,防止单纯地追求物质投入的现象,造成物质投入的浪费。

二、普及与公平

普及与公平是指县域内的居民享有的受教育机会的平等性。受教育是人的基本权利之一。公民的受教育权利受到国家法律的保护。《中华人民共和国宪法》明确规定"中华人民共和国公民有受教育的权利和义务。"对于特殊人群则规定"国家和社会帮助安排盲、聋、哑和其他有残疾的公民的劳动、生活和教育。"《中华人民共和国教育法》进一步规定"公民不分民族、种族、性别、职业、财产状况、宗教信仰等,依法享有平等的受教育机会。"教育普及是教育现代化的首要标志。[1]教育公平是教育现代化的重要基石。保障法律赋予公民平等的受教育权利是各级政府应当履行的基本教育职责。

我国在普及基础教育、保障公民的受教育权利方面已经取得了举世瞩目的成就。从涉及县域教育的相关指标来看,2019年,全国共有学前教育入园幼儿1688.23万人;在园幼儿4713.88万人,比上年增加57.46万人,增长1.23%。学前教育毛入园率达到83.4%,比上年提高1.7个百分点。全国义务教育阶段学校招生3507.89万人,在校生1.54亿人,九年义务教育巩固率94.8%。招收各种形式的特殊教育学生14.42万人,比上年增加2.07万人,增长16.76%;在

---

[1] 陈如平. 基础教育现代化的十年征程 [J]. 中国教育学刊,2022(10):49-54.

校生 79.46 万人，比上年增加 12.87 万人，增长 19.32%。全国高中阶段教育共招生 1439.86 万人，比上年增加 90.11 万人，增长 6.68%；在校学生 3994.90 万人，比上年增加 60.23 万人，增长 1.53%。高中阶段毛入学率 89.5%，比上年提高 0.7 个百分点。[1]2021 年，全国学前教育毛入园率达到了 88.1%，比 2012 年提高了 23.6 个百分点，实现基本普及。全国小学的净入学率达 99.9% 以上，初中的毛入学率保持在 100% 以上，已实现全面普及。高中阶段教育毛入学率达到 91.4%，比 2012 年提高了 6.4 个百分点。[2]

县域教育现代化是更加公平、更高质量的发展阶段。对于未正常接受教育的少数人的受教育权利的关注和保障是现代化进程中需要进一步解决的问题。因此，县域教育现代化监测对普及与公平的关注要重视以下问题，进一步助力公民受教育权利的落实。

普及率的变化。适龄儿童少年的入学情况、在校受教育情况是直接反映公民受教育权利是否得到保障的重要指标。从县域教育来看，学前教育、义务教育、高中阶段教育三个学段的学生入学情况、普及率的变化程度，反映了政府保障公民受教育权利力度的大小。基础教育的全面普及和巩固是反映县域教育是否保障法律赋予公民的受教育权利的重要指标，也是衡量县级政府履行法定教育职责的重要指标。如，2017 年《国务院办公厅关于进一步加强控辍保学提高义务教育巩固水平的通知》明确要求"确保实现到 2020 年全国九年义务教育巩固率达到 95% 的目标。" 这也是衡量县域教育在义务教育阶段发展水平和质量的底线指标。监测县域内不同学段的普及率，可以及时了解和掌握县域内发生的学生流动流失情况，为采取有力措施减少学生辍学提供依据。

特殊群体的入学情况。与正常群体相比，特殊群体在就学方面处于弱势地位。县域中特殊群体入学问题主要是聋、哑、残儿童入学，智障儿童入学，抑郁症儿童入学以及进城务工人员子女入学、返乡人员子女入学、失地农民子女

---

[1] 教育部 . 2019 年全国教育事业发展统计公报 [EB/OL]. http://www.moe.gov.cn/jyb_sjzl/sjzl_fztjgb/202005/t20200520_456751.html.

[2] 教育部 . "教育这十年" "1+1" 系列发布会⑮介绍从数据看党的十八大以来我国教育改革发展成效 [EB/OL]. http://www.moe.gov.cn/fbh/live/2022/54875/twwd/202209/t20220927_665276.html

入学、偏远地区（乡村、山区）的孩子入学权利保障等。这类人群比其他的群体面临失学的机会更多，他们的入学情况是反映县域教育现代化水平的重要指标。这些人群入学权利保障是教育发展中的薄弱环节，也是在推进县域教育现代化进程亟待解决的重要问题。监测县域内特殊人群的入学情况，可以促进政府依法保障弱势群体的受教育权利。

就学公平情况。就学公平即学生选择优质教育资源的机会公平。县域内的教育公平表现为城乡之间、人群之间、校际之间的差距在合理、可控的范围内。现阶段，我国推进城乡一体化发展、规定义务教育采取就近入学的原则、要求普通优质高中学校招生名额要分配到县域内的初中学校、要求控制义务教育和普通高中的班额、校额，这些其实就是落实教育公平的重要举措。义务教育就近入学的法定原则、普通高中优质学校招生名额分配到校、大班额、大校额问题的解决等落实情况也反映着县域教育公平的实现程度。监测县域内不同学段学生的公平就学情况，可以促进依法治教在县域教育治理中的具体落实。

三、结构与质量

结构与质量是指县域内不同类型的教育的构成与所达成的质量。合理的结构和优良的质量是保障县域教育持续发展的重要基础，也是满足人民群众对优质教育资源需求的重要前提。从教育内部来看，结构与质量反映着县域教育发展的结果；从教育外部来看，结构与质量反映着县域教育过程的合理性。根据不断变化的人口情况及时调整学校布局和规模，使人民群众能够享受优质教育资源是关键。

结构是县域教育现代化的基本问题。一个县域内的教育结构除了与其人口分布有关外，还与学校布局、教育投入、教育管理等密切相关。县域内的教育结构在很大程度上影响着区域内不同学段的人民群众是否"有学上"、能否"上好学"。从结构来看，县域教育涉及学前教育、义务教育、高中阶段教育等不同阶段的学校的结构，也涉及家庭教育、学校教育、社会教育的构成，以及由此而产生的教育投入分配情况。"入园难""入园贵""城挤、乡弱、村空"等现象实际上是结构不合理的直接反映。县域内教育结构与人口数量分布是否匹配、与人民群众的期望是否匹配等是反映县域教育结构是否合理的重要指标。监测县域教育结构有助于为政府优化教育投入，及时调整学校布局，充实不同学段的学位提供依据。

质量是县域教育现代化的核心问题。质量是县域教育结果的重要反映，关系到社会和谐发展、国家长治久安，是党中央关心、百姓关切、社会关注的重大问题，其核心是学生全面发展达到国家的要求。县域教育质量的衡量指标是立德树人根本任务的落实程度、学生德智体美劳全面发展程度。对质量的分解与判断是一个复杂的问题，从监测的视角出发，引用国家权威的测试结果则可以使这个问题变得相对简单，且保证监测结果的权威性。如，各学段学生毕业情况、义务教育阶段学生参加国家或省级义务教育学业质量监测的结果、高中阶段学生升入高等学校深造率、职业学校学生就业率等都是反映县域教育质量的重要指标。在普及与公平达到较高程度后，质量反映着实质公平，受人民群众的长期关注，是社会评价教育的重要指标。监测县域教育质量旨在反映对人民群众"上好学"愿望的满足程度，以质量指标引导县域教育现代化不断优化区域内的教育质量管理和县域内的教育教学实践，引导县域内的教育资源配置，促进县域内教育协调发展、整体提升。

四、服务与贡献

服务与贡献是县域教育发展的产出及社会影响。教育是经济社会发展的组成部分。只有教育与经济社会良性互动，才能促进社会协调、持续发展。现代化的县域教育不仅需要经济社会提供支撑，而且也以相应的产出支撑经济社会发展。县域教育现代化的产出集中反映在人的受教育年限、教育机构服务能力、人民群众对教育的满意度等方面。

新增劳动人口的人均受教育年限的增长。人均受教育年限是衡量一个国家或地区人口素质高低的重要指标。人均受教育年限越高，意味着劳动人口积累的知识越多，顺利掌握现代技术的可能性越大，越能适应技术革新和新生产组织方式、劳动方式。不断提高劳动人口人均受教育年限是世界发达国家的重要经验。从世界范围来看，2018 年人均受教育年限就已达 10 年，其中，发达国家已经达 15 年。2020 年人口普查数据表明，与 2010 年第六次全国人口普查相比，全国人口中，15 岁及以上人口的平均受教育年限由 9.08 年提高至 9.91 年。[1]根据我国的现行学制，基础教育是由义务教育、高中阶段教育组成的，而县域教育是以基础教育为主的，因此，如果能够普及高中阶段教育，那么，新增劳动人口的人均受教育年限将会接近 12 年或在 12 年以上。反之，如果仅普及九年义务教育，那么，新增劳动人口的人均受教育年限则难以超过 10 年。监测一个国家或地区的新增劳动人口的人均受教育年限，对于促进经济社会转型具有重要意义。在提升国民教育水平方面，我国的《教育发展"十四五"规划》提出"十四五"时期，我国高中阶段教育普及率将达 95%。关注新增劳动人口的人均受教育年限可以了解县级政府发展当地高中阶段教育的情况，促进县域教育积极稳妥地扩大高中阶段教育规模，提升本地人口素质，从而为提高整个国家的新增劳动人口的人均受教育年限作贡献。

县域教育机构服务地方经济社会的能力。除了承担基础教育任务的学校外，成人教育、社会教育机构也是县域内的重要教育机构。这些机构服务县域经济社会发展的能力是衡量县域教育现代化水平的重要指标。特别是成人教育机构的培训人数和质量直接反映着县域教育对县域经济社会发展的服务作用。社会教育机构的建设及普及程度则反映着人民群众获得其所需要的教育的便捷性。成人教育机构、社会教育机构可以直接武装县域内的成年人的头脑，更新其知识、技能，以适应经济社会的发展，提高个人生活品质。在终身教育时代，为成年人接受教育提供机会也是县级政府的重要职责。监测县域教育机构服务地方经济社会的能力，可以引导各级政府加大投入，促进学习型社会的形成。

人民群众对本地教育的满意度。满意度是衡量县域教育现代化的一个间接指标。人民群众是教育的直接利益相关者，教育发展得好不好，他们最有发言权。

[1]国家统计局，国务院第七次全国人口普查领导小组办公室. 第七次全国人口普查公报（第六号）——人口受教育情况 [EB/OL]. http://www.stats.gov.cn/ztjc/zdtjgz/zgrkpc/dqcrkpc/ggl/202105/t20210519_1817699.html.

因此，满意度实际上是人民群众对教育发展的综合体验和评价。从某种意义上讲，当教育的发展质量、水平符合了人民群众的期望，就可能会获得人民群众的好评。反之，则可能引起人民群众的不满。随着人民日益增长的美好生活需要和不平衡不充分的发展之间的矛盾成为我国社会的主要矛盾，县域教育现代化必须及时回应人民群众关切的问题，破解人民群众急难愁盼的问题。人民群众对本地教育的满意度是民意的重要反映，监测县域教育满意度尤其要重视不同主体的体验和感受，防止以偏概全，甚至以少数实得利益者的感受代替广大人民群众的感受。

总体来看，条件与保障、普及与公平、结构与质量、服务与贡献涉及县域教育现代化的背景、投入、过程、产出，旨在对县域教育现代化进行全面的、全过程的评价、诊断，以助力县域教育现代化精准推进、高效推进。测评框架需要在国家教育一致性和地方多样性之间找到适当的平衡。[1]教育现代化只有进行时，结合 2035 年国家教育现代化目标、县域教育的基本构成、县域教育事权匹配的原则，依据不同的关注重点，综合教育现代化监测所具有的超前性、引导性、现实性及县域教育的区域结构，可以形成县域教育现代化监测的简约框架和生态框架。

简约框架着眼于支撑教育发展的直接因素及教育自身发展状况而设计指标体系，重在对县域教育的直接基础支撑及自身发展的关键指标作出判断分析。生态框架着眼于支撑县域教育发展的区域环境和教育自身发展与环境互动的状况而设计指标体系，重在将教育置于社会宏观环境中加以观察、分析。生态框架是比简约框架要求更高的监测框架，对达成监测目标的支撑条件要求更高。生态框架、简约框架反映了县域教育现代化监测关注的重点不同，可以适用于对不同发展阶段的县域教育现代化监测。从实施的角度来看，简约框架及其监测指标关注的是直接与教育相关的关键问题，在数据采集上具有易得性，而生态框架及其监测指标关注的是县域教育能否可持续发展，部分指标的数据采集易得性不足，可以根据县域教育现代化发展阶段选择适合的框架并研发相应的

---

[1]经济合作与发展组织.为了更好的学习:教育评价的国际新视野[M].窦卫霖,等译.上海:上海教育出版社,2019:14.

监测指标体系。通常，当县域教育现代化处于初级阶段时，选择简约框架的较多；当县域教育现代化发展到较高水平时，选择生态框架的较多。县域教育现代化监测简约框架见表6-1所列，县域教育现代化监测生态框架见表6-2所列。

表6-1　县域教育现代化监测简约框架

一级维度	二级指标
条件与保障	办学条件达标率
	生师比
	学校数字教育资源达标率
	财政一般公共预算支出增长情况
	教师人均工资收入水平
普及与公平	适龄幼儿入园率
	高中阶段学生入学率
结构与质量	普通高中与职业学校学生比率
	中级及以上专业职务教师比率
	义务教育学生学业水平合格率
服务与贡献	新增劳动力平均受教育年限
	县级教师培训机构办学效益

表6-2　县域教育现代化监测生态框架

一级维度	二级指标
条件与保障	办学条件达标率
	生师比
	绿色学校比率
	学校数字教育资源达标率
	财政一般公共预算支出增长情况
	教师人均工资收入水平
	县级政府履行教育职责评价情况
普及与公平	适龄幼儿入园率
	高中阶段学生入学率
	特殊教育学生义务教育普及率
	城乡学校均衡系数（差异系数）
	义务教育权力清单公开达标率

续表

一级维度	二级指标
结构与质量	普通高中与职业学校学生比率
	音体美专职教师比率
	中级及以上专业职务教师比率
	按国家要求开课率
	义务教育学生学业水平合格率
	普通高中学生毕业率
服务与贡献	新增劳动力平均受教育年限
	县级教师培训机构办学效益
	社区教育机构普及率
	第三方评估绩效水平

　　依据以上监测框架，以先行国家和地区的教育发展指标为参照，审视本地区的教育发展需要，[1]特别是县域教育现代化的需要，可以进一步深入到县域教育现代化的关键点位，形成更加细化的监测点，利用权威渠道、科学方法采集数据，实现对县域教育现代化发展水平、进程等的判断。

第三节　监测的主要程序

　　监测程序是获得预期监测结果应当遵循的基本工作环节和步骤。规范的程序可以克服县域教育现代化监测因主体不同而出现消极异化的问题，减少监测过程的随意性，增强获得的结果的可比性，让监测结果能够经受不同主体、不同视角的质疑。组织工作越大，就越需要仔细考虑活动、资源和评估与总体目标的顺序和关系。[2]从启动到获得预期的结果，县域教育现代化监测可以分

[1] 荀渊,等.上海教育2035战略规划研究[M].上海：华东师范大学出版社,2020:133.

[2] [美]卡尔·D.格里克曼,斯蒂芬·P.戈登,乔维塔·M.罗斯-戈登.教育督导学：一种发展性视角[M].任文,译.上海：华东师范大学出版社,2021:203.

为方案设计、监测培训、监测实施、监测反馈四个主要工作环节。

一、方案设计

方案是组织实施具体监测活动，以完成监测任务，获得预期监测结果的基本操作文本。它是对监测的活动程序的事先设计、建构，是指导监测活动顺利开展的基本依据。一个完整的、细致的方案，可以保证监测活动的顺利推进，减少监测的随意性。设计监测方案是组织实施监测活动的重要基础工作之一。

方案的基本内容。一个完整的监测方案是围绕"监测谁、测什么、怎么测"这个核心操作问题展开的。从形式结构来看，县域教育现代化监测方案包括监测目的、监测内容、监测样本、监测数据采集、监测数据处理、监测步骤、监测方法、监测结果、保障措施等基本部分。监测目的是对监测应当达到的目标的规定，是整个监测工作的基本定位，决定着监测活动的基本内容和具体程序。在确定监测目的之前，监测团队应根据监测主题广泛征求委托方的意见，与委托方进行多轮深度交流沟通，准确地表达监测目的。监测内容是对达成监测目标应当采集的基本数据、信息的规定。它是对监测主题的具体化，是监测主题的外延式分解。监测样本规定的是以谁为对象实施监测。通过监测样本反映总体的代表性是确定样本的基本要求。监测数据的采集是对基础数据的来源、采集方法、采集时间等要素的规定。它是通过一系列的监测工具来实现的。监测数据的处理则是对采集到的数据的整理、运算等方面的规则的规定。监测步骤则是对监测活动的先后安排。明白基本步骤是对相关人员进行组织协调，有序推进监测工作的重要前提。监测方法是指运用哪些具体方法进行数据采集与处理。它是获取信息，形成结果的关键。监测结果主要是对监测取得什么样的工作成果的预期。它是监测活动达成其预定的直接目标的重要标志。保障措施是对参与监测的不同主体的职责及其实现的基本规定。总之，监测方案是在实施监测活动前必须完成的基础文本，也是监测活动的施工图、时间表，操作性是其显著特征。

监测方案应将监测工具研发纳入其中。县域教育现代化监测方案既要对监测活动作出整体的安排部署，还要依据监测的需要研发相应监测工具。在县域教育现代化监测中，监测工具是互补的、各有侧重的系列工具。从内容上看，监测工具聚焦于关注的主题并将相关内容具体化，以方便相关信息和数据的采集。对具体的监测要点的选择直接指向县域教育现代化的关键要素，并从反映关键要素基本现状的指标和相关背景着手设计具体的题目或填报要点。其中，背景方面的监测工具重点指向关键要素背后的管理者、实践者、利益相关者的思想认识、具体行动、县域教育所处的经济社会发展水平等。从形式上看，监测工具可以是问卷、报表、专题报告等。宜根据监测内容，选择恰当的形式将工具具体化。

监测方案设计要注重力量整合。一个良好的县域教育现代化监测方案是群策群力的结果。监测方案制定的过程是监测团队与委托方不断交流沟通和广泛征求意见的过程。特别是大规模的县域教育现代化监测，除了与委托方进行深度的交流沟通外，还需要进一步征求相关专家和利益相关者的意见，以对监测方案作进一步的完善，增强其可操作性，获得真实可靠的结果。作为监测工具的相关问卷、报表等，主要依靠专业力量完成。在设计过程中需要通过反复的论证、征求意见，保证监测工具的基本信度和效度，使之符合测量学的基本规范和质量要求。用于工作部署的方案，则以操作性为基本取向，对工作要点、完成方式及责任主体进行对应性部署安排，以保证县域教育现代化监测的顺利实施。

二、监测培训

监测培训是向参加县域教育现代化监测活动的工作人员传授相关理论、技术要领的专项活动。它是县域教育现代化监测实施工作的重要一环，对于保证大规模县域教育现代化监测活动的一致性、协调性，减少数据采集的失误具有重要意义。

监测培训包括理论培训、技术培训等内容。理论是县域教育现代化监测培训的首要内容。理论是行动的指导，缺少必需的理论储备常常会导致实践的消极异变，阻碍县域教育现代化监测的顺利实施。理论培训重点解决人员的思想认识问题，引导参与到县域教育现代化监测的不同主体进一步认识到县域教育现代化的重要作用，明确县域教育现代化监测的重要意义，掌握县域教育现代化监测的基本原理，形成开展县域教育现代化监测的认识基础。技术是县域教育现代化监测培训的关键内容。在县域教育现代化监测中，技术培训涉及的是怎么做这个关键问题，对于保证不同主体按照统一要求实施监测，获得符合设计要求的数据和信息具有基础作用。技术培训的重点是让参与人员掌握监测的基本步骤、操作要点，了解不同角色的责任、任务，知道于何时何处履行自己的职责，保证工作质量。

监测培训必须抓住关键少数。县域教育现代化监测是一个涉及众多人员、众多区域的专业活动。其实施是一个由设计、组织、执行等构成的过程。在这个过程中，不同层级的组织者、培训者是县域教育现代化监测的关键节点，对县域教育现代化监测能否顺利推进发挥着关键作用。对各地的组织者和培训者进行培训是县域教育现代化监测培训必不可少的。通过对具体负责组织本区域数据采集、活动实施的人员的培训，可以增强不同区域、不同层级之间的合作效能，形成监测网络的联动。实现不同监测主体之间的配合、合作，打消县域内不同主体对监测活动的利害关系的过度解读、担心，坚持以事实求是的态度参与到监测活动中，为获得真实的监测素材奠定基础。同时，也要加强监测主体自身的培训。通过对监测主体的培训，促进监测主体及时了解、掌握县域教育现代化的最新政策、开展县域教育现代化监测的新理念新方法，不断提升监测设计与组织实施的质量。

监测培训的方式要灵活，注重实效。从组织形式来看，要采取集中培训与分散培训结合的方式。对于县域教育现代化监测的总体要求，宜采取集中培训的方式，将县域教育现代化监测按时间节点统一推进。对于县域教育现代化监测的具体操作，宜采取分散培训的方式，以便详细解答和示范相关的技术要求和具体操作。从呈现方式来看，对于县域教育现代化监测的要求，除了一般的现场讲解之外，还可以采取纸质版、电子版、文字版、音频版、视频版等不同形式加以呈现，通过线下现场培训与线上网络培训的结合，让不同的参与者直观明了地理解各自承担的任务和时点要求，高效地推进监测实施工作。

监测培训要注意预案培训。除了普遍情况之外，要充分考虑县域教育发展水平的差异，针对不同地区特别是不发达地区可能出现的意外情况，制订至少两种以上的数据采集方式。明确不同方式适用的条件、启用的时机、对接的渠道等。预案培训是一种事前培训，要纳入县域教育现代化监测培训规划，严密组织实施培训，以保证县域教育现代化监测的顺利实施，减少意外情况发生造成监测数据的异质性。

三、监测实施

监测实施是对县域教育现代化监测方案的具体执行。它是监测方案从文本状态变成实践状态的关键。监测实施工作由监测团队的执行和监测对象的执行两个部分构成。其中，监测团队的执行是关键和主体，监测对象的配合则不可或缺。

监测团队的执行是关键。监测团队的执行在县域教育现代化监测中发挥着主导作用。监测团队的执行以启动方案设计为起点，以提交监测报告为终点，重点完成以下几个方面的工作。首先，文案设计。根据监测主题，将组织开展县域教育现代化监测的构想、要点细化为能够满足和指导县域教育现代化监测实施的相关文案，重点是工作方案、数据处理方案、结果报告方案等。其次，监测模型构建和监测工具研发。监测模型对推进县域教育现代化监测具有基础作用。宜依据县域教育现代化水平和实践需求构建起县域教育现代化监测的基本模型，或从经过实践证明的成熟模型中选择适合的模型。监测工具研发则依据监测指标的指向及法定数据、自采数据的特点研发系列化的监测工具。最后，建立协调沟通机制。县域教育现代化监测的协调重点是监测团队内部的协调沟通，监测团队与监测对象的协调沟通、与专家团队的协调沟通。监测团队内部要依据不同的分工加强相关情况的通报和行动的协作，力保按时间节点推进工作。与监测对象的协调沟通，宜按照定人定点定时的基本要求，了解县域教育现代化监测中出现的问题和困难，并提供相应的技术支持，促进问题的解决，按时优质地完成相关数据采集和信息上报工作。与专家团队的协调沟通，宜依据专家的专业特长向其分配相关工作、咨询相关意见，使参与县域教育现代化监测的专家组合成为一个可以满足实践需要的专家团队。

监测对象的配合不可或缺。县域教育现代化监测对象是由不同主体构成的。从区域层面来看，县域教育现代化涉及监测区域内的每一个县，需要安排不同的人员与之对接、跟进，保持全域工作步调的一致性；否则，可能因局部延误而延缓全域的工作，甚至影响监测结果的质量。从县域内部来看，相关数据的采集不仅包括教育系统内部的情况，也包括与教育相关的其他部门的情况的采集、报告。县级政府要建立由分管领导负责的协调机构和工作机制，统筹推进县域内的数据采集工作，防止和减少数据采集迟缓、虚假等情况的发生。

协调沟通要注重时效性。组织协调沟通是监测实施的关键。实现良好的协调沟通，要充分发挥各级的主动性，通过主动协调解决对监测理解不一致的问题，解决工作中遇到的其他问题和困难。监测实施机构要通过会议、公布咨询电话、微信、QQ 等平台信息，让监测参与主体能够知道有问题找谁、问谁、谁答等基本问题，便捷地解决实施中遇到的没有预估到的问题和困难。监测团队要对参与监测的其他主体的疑问、困惑作出及时回应，对实施中遇到的困难和问题要做好记录和整理，对于普遍性问题要认真研究后提供统一的解决方案，避免沟通不及时而造成重复劳动，甚至信息失真。对于当前无法解决的问题，则在后续的监测活动中不断完善，使县域教育现代化监测不断走向科学化。

四、监测反馈

监测反馈是指县域教育现代化监测团队将监测情况向相关主体作出说明、解读的活动。它是县域教育现代化监测实施的重要组成部分，也是县域教育现代化监测结果走向应用的基础。监测反馈对于促进县域教育现代化监测不断走向常态化实施，不断提升县域教育现代化监测质量具有重要意义。及时、精准地实施监测反馈是县域教育现代化监测的客观要求。

　　监测反馈的内容要全面。从监测的设计、实施过程和结果等方面予以全面反馈是县域教育现代化监测反馈的基本要求。监测设计反馈是对监测的基本出发点、监测原理、监测模型等的说明与解读。这种反馈有利于相关的主体准确、深刻地理解县域教育现代化监测的意义，消除对县域教育现代化监测的误解。监测过程反馈是对监测的实施，特别是数据采集过程存在的优点、不足等方面的说明与解读。对监测实施中存在的优点与不足的反馈，其反馈对象可能是县域教育现代化监测的委托方，也可能是受测方。这种反馈其实是一种反思性总结、点评，旨在不断提高监测工作的过程质量，进而提高结果质量和监测工作的整体质量。结果反馈是对监测结果进行通报，其反馈主体可能是县域教育现代化监测的委托方，也可能是受测方，还可能是社会公众。这种反馈的实质是情况通报或告之，是对监测知情权的尊重，旨在促进对监测结果应用，即通过知晓监测结果，以指导实践工作的改进、调整、优化，并服务于决策。结果反馈是监测反馈工作的重点和核心。

　　监测反馈有多种实施方式。从反馈时机来看，常见的监测反馈有即时反馈和延时反馈两种方式。即时反馈就是指在县域教育现代化监测工作尚在进行中或刚结束时就反馈相关情况，主要适用于过程反馈或非正式的反馈，重在征询委托方或监测对象的意见，发现和更正不足，以便于推进或调整监测工作。延时反馈则是指工作结束后间隔一段时间才进行情况反馈，其反馈的内容全面准确，是正式反馈的主要形式。从反馈对象参与的数量来看，监测反馈可以分为集体反馈和个别反馈两种方式。集体反馈通常是将多个监测对象集中在同一场地、同一时段进行反馈。它可以通报整个监测实施的整体情况，及县域教育现代化的阶段性特点与趋势、普遍存在的问题与不足等。个别反馈则聚焦于某一个县域或同类县域对监测情况进行通报，更加强调在肯定成绩的基础上突出问题，通过肯定成绩、发现问题指导县域教育现代化工作的改进，不断提升县域教育现代化质量，推进县域教育现代化建设进程。

　　监测反馈是以监测促改进的重要基础和关键环节。要注意根据反馈目的选择相匹配的反馈内容与方式，做到内容充实、方式恰当。通过反馈促进监测工作改进，促进监测结果应用，为推进县域教育现代化监测深入发展助力。

第四节　监测的常用方法

县域教育现代化监测的方法是监测主体用于采集数据、验证数据，形成监测结果的基本手段。运用多种方法对监测数据进行验证、核实，可以保障和提高数据的真实性、可靠性，为获得可靠的结论奠定基础，增强监测服务决策、指导实践的价值。数据分析法、专家评价法、临场考察法、抽样核实法是县域教育现代化监测经常采用的几种方法。

一、数据分析法

数据分析法是监测主体对数据进行采集和分析的方法。它以基础数据为素材，以数学运算为基本方法，以数字表达为形式，以价值揭示为内核。建立数据处理逻辑模型是数据分析的关键。从流程来看，它主要包括数据采集、整理、运算、分析等基本过程。数据是县域教育现代化监测的基础资源，分析则贯穿于县域教育现代化监测的始终。数据是量化表达的基本素材，指标是多维分析的基本视角，二者结合起来形成基本的分析框架。运用数据分析法可以实现以定量研究为基础，以定性研究为灵魂，对县域教育现代化作出定性与定量结合的判断，进而以不同的数据为基础，以指标体系为骨架，刻画县域教育现代化在不同阶段、不同方面的特征。

数据采集是监测的起点。不同类型的数据具有不同的来源与特征，可以从不同角度为刻画县域教育现代化提供依据。全面地采集刻画县域教育现代化所需要的数据是开展县域教育现代化监测的重要基础性工作。采集刻画县域教育现代化的数据，首先要确定数据来源。通常，法定数据、调查数据、其他数据是县域教育现代化监测的主要数据来源。法定数据主要是指县域教育事业统计数据及其他的法定数据。这些数据以教育系统统计部门或政府统计部门的统计和发布为主，具有法定性、权威性，是刻画县域教育现代化的主要依据。调查数据主要是指法定数据以外的经由监测主体主动采集的数据。获得调查数据需要通过监测主体设计相应的工具运用于县域内的相关样本才能实现。调查数据是一种样本数据，样本的代表性和调查的真实性决定着数据的质量。其他数据主要是其他行业发布的与教育有关的数据，以及可以用于判断县域教育现代化水平的其他数据。这种数据可能是该行业发布的法定数据，也可能是调查数据，利用这类数据可以提高县域教育现代化监测的效率。这些不同的数据与具体的指标结合，可以形成一个层次分明，内在逻辑清晰的数据库，为县域教育现代化的量化表达提供丰富的素材。

数据整理是监测的重要基础。数据是对事物的客观记录，经由整理后的数据方能适用于县域教育现代化监测。数据整理的重点是监测主体依据监测框架和具体指标对影响监测结果的异常值进行清理，使数据能够满足后续的运算处理需求。具体地说，要辨真伪、调格式、去异值。辨真伪，就是要对数据是否来源于真实的样本，是否符合常识进行判断，实现"一数一源"，保证用于监测的数据来源于真实的样本并反映样本的实际状态；调格式，就是依据监测的需要按照统一的标准对采集到的数据的格式进行统一，以方便后续的运算；去异值，就是筛选出可能影响县域教育现代化监测结果的奇异值并加以剔除，以保证县域教育现代化监测结果反映的是正常状态下的真实情况。

数据运算是监测的关键。按照事先确定的运算规则对采集到的数据进行运算方能获得一个简约的监测结果。数据运算的核心是按事先确定的规则对采集的数据进行统计分析。运算规则是根据监测模型事先确定的，包括算法选择、指标赋权、运算执行等步骤。通过数据运算可以获得描述性结果和推断性结果。描述性结果重点反映县域教育现代化的显性特征，主要通过绝对值、相对值等描述性指标实现表达。推断性结果则重点反映县域教育现代化的总体特征及各要素之间的相互关系，主要是通过相关系数、置信区间等推论性指标实现表达。描述性结果与推断性结果结合起来可以实现对县域教育现代化的科学刻画和解释。

推论统计是数据分析法的重点。推论统计以描述统计为基础，以数据分析发现数据之间、不同要素之间的关联性，并对这种关联性作出科学的判断，力求透过现象看本质。推论统计的结果不仅对于指导当前的工作具有重要意义，而且能够对县域教育现代化建设具有长远的指导性。加强需求分析和数据的价值挖掘有利于提高推论统计的针对性。就需求分析来看，关键是以实践为基点，对决策者、实践者可能的认识角度、数据需求进行分析和预判，形成不同视角、不同层次的数据结果，形成对县域教育现代化的系统化、立体化、层次化的分析结果，从而便于不同主体按需选取、按需使用。就数据价值挖掘来看，需求决定着数据呈现的维度和方式，模型决定着数据之间的关系建构及具体数据的取舍、赋权等，影响着数据处理的科学性、结果的可靠性。依靠团队和专门的软件可以增强数据处理的专业性，提高数据分析的效率。

二、专家评价法

专家评价法是专业人员依据一定的规则对县域教育现代化情况作出相应判断的方法。它是以定性评价为基本取向的一种方法。采用专家评价法可以从不同的视角出发对县域教育现代化的情况进行深入分析，形成综合性的评价意见。

非量化性评价内容是专家评价的重点。县域教育现代化监测是以定量评价为主的，定量与定性结合的监测活动。在县域教育现代化监测中会涉及许多定性评价的内容，这些内容不宜简单地采取数据量化的方式进行评价。利用专家的学识和经验可以迅速地辨别县域教育现代化的印证材料的真伪、材料形成的实践基础的好坏、县域教育现代化推进工作的实际举措的科学性与实效性等，使评价结果更加契合县域教育现代化实践的真实情况。

专家评价要重视规则制定。开展县域教育现代化监测是为推进县域教育现代化实践服务的，宜本着公开透明地原则制定县域教育现代化评价规则。从内容上看，评价规则既要有质量方面的要求，也要有程序方面的要求。特别是对于评价内容、操作程序、赋值规则等作出统一规定，避免专家评价差异超过可以接受的范围，削弱评价的信度。从程序上看，评价规则的制定要广泛征求不同主体的意见，如相关管理部门、推进县域教育现代化的不同主体、热心教育事业的社会公众等，以完善评价规则，保证规则的公平公正。从实施来看，评价规则要预设争议仲裁。对于出现的争议,要通过复评研讨,形成对问题的共识,作出可接受的评价结论。基于公开透明的规则而实施的专家评价可以经受多方面的质疑,保证结果的权威性、可比性。

专家评价要重视专家遴选。熟悉国家政策和县域工作可能存在的困难或问题的专家方能敏锐地发现、捕捉县域教育现代化工作中的不足。依靠多名专家评价可以克服个人评价存在的偏见。选择恰当的专家有利于提高评价的准确性。在遴选专家时要注意两点。一是真懂善评。专家要能够读懂县域教育现代化实践状况并作出客观判断,提出改进工作的中肯建议,要防止简单地凭资历、学历选择专家的做法。二是跨域组合。县域教育现代化涉及的内容多、范围广,术业有专攻的专家更能针对其中特别专业的问题给予准确评价。要善于选择教育行业外的专家参加县域教育现代化评价。如,财政领域的专家对国家政策及其执行中的关键问题比较熟悉,城市规划建设领域的专家对各类规划、建筑标准熟悉,他们对于教育现代化进程中涉及的相关问题可以提出专业化的建议,助推县域教育现代化监测及相关工作质量提升。适当地跨域引入不同行业的专家,可以让县域教育现代化监测的专业性进一步得到落实。

专家评价要加强评前培训。县域教育现代化监测作为一项专业活动,涉及较多的复杂问题。实施专家培训可以形成对县域教育现代化监测的系统认识,统一监测程序、统一关键问题或争议问题的处理方法,提高专家评价的准确性。在评前培训时要注意两点。一是主动培训。对于监测目的、内容、具体的指标含义、评价程序,在进行具体评价前要对专家培训,将评价标准、评价过程等具体操作统一到监测主体事先设计的评价方案上来。二是互动研讨。通过监测组织实施团队、参加评价的专家之间的互动,研讨、发现评价方案可能存在的瑕疵和问题,使各种可能存在争议的问题在具体评价前形成可接受的共识,并进一步完善方案,保证评价的统一性。

合理转化专家评价结果。对事物属性的数量化刻画是教育监测的重要特征。将专家评价的结果从定性评价转化为定量评价,实现定性评价、定量评价的相互转化是县域教育现代化监测的客观要求。将专家评价法应用于县域教育现代化监测时，宜依据监测模型将定性评价结果转化为相应的等级或分值，使之接近于定量判断。若干定性判断转化为定量判断后，整合形成新的量化判断。因此，专家评价法是一种"先个体，后团队；先定性，再定量"的监测方式。监测团队宜根据县域教育现代化监测框架研制相应的转化规则，与数据分析法获得的结果进行对比分析、验证，增强专家评价的客观性。

三、临场考察法

临场考察法是监测团队亲临县域教育现场实施观察、访谈、询问等以获取相关信息的方法。它是基于事实的价值判断和原因分析，是一种常用的调查方法。通过临场考察可以直观地了解县域教育现代化的真实情况，发现新的经验或问题，将数据、报告等与现场实际情况进行对比，对相关数据、结论进行校正。

临场考察要聚焦于特定的主题和内容。临场考察并不是面面俱到地"复盘"，已经有了比较准确的数据量化的内容并不是临场考察的重点。一般来说，数据和报告中不易直接呈现的内容应当成为临场考察的主要内容。如，学校教育教学实践情况、师生的精神状态、校风校貌、校园文化等应成为临场考察的重点内容。在具体实施时，要对通过其他方式获得的信息进行梳理，事先拟定考察的主题和提纲，以问题为导向将考察内容进行分解，并按考察组成员的专业特长给予分工，力求深入、细致地考察，获得大量确定和翔实的考察资料[1]，以便对现象背后的原因进行深度挖掘。

临场考察要采取多种方法结合的方式。不同的方法对信息的捕捉和获取程度是有差别的。一是要综合应用看、听、问、议等方式。看，即亲临现场，通过观察的方式了解情况；听，则是通过座谈会、访谈询问等方式了解县域教育的具体情况；问，则是通过走访、询问等方式了解当地不同主体对县域教育的了解情况、实际评价；议，则是与县域教育主体进行交流、明辨信息真伪。二是要重视客观记录。可以利用摄影、拍照、录音、笔记等方式记录现实场境，并将不同渠道获取的信息进行相互比对，以达到去伪存真的目的。三是要注重

---

[1] 涂文涛. 教育督导新论 [M]. 北京：人民教育出版社, 2015:180.

原因分析。依据收集到的客观事实，对客观现场背后隐藏的理念、实践进行分析，判断结果与过程之间是否存在必然的逻辑关系，实现事实记录与价值揭示的统一。

临场考察要防止出现偏差。一是现场考察应在常态下进行。在考察点的选择上，要尊重县域教育的实际，确保考察点能够代表县域教育的整体特征与水平。考察点的状态是客观的、常态下的教育环境和实践状态，而非刻意营造的、弄虚作假的现场。二是要放弃成见。考察团队对考察对象的成见，数据、报告中的不利因素或溢美之词都可能会影响监测团队的公正判断。放弃成见才能多角度地收集客观事实，为作出客观公正的判断奠定基础。三是要多种信息互证。三角互证法是教育科研的基本方法，也是县域教育现代化监测的重要方法。对于不同信息之间的矛盾之处，要谨慎对待，保留真实信息。

四、抽样核实法

抽样核实法是对县域教育现代化监测中的关键指标或要素进行抽样，并运用多种方法加以核实的方法。它可以避免数据失误而导致的结果错误，提高县域教育现代化监测的科学性、结果的可信性。抽样核实法具有广泛的适用性、灵活性，可以用于县域内的抽样，也可以用于对县域的抽样。抽样核实是非普查性质的，科学地选择核实的样本和核实的关键点，可以提高核实效率，减少实施县域教育现代化监测的成本。

抽样核实要突出关键点。县域教育现代化监测可能因为技术或人为原因出现基础数据失真。瞄准可能导致基础数据失真的关键环节实施抽样核实可以验证数据质量。首先是核实真实性。重点是通过核实来源的可靠性、数值的准确性，以判断数据的真实性。其次是突出关键指标。对于县域教育现代化的关键指标进行核实，以促进政府履行法定教育职责，优化县域教育实践，保障县域教育现代化的质量和水平。再次是核实运算规则。基础数据的基本统计口径是否符合设计的要求、运算规则是否和设计的规则完全一致、运算程序运行是否存在疏漏等都是核实的重点。此外，对于大规模的县域教育现代化监测，要突出关键县域。特别是对于那种带有标杆性质的县域，需要验证其真实水平在同行、在区域中的认可度，防止拔高性或贬低性结论的出现。同时，对于县域教育现代化进程可能滞后的县域、对于明显的预警指标，则宜反复验算，以防止对实践主体工作积极性的打击。

抽样核实要突出准确性。抽样的关键是使少量的样本能够代表总体特征，达成此项目标需要从样本的代表性和数据处理的规范性两个方面着力。为此要注意两点。一是抽样的科学性。在一个县域内，宜根据县域内人口分布、学校规模、教育质量等方面的差异确定抽样的样本学校，以这些学校作为监测点实施抽样核实。在更大的区域范围内，则宜根据地理位置、县域经济社会发展水平、人口数量、教育规模、教育质量等选择相应的县域作为样本实施抽样核实，以保证区域内县域教育现代化监测的准确性。二是要运用多种方法核实。综合运用数据核算、专家核查、听取报告、临场考察等方式对确定的样本和关键点进行核实，对获取的信息进行对比验证，保证监测依据的基础真实可靠，监测结果可信可用。

总体来看，县域教育现代化监测采取的是混合方法。宜根据不同的目的、不同的任务选择恰当的方法。

小资料

混合方法设计主要类型的目的、优点和挑战

设计的类型	目　的	优　点	挑　战
顺序性解释设计 定量→定性	定性数据被用来阐明、阐释或解释定量研究结果。对异常值或极端个案进行跟踪。	直接实施。 直接呈现结果。 研究者最初理解的是定量研究方法，定量是其主要的研究方向。定量结果可以作为确定性主题的一个代表类型。	相对使用单一的定量或者定性方法而言，混合方法可能需要更多的调查和收集数据的时间。 在每个调查阶段，必须决定是否从个体、相同的样本或者相同总体中选取不同样本来收集数据。 可能很难获得伦理委员会的批准，因为在数据收集之前，定性阶段抽样个体的特征尚不清楚。
顺序性探索设计 定量→定性	使用定性数据建立相互比较的小组；使用定量数据探索在定性数据中发现的关系。运用定性数据来确认主题、量表、项目和在定量测量中能够获取的变量。	不同阶段的研究直接进行。 研究者最初理解的是定性研究方法，定性是其主要的研究方向。	相对使用单一的定量或者定性方法而言，混合方法可能需要更多的调查和收集数据的时间。 必须决定相同个体是否两个阶段都要参加，以及定量阶段是否需要增加被试。 可能很难获得伦理委员会的批准，因为，在数据收集之前，定量阶段的样本尚不清楚。
并行三角设计	同时使用定量和定性设计与方法。为了确定主题和趋势，对定量与定性结果进行比较和整合。	设计直观、容易理解；它往往是研究者尝试混合方法研究的首选。 在同一时间收集和分析这两种类型的数据；数据的收集和分析有效率。 适合合作研究或者小组研究。	因为数据的收集是并行进行的，所以需要对每种方法格外地尽心和努力。 研究者可能会遇到定量结果和定性结果不一致的情况（不一致或者似乎呈现不同的情况）。这就需要额外地增加数据并进行进一步的分析。

资料来源：詹姆斯·H. 麦克米伦，萨利·舒马赫. 教育研究 [M].
曾天山组织翻译. 北京：教育科学出版社，2013：534-535.

第七章　县域教育现代化监测实操

县域教育现代化监测是一项实践性工作。实践是县域教育现代化监测的基本特征。设计是否合理是经过实践检验来证明的。县域教育现代化监测实践必须重视实际操作，从实践中来，到实践中去。将观察、分析的重心置于具体的微观操作，瞄准实践的关键环节进一步厘清相关要求，对顺利实施县域教育现代化监测具有事半功倍的作用。

第一节　监测框架设计

监测框架设计是在实施之前对县域教育现代化监测的整体构想。它是连接思想与实操的关键环节，也是设计县域教育现代化监测方案的核心内容。从实际操作来看，宜抓住监测框架选择、指标细化、算法设计等关键环节，完成对县域教育现代化监测的实施规划。

一、框架选择

选择、确定监测框架是县域教育现代化监测的重要环节。评估和测评框架的制定，是在由既定的教育政策以及现有教育中的传统、文化和价值观构成的更广阔的背景下进行的。[1]简约框架和生态框架是县域教育现代化监测的两种基本框架。不同的框架所关注的重点内容存在着客观差异，决定着监测的视域和结果应用，决定着组织实施的难度。选择何种框架受到县域教育现代化发展水平、监测的客观可行性和监测主体的主观追求等条件的制约。

简约框架亦称"本体框架"。它聚焦的是县域教育这个本体，强调对县域教育发展的关键指标进行及时、准确地量化，希望能够通过监测实现对县域教育整体情况及关键领域的画像。从设计基础来看，它是将县域教育作为一个相对独立的对象进行整体分析、评价的。从实施的角度来看，监测需要的数据具有易得性。许多数据可以从县域教育事业统计数据中直接或间接获得，也可以根据需要组织县域教育系统内部的单位、人员进行采集。监测获得的结果来源于实际、实践，可靠性强，教育系统的内部认同度高。简约框架属于"从教育看教育"，不能从经济社会的宏观视角来看教育，难以"跳出教育看教育"。因此，它对县域教育现代化发展的背景关注不足、分析不足，不利于从更大的视野来发现和分析推进县域教育现代化存在的深层问题。

生态框架亦称"融入框架"。它强调从经济社会发展的宏观视角出发来看教育，把县域教育作为县域经济社会的有机组成部分进行观察、分析。它以系统论为基本指导思想，强调教育与政治、经济、文化、环境的协调发展。从监测的实施来看，它不仅关注教育自身的发展状况，而且关注教育与经济社会的联系，力图通过监测精准分析教育与经济社会之间的内在关联性，对县域教育现代化水平及后续发展作出整体判断和建议，监测结果可能成为推进县域教育现代化的重要依据，成为党委政府决策的重要参考。

县域教育现代化监测是从简单向复杂、从低级向高级发展的。在一个县域、区域实施县域教育现代化监测的起步阶段，可以选择从简约框架着手组织实施，培育县域教育现代化监测意识，积累开展县域教育现代化监测实践经验，逐步过渡、升级到采用生态框架推进县域教育现代化监测。如果没有相应实践经验

---

[1] 经济合作与发展组织. 为了更好的学习：教育评价的国际新视野 [M]. 窦卫霖，等译. 上海：上海教育出版社，2019:41.

的积累，直接采用生态框架，可能会遇到数据采集难、采集慢，数据缺失甚至数据错误等问题，使得好的想法难以落地。

二、指标细化

监测指标决定着具体的监测内容。在县域教育现代化监测中，监测指标是在国家政策要求下的具体实践，是根据阶段目标和任务进行科学论证后的现实选择，而不是简单的、脱离实际的创生。

突出指标的科学性。县域教育现代化监测指标由相应的标的和数据构成的。它指向特定的内容，反映着一定的教育理念。从开展县域教育现代化监测实践来看，其根本目的在于促进教育发展水平提升，全面高质量地落实党的教育方针，助力建成教育强国、推进国家教育现代化、办好人民满意的教育。其实现过程是利用相关的数据对不同领域、不同内容的目标达成度进行量化判断，进而对推进教育现代化的阶段目标、阶段任务落实情况加以及时了解、研判，为改进县域教育现代化实践提供依据。因此，指标的设计是与国家教育政策，特别是国家推进教育现代化的战略决策紧密联系的，需要依据县域教育实际，关注县域教育发展的阶段重点，用新的视角对县域内教育要素的发展水平及其支持水平进行判断、分析。《中国教育现代化 2035》是我国推进教育现代化的纲领性文件，各省、各地据此发布了相应的教育现代化规划，如何结合县域特点、县级教育事权确定合适的指标，促进各级政府履行教育职责，加快推进县域教育现代化就显得尤为重要。因此，指标细化宜基于条件与保障、普及与公平、结构与质量、服务与贡献四个基本维度，对县域教育的基本特征、基本任务作深入的分析，抓住县域教育发展的关键要素和关键问题，选择关键内容作为监测指标，以客观反映县域教育现代化的整体特征。注意避免建立一个大而全的监测指标体系，否则可能出现"眉毛胡子一把抓"，难以突出县域教育现代化的重点工作。

指标要可量化。任何一个监测指标都是定性与定量的统一。从定性的角度来看，它是对客观事实、教育价值观的反映。从定量的角度来看，它是以一定的客观数据作为支撑的。在监测过程中，可量化的数据是县域教育现代化监测的重要要求。量化的核心是用数据说话，即用一定的数据将分析的对象加以刻画,形成一个以数据为基础的客观结论。因此,要明确县域教育涉及的学校数量、数据来源等基本问题，从而使数据有可靠的来源，防止以主观判断代替数据量化。切忌以局部的数据代替整体的数据，用一个微观的数据代替宏观的数据。由于学校是组织开展教育实践活动的重要主体，它涉及教师、学生、办学条件等关键要素，对不同学校的相关数据进行汇总，可以较好地反映一个县域学校教育的整体水平，因此，从监测的视角来看，县域的数据是以学校数据为基础合成的。如果仅用个别学校的数据，则易出现以偏概全的情况。

多轮设计是指标设计的基本方法。首先，要以政策分析、文献分析、实地调查、专家咨询等方法为基础，形成对县域教育现代化监测指标的初步框架。其次，依据选择的监测框架（简约框架或生态框架）对初步设定的指标进行归类整理、构建，形成县域教育现代化监测指标的逻辑体系。如，依据县域教育现代化发展的进程和推进县域教育现代化的需要，可将条件与保障、普及与公平、结构与质量、服务与贡献方面的具体指标进一步分为基本指标、先行指标、关注指标等类型，形成与推进县域教育现代化监测相适应的分析体系，以更好地发挥县域教育现代化监测的引领、推动作用。最后，进一步征求意见，形成对县域教育现代化监测指标的共识，为精准、高效实施监测，科学应用监测结果奠定坚实基础。

三、算法设计

算法是进行数据处理的基本规则。它涉及运算结果的可靠性、可信性。只有明确了算法，才能保证数据处理的统一性、客观性，避免数据处理的差异性、随意性。明晰概念，保持要素统一、口径统一，是算法设计的关键。

明晰概念是基础。对于县域教育现代化监测指标的准确理解是算法设计的重要前提。通常，县域教育现代化监测的指标涉及教育概念和统计概念。以入学率为例，什么是入学率需要有一个明确的界定。只有对其构成要素进行明确界定，才能选择恰当的数据。从教育的视角来看，"入学"是指适龄儿童少年进入学校接受规范的教育。从统计的视角来看，"率"是一个比值，是一个相对量，而不是一个绝对值。计算"入学率"需要明确其计算方法为"除法"，而"除法"中涉及的分子、分母就成为决定结果的重要因素。从县域教育现代化监测的角度来看，"入学率"的高低则反映着该县域内适龄儿童少年入学机会的大小，意味着教育公平的实现程度。入学率的达标程度则反映着对国家入学政策的落实程度，也反映了在这一指标上县域教育现代化的达成度。只有准确地理解了概念，才能更好地理解监测指标、设计指标、设计算法。

要素统一是前提。根据监测指标涉及的内容，分析确定相关的教育要素，明确不同要素在指标中的地位、作用，如何才能准确地获得期望的结果。如，以入学率为例，它是以适龄儿童少年为对象的，县域内的适龄儿童少年的数量及在校生的数量则是构成这一指标的关键。从计算的角度来看，县域内的适龄儿童少年数量是分母，县域内在校生数量则是分子。适龄儿童少年数量需要查阅当地户籍人口数据、常住人口数据才能获得；在校生人数则由县域内所有学校的学生构成，需要先清楚县域内的各级各类学校数量、各校的学生数量等基本问题。要准确地计算入学率，还需要进一步细分不同年龄段，使之与幼儿园、小学、初中、高中阶段对应。

口径统一是关键。"口径"是统计中的一个非常重要的概念。它是进行统计的标准。统一口径旨在保持标准的一致性。这是县域教育现代化监测结果可信的重要基础。保持统一口径是县域教育现代化监测对数据的基本要求之一，是避免主观性、随意性的重要前提。同一个指标中的同一要素的口径统一，才能保证数据的准确性，否则会造成统计数据的混乱。仍以入学率为例，如果确定的是以常住人员为基数，那么分子、分母均应以常住人口中的适龄人口为统计口径，而不能一个用常住人口数据，另一个用户籍人口数据。统一数据来源是统一口径的重要方式。

框架选择、指标细化、算法设计是一个有机的整体，是一个从宏观到微观、从抽象到具体、从粗放到精细的过程。框架决定着方向和策略，指标连接着宏

观与微观，算法则是具体的操作。要注意分析三者的不同侧重点，有序地完成
监测框架的设计。

第二节　监测数据处理

监测数据处理是指依据县域教育现代化监测规则对采集的原始数据进行整
理、运算，以获得预期结果的过程。它是实现对监测指标量化的主要过程性手
段和技术环节，对于客观反映县域教育现代化水平具有重要作用。明确数据来
源、检验运算规则、数据运算处理是紧密关联的三个环节。

一、明确数据来源

数据来源即数据从哪里来。只有来源可靠的数据才能作为运算处理的对象；
否则，可能会出现虚假数据、虚假结果。明确数据来源可以提高数据采集的效益。
县域教育现代化监测的数据主要来源于法定数据、自采数据。

法定数据是指各级政府依法采集和发布的数据。在实践中，法定数据是专
门机构依靠组织化的程序进行常态化采集，并经由相应的主管部门审核后发布
的，是国家决策的重要基础资源。权威性、真实性是法定数据的基本特征。教
育事业发展统计数据是重要的法定数据，是国家决策数据的重要组成部分。教
育事业发展统计数据具有规范的采集程序和步骤，一般情况下，由教育行政部
门组织各级各类学校每年根据当年的统计要求和学校实际情况进行统计上报，
并经审核后发布，供相关单位使用。教育事业发展统计数据是进行年度比较、
区域比较的重要资源。县域教育现代化监测关注的是县域教育事业发展的水平，
因此监测需要的数据应当以教育事业发展统计数据为主要来源，以其他来源的
数据作为补充；否则，其权威性会受到质疑。

自采数据是指监测主体依据县域教育现代化监测指标运用科学的方法采集到的数据。它是法定数据的重要补充。从内容来看，自采数据主要是教育事业发展统计数据没有涉及的数据，如关于教育质量方面的数据。自采数据可以引用其他机构采集的数据，或公开发布的其他数据，也可以由监测团队自行研制采集工具进行收集。在引用数据方面，要优先选择来源可靠、权威的数据。如，近年来国家基础教育质量监测中心发布的义务教育质量监测数据就可以作为衡量各地教育质量的重要依据。各省发布的质量监测结果也可以作为衡量县域教育质量的重要依据。在现场采集数据方面，可以设计规范的数据采集工具如调查表、调查问卷，并对采集人员进行必要的培训。培训时，要注意讲清楚数据需求、数据处理规则，引导调查对象在正确地理解调查要求的基础上进行数据填报，从源头上防止误解误报，提高数据采集的质量。

二、检验运算规则

运算规则是对数据进行运算的基本规则。狭义的运算仅指对数据进行计算。广义的运算则包括数据清理、运算、核对等。在这里，县域教育现代化监测数据运算是指广义的运算。

核对数据来源。在清理数据之前，需要再次核对数据来源。它主要包括对数据的完整性、时效性、区域性等关键要素的核对，防止数据错误；否则，错误的来源只会得出错误的结论。

数据清理。对于获得的原始数据进行清理是数据运算的起点。无论是法定数据还是自采数据，反映的都是客观事实，但是未必与县域教育现代化监测的需求完全对应。因此，需要根据县域教育现代化监测的实际需求，对相关的数据进行清理。从清理过程来看，首先要确定学校与县域的对应性、数据与指标的对应性。对学校是否属于监测的县域、数据是否与相应的监测指标对应要作出正确的判断。只有完全实现了学校与县域、数据与指标的对应性的数据才能作为监测运算的对象，作为监测的基本素材。

检验运算规则。检验运算规则的过程也称为"试运算"，即依据设计的运算规则，随机选择一定的数据进行运算，判断可否获得运算结果，对运算中的奇异值进行筛查、讨论，进一步反思运算可能会遇到的特殊情况，形成特殊情境的处理规则，以适用于全体监测对象，防止对同一特殊现象使用不同处理规则、不同处理方式导致结果的差异性。检验运算规则的重点任务有三点。一是要检验其运算要素的获得性，即需要的基础数据可否获得；二是要检验其运算步骤的合理性；三是要发现可能遇到的特殊情况。质疑或批判性思维是检验运算规则的必备思维品质。在检验运算规则时，要从监测指标出发，围绕"如何运算"这个核心问题，对数据获取、运算方法、运算操作、运算结果等进行全程检验，以反问、反思、批判为基本手段，在质疑中坚定信心，发现规则可能存在的问题，运算操作可能出现的失误，提出解决问题、避免失误的方法，保证运算规则的合理性、正确性。

运算结果比较。这是对不同运算主体或运用不同运算方法获得的结果的一致性进行判断、分析的过程。它关注的是不同的人运用同一数据、同一算法获得的结果的一致性或不同数据处理步骤可能带来的差异性。只有一致性的结果方可证明算法本身的合理性、正确性。如果结果不能保持一致性，那么可能是算法存在问题或运用算法的人对其理解出现分歧，从而导致运算错误。

三、数据运算处理

数据运算处理是指监测团队对数据的正式运算过程。保证运算过程的准确性是获得正确可靠的监测结果的重要前提。提高运算的准确性，宜采取以下基本策略。

分组运算。保证数据的正确性是数据运算的核心要求。可将数据处理人员分成两个或三个小组。各组依据运算规则独立运算，完成一两个指标的运算后核对彼此的结果，判断结果的一致性。如果双方结果一致，则继续运算；如果双方结果不一致，则检验运算出现分歧的地方，进行校正。最后，核对全部结果的一致性。只有具有一致性的结果才可以作为监测结果加以应用。分组运算可以减少单组运算失误出现错误结果的风险。

整理结果。去繁就简是数据运算处理的关键之一。当完成不同小组运算结果的核对后，宜进一步对运算结果进行整理。任何一个县域的教育都是可以从多个视角、不同层面进行分析的，不同主体的认识、分析视角并不相同。因此，需要回归于县域教育现代化的监测框架，根据监测框架确定的逻辑，进行分层、分类、分维度的整理，以达成简洁有序呈现结果的目标。整理后的结果数据要与监测指标结合起来，使监测数据成为监测指标的量化依据，成为后续更有条理地处理数据的有效素材。

优化处理。从有到优是优化处理的核心。优化处理是依据监测框架的基本维度对经过核对的正确运算结果进行以结构化、层次化、可视化为重点的再加工。从内容来看，优化处理以理顺数据之间的逻辑关系和呈现方式为重点，表现为以结构化的表格、图形为载体，以更加直观、简洁的方式呈现结果，实现监测数据从繁到简，结构化、层次化地表现监测结果的目标。通过优化处理，监测结果可以成为直接应用于监测报告的素材，为完成监测报告，促进监测结果应用奠定基础。需要注意的是数据优化要防止对数据本身作实质性的变更。

县域教育现代化监测数据处理是一个团队协作的过程。在这个过程中要加强协调沟通，注意避免运算失误而造成监测结果的失信。特别是要注意对事先未曾预料到的特殊情况进行及时发现，妥善处理，保证依据同样的规则方法对数据进行处理，以获得可靠的结果。

第三节 监测结果呈现

县域教育现代化监测的根本目的是为了提高推进县域教育现代化的效益，加快县域教育现代化进程，提升县域教育质量，办好人民满意的县域教育。因此，以合适的方式呈现县域教育现代化监测结果是应用监测结果，达成监测目的的客观需要。通常，监测结果是以报告的方式呈现的。报告是呈现县域教育现代化监测结果的重要方式，也是监测结果呈现的重要载体。

一、报告原则

县域教育现代化监测报告是一种反映监测结果的写实性文本。监测报告可以解释证据，查明问题，以支持决策和后续行动，并为随后的评价提供基础，[1] 全面科学地报告监测结果，能为有效地应用监测结果奠定基础。总体来看，县域教育现代化监测结果报告要遵循系统性、全面性、导向性、直观性原则。

系统性原则。它要求基于监测框架系统地报告监测结果。基于县域教育的特殊形态、构成要素、县域教育的基本职责等，以现代化水平为核心构建监测报告的基本框架，有利于获得对县域教育现代化的系统认识。总体来看，县域教育是更高层级、更大区域的教育现代化的有机组成部分，同时县域教育是一个相对独立的教育单元，需要从教育的不同层面来反映县域教育现代化状况；从教育与经济社会发展的关系来看，县域教育是县域经济社会的一个重要组成部分，需要将县域教育现代化置于经济社会发展的宏观背景中进行分析报告。因此，县域教育现代化监测结果报告尤其需要构建立体的、系统的视角，为县域教育现代化服务于地方经济社会发展，服务于教育的发展，服务于人的发展提供客观依据。

全面性原则。坚持全面性是保证县域教育现代化监测的客观公正性的重要前提。首先，要报告监测的基础。作为一种写实性文本，对监测的基本思路、技术设计、实施过程等基础情况加以报告是应用者读懂、用好报告的基础，也是县域教育现代化监测报告的基本内容。其次，要多视角地分析。即聚焦于县域教育现代化监测的具体内容，以监测框架为前提从多个视角出发确立报告的基本框架。再次，是要保证监测内容的全面性。对于县域教育现代化监测的内容，要以监测框架为依据进行全面报告。最后，是要保证结果状态的全面性。无论是进步还是退步，无论是优点还是不足都需要进行客观的报告，"报喜不报忧"

---

[1] 联合国教科文组织. 教育问责：履行我们的承诺 [M]. 北京：教育科学出版社,2018:35.

或"报忧不报喜"都不是客观的态度。全面报告县域教育现代化水平不仅需要客观呈现监测的直接结果，而且要善于灵活运用标准比较、区域比较、时间比较等方法凸显县域教育现代化的实践状态。通过与标准比较、不同时间点比较，体现推进县域教育现代化要对标对表的要求；通过区域比较，在更大区域范围内发现问题、暴露问题，吸收经验。

导向性原则。县域教育现代化监测是对县域教育的诊断，改进是监测的重要目的。监测报告必须将导向性融入其中。导向性原则集中体现为价值导向、实践导向。首先，是价值导向。从根本上讲，国家的教育政策和要求是以价值导向为根本的，教育现代化必须将国家倡导的核心价值观融入其中，明确聚焦"培养什么人、怎样培养人、为谁培养人"这一根本问题，突出"现代化"这一主题，加快推进教育现代化这一时代任务。因此，教育的基本价值追求必须体现在监测报告中。特别是教育的社会主义属性要体现在结果报告中，把维护社会公平正义包含在结果报告中，把教育优先发展、教育协调发展等要求落实在结果中。其次，是实践导向。推进县域教育现代化是一个长期的过程，在不同的阶段有不同的任务。县域教育现代化监测结果是为了引导实践改进的，所有的监测结果均应用于服务实践改进、工作改进和优化这个直接目标。监测报告需要根据阶段工作重点，反映阶段重点工作的落实情况，引导实践改进。对于不同阶段的发展任务、发展重点要予以详细的报告，突出阶段任务、阶段重点，从而使实践改进有方向、有重点，不断提高县域教育发展水平。

直观性原则。对于县域教育现代化监测结果的报告要充分利用数据。以监测框架为基础，以数据为基本素材，采取多种直观的方式进行报告。一是要善于利用图表。图表是实现直观表达的重要方式。利用图表可以较好地实现对监测标准、发展状态等的一体化呈现，实现图形、文字、数字的结合，以简约直观的方式呈现丰富的信息。因而，对于县域教育现代化监测发现的成绩与不足可以便捷、直观地呈现。二是要精准、通俗。县域教育现代化监测报告是以应用为目的的写实性文本。"看得懂，用得上"是判断其应用价值的重要前提。对于县域教育现代化监测中的专有名词、专业术语应作精准、通俗化的解释，避免使用生僻字词，使监测结果晦涩难懂，防止误解误用。在表达方式上做到严谨科学与通俗易懂的结合，避免文学化、隐喻化的表达。用数据说话，构建数据、指标之间的对应关系，反映客观现状、发展趋势、变化情况，把描述与预测结合起来，防止过度推演。

二、全域报告

全域报告是对监测区域内县域教育现代化水平总体情况的报告。它反映的是区域内全部县域在推进教育现代化方面的整体特征和趋势，因此，全域报告亦称"总体报告"。其目的更多的是让本级决策者了解和掌握区域内县域教育现代化发展水平的整体情况，让实践者在更大的区域内来比较、判断其县域教育现代化水平，发现存在的不足和努力的方向。根据内容的详略程度，全域报告可以进一步细分为详版和简版，前者的内容更详实，后者的内容更简略。

全面真实是全域报告的基本要求。从数量来看，全域报告是成套的系列报告。它聚焦于全域教育现代化的现状，着力于监测的技术、数据、结果等关键环节进行全面全程的报告。从内容来看，它的基本内容包括监测的实施情况、发现的主要成绩、存在的主要不足、对策建议等。在监测的实施情况方面，重点报告监测的基本设计、实施时间与过程、监测的范围与对象的数量等基本信息，从而让读者了解监测的基本实施过程。在主要成绩方面，重点报告过去一段时间内县域教育现代化达成的整体情况和主要成绩，可以采取县域统率的思路展开，也可以采取指标统率的思路展开。以县域统率的思路，其基本特征是将县域作为分析对象，反映区域内的县域在教育现代化方面取得的成绩、亮点；以指标统率的思路，其基本特征是以监测指标为分析对象，反映区域内的教育现代化在不同方向、不同领域取得的成绩、亮点。对存在的不足的报告则需突出问题导向的基本定位，从县域、指标两个视角反映监测发现的主要问题，必要时可以用"问题线索清单"的方式更加明确地反映不同县域、不同监测指标存在的问题。对策建议是针对问题与不足而提出的，具体、可行是其基本特征，要注意突出对区域的适应性、可行性，避免脱离实际和阶段任务的虚假建议。

全域报告要善于运用比较思维。无论是成绩，还是不足，都是在对标对表的比较和概括中发现的。各个县域的情况只是全域报告的案例和素材，而区域的整体情况才是报告的重点内容。要注意避免以偏概全，以局部代替整体，出现错误的结论，误导报告的读者。无论是对成绩的肯定，还是对问题的揭示，都要基于标准，基于事实，基于数据，作客观的、实事求是的比较，在比较中显示成绩与问题。

全域报告要注意处理好整体与局部的关系。就整体而言，成绩与问题都是通过个体和局部实例反映出来的。既反映全域的整体情况，也反映其具体实例与关键细节是全域报告的应有之义。一个科学中肯的结论需要有相应的事实依据支持。对全域的整体报告，除了运用指数作描述判断外，还要利用具体的实例加以说明和阐释，用实例作为证据，防止成绩或问题的虚化。对局部实例的分析贵在精准，实现适时适度的统一，避免以具体案例冲淡对区域整体特征的揭示和反映，出现以偏概全的谬误。

三、个体报告

个体报告是对监测中的某个县域的教育现代化水平的报告。它以某个县域作为报告的对象，因此，个体报告亦称"样本报告"。个体报告的数量是由监测的县域数量决定的。通常，监测区域内有多少个县域，就应有多少份个体报告。个体报告更加突出应用导向，可以更为详尽地报告具体县域的教育现代化情况，甚至可以落实到具体的点位上进行深入分析。从形式结构上看，个体报告可以采取与全域报告一致的体例，也可以作适当的调整，形成更加符合县域需求的报告体例。但是，从内容结构上看，二者的区别不大。

个体报告要报告对象县域的整体情况，也要报告其各维度、各指标的具体情况。从以测促改的角度来看，个体报告是对县域教育现代化的体检报告，相应的结果是对标对表的基本结论，也是后续改进的重要依据。对整体情况的报告需要明确成绩，指出不足。对维度、指标的报告则需要用量化的数据加以说明，避免以定性代替定量。从应用的角度来看，有的实践工作者主张县域报告要采用逐点报告的方式呈现监测结果，以方便对县域教育现代化实践的优势与短板加以判断、改进。

个体报告的结构更加简洁。通常，个体报告需要对监测的基本设计、指标、数据来源、实施过程等作简要的介绍。在这个基础上，个体报告更加强调基于监测结果数据、事实，对与监测框架、与监测指标对应的教育要素的实际发展水平加以报告，将实际发展水平与目标要求、与区域整体水平及自身发展状态作比较，从而精准地反映推进县域教育现代化存在的成绩与不足。着眼于改进县域教育现代化实践，可以将发现的问题以"问题线索清单"的方式呈现。

个体报告要突出解释性说明。即解释数据的构成、数据的基本含义，让读者了解数据指向的事实，从而将数据与实际存在的问题对照起来分析，落实到工作环节之中、工作对象身上，从而提升改进工作的精准性。

四、结果解释

结果解释是指采用更易理解的语言、方式对监测结果作相应的说明。它是结果报告的重要内容之一。根据解释的内容来看，它主要包含技术说明、结果说明两个有机部分。

技术说明重在反映获得监测结果的过程、方法。从形式上看，它表现为监测的技术报告，重点说明组织实施监测的基本思路、技术路线、应用的方法等。了解监测的过程、方法，可以更加准确地理解监测结果，主动地规避结果应用中的风险。通常，监测同行对监测的技术更感兴趣。基于技术说明，可以对监测的过程的科学性、合理性及其可能存在的不足予以判断，明确县域教育现代化监测的局限性，促进县域教育现代化监测迭代升级，向更高水平、更高质量发展。

结果说明重在反映监测结果的内涵和意义。它直接指向县域教育现代化发展水平是什么、为什么等关键内容，是结果解释的主体部分。基于不同的目标和需求，县域教育现代化监测结果说明可以分为描述性解释、关系性解释、应用性解释三个基本类型。

描述性解释是对事实的描述。它是以事实记录呈现为主要特点的，注重现象、事实的展示、强调。在解释语言风格上，它注重将专业术语转化为政策语言或实践语言，使受众能够清楚明白监测结果的意思。在解释的时候通过简单、生动、直观的类比，化繁为简、化难为易。以某一县域的小学生师比为例，如果监测的基本事实是 23∶1，那么，除了对 23∶1 这一具体比值的说明外，还需要与现行的教育政策比较。目前，我国对小学生师比规定为 19∶1，因此，该县域的小学生师比是没有达到相应的政策要求的，属于不达标的状态。从这一解释来看，可以使一般的读者了解事实是什么、事实与政策要求的差距，了解县域教育现代化在这一指标上的达标情况。从解释的呈现方式来看，可以用文字进行描述，作出判断和结论。例如，"标准是什么，现状是什么，现状与标准的差距是多少"就是最简单的描述性解释的常见方式。同时，也可以用一定的表格或图表将相关的事实与标准作对比，使结果解释与呈现更加直观。如，以标准值、实测值为坐标轴建立坐标图就可以通过不同象限直观地反映、描述县域教育现代化的具体水平。描述性解释属于一种简单解释。它将结果呈现与解释紧密地结合在一起，可以简明扼要地反映问题，但是这种解释难以满足人们对某项监测结果背后的原因的追寻。

关系性解释是对结果及其相关因素的关系的推断性说明。这种解释以事实呈现为基础，以事实与若干要素之间的关联性分析为重点。因为任何一个客观事实都是与其所处的背景相关的，所以事实与其关联要素可以是一对一或一对多的关系。因此，基于事实与相关要素之间的关系分析，可以进一步分析不同相关要素之间的关系，更加深刻、全面地探索、分析、推断问题成因。以生师比为例，可以分析学生发展水平与教师资源配置之间的关系，也可以分析教师资源配置与地方经济水平之间的关系，还可以分析教师资源配置中的财力支持与地方政策之间的关系。通过不同角度、不同层面的分析，可以发现事实背后的规律和本质，为寻找事实背后的深层原因提供相应的证据线索，促进问题解决。从解释的角度来看，它以大量的数据为基础，或以成熟的解释模型为指导，将数据之间的关系、事实之间的关系直观地呈现出来。如，坐标图就是一种常用的关系解释模型。通过坐标图可以直观地展现两个因素之间的相关性。以满意度调查为例，在一个较大的区域范围内县域经济水平与教育期望可能呈现出四种关系，即高经济水平－高教育期望、高经济水平－低教育期望、低经济水平－高教育期望、低经济水平－低教育期望，为判断具体县域的经济水平与教育期望之间的关系提供可靠依据。这种解释是以大量的数据和可靠的模型为基础的。在具体运用时，宜占有大量的事实或数据，对结果作可靠的说明；否则，可能会出现错误的解释。

应用性解释是着力于结果应用对监测结果进行说明，并提出解决问题、促进发展的对策或建议。这种解释以实践导向为基本特征，是为提出对策服务的。监测结果是对策的重要基础和依据，反映了监测团队对相关问题深刻、系统地认识和把握。这种解释为后续的实践提供了一种可参考的方案、思路。通过这种解释，可以促进监测结果迅速向实践转化，提高监测结果应用的效率。如，通过满意度调查会发现人们对教育的满意度评价并非一种线性的关系，往往存在着经济水平较高和教育发展水平较高的县域的满意度反而较低这一反常现象，其深层原因在于经济水平较高地区的群众对教育的期望更高，因此出现了高水平－高期望－低满意的现象。在这种情况下，要提高人民群众对教育的满意度，除了需要继续落实教育优先发展战略，加大教育投入外，还需要做好对教育的正面宣传报道，对教育关键政策和事件的解释工作，合理引导人民群众对教育的期望，引导人民群众对教育作出实事求是的、恰当的评价，避免监测悖论的发生。应用性解释要基于大量的事实、数据和科学的模型作出判断，因此，需要解释者回归于县域教育现代化监测模型，以数据、事实为依据进行解释，跳出教育看教育，从更加宏观的背景中发现问题、分析问题，提出各方认可的、可接受的对策建议。

总体来看，描述性解释、关系性解释、应用性解释是一个相互衔接、逐步深入的过程。前者是后者的基础，后者是前者的升华。在不同的发展阶段，对应不同的监测需求，宜采取不同的解释方式，以便更好地实现以监测引领实践的目的。

小资料

县级政府履行教育职责监测结果解释模型

　　根据教育事业统计数据和调查数据，可将县级政府履职监测的三维立体模型分为四对共八种类型，分别是"高投入-高产出-高满意"模型（面 CBA），"高投入-高产出-低满意"模型（面 CBF），"高投入-低产出-高满意"模型（面 CDA），"高投入-低产出-低满意"模型（面 CDF），"低投入-高产出-高满意"模型（面 EBA），"低投入-高产出-低满意"模型（面 EBF），"低投入-低产出-高满意"模型（面 EDA），"低投入-低产出-低满意"模型（面 EDF）。

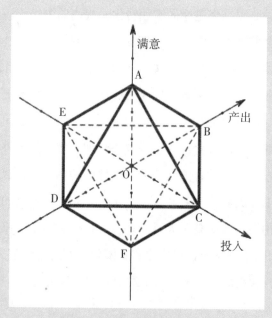

县级政府履职监测结果解释模型示意图

　　资料来源：赖长春．县级政府履行教育职责监测指标体系构建与运用策略初探［J］．乐山师范学院学报，2020，35（09）：122-129．

第四节　监测反思改进

推进县域教育现代化是一个长期的过程。这决定了县域教育现代化监测也是一个长期的、常态化的过程。县域教育现代化的复杂性决定了县域教育现代化监测需要根据实际情况不断地反思、改进，提高监测服务推进县域教育现代化的能力。着眼于县域教育现代化监测的实施与应用进行全程反思，是提升县域教育现代化监测质量的客观要求。

一、充分估计监测难度

凡事预则立，不预则废。县域教育现代化是一个长期的过程，不同的阶段有不同的发展任务、重点工作。预见县域教育现代化监测可能出现的变化、可能遇到的困难，提前采取应对措施，才能避免其对监测工作的消极影响，保证监测活动的顺利实施。从总体上看，县域教育现代化监测的难度是由监测框架决定的，并具体反映在政策风险研判、监测方案执行、数据采集、团队协作等方面。

框架与政策的冲突。从监测的视角出发，保持监测框架的稳定性是保证监测结果可比性的重要前提。如果监测框架不稳定，那么可能会使监测结果的应用性大打折扣。国家教育现代化政策是影响县域教育现代化的重要因素，也是影响县域教育现代化监测的重要因素。从推进县域教育现代化实践来看，突出阶段任务、重点工作才能提升工作效益。因此，在进行监测框架的设计特别是内容框架的设计时要深入分析国家教育现代化的要求，抓住县域教育现代化进程中的关键要素，增强监测与政策的吻合性。

框架实现的难度。框架和指标是监测的基础，是监测的科学性的体现，也是达成监测目的，发挥监测作用的基础。推进县域教育现代化实践要求不同的阶段有不同的任务和重点，要求监测框架具有相应的稳定性，因此，首先，是要选择合适的监测框架。生态框架、简约框架各有其优势与不足，宜根据推进县域教育现代化的阶段任务和监测团队的实力选择合适的监测框架。其次，是精心设计监测指标体系。框架中的指标体系必须与时俱进，力求兼顾长远性与阶段性，及时更新已实现的、过时的指标体系，从而使监测指标具有现代性；否则，难以实现对实践的引领，对政策的回应。同时，哪些指标是县域教育现代化监测中的关键指标，需要充分地论证，抓住关键指标、核心指标，真正地发挥指标的引领作用、牵动作用，使指标体系发挥事半功倍的效果。

数据采集的难度。有数据，监测才能由虚变实。采集数据是监测的关键步骤。从数据采集来看，数据的可获得性、准确性缺一不可。通常，教育系统内部的数据较外部数据具有更好的可获得性。获得系统外部数据的支持，需要建立协作关系和协作渠道，以方便地获得可靠的数据。数据的获得是从建立数据渠道开始的。作为监测机构，一方面要提高自身采集数据的能力；另一方面要与系统内部、系统外部的相关机构建立协作关系，及时获得准确有效的数据。特别是了解数据的渠道、方式，通过合法手段获得合法数据，通过沟通建立信任、协作关系，遵循国家的数据管理办法，保证数据安全。

政策调整的风险。推进县域教育现代化是对国家教育现代化战略的执行。与国家教育政策契合的监测才是有生命力的监测。因此，县域教育现代化监测必须体现对国家教育发展战略的执行。理解、契合国家教育政策要求，必须全面分析、跟进国家教育政策，把国家教育政策要求纳入监测之中。特别是在相关指标的设计中要密切关注国家政策的变化，在保证指标的稳定性基础上，突出对国家热点政策、阶段重点工作的关注、融入，防止监测与国家要求、阶段任务的脱节。

团队协作乏力。县域教育现代化监测是团队协作的结果。缺少有效的团队协作，就难以有效地实施县域教育现代化监测。团队的力量、团队的协作方式是影响县域教育现代化监测的又一关键因素，必须加强团队建设，保持监测团队的稳定性，提升监测团队的专业性，加强团队成员的及时沟通、配合，建立良好的协作机制。在具体实施中要注意两点：一是团队成员要加强对监测方案的学习，形成对监测工作的共识；二是对于监测中出现的问题必须坚持团队攻关，发挥集体智慧，依靠集体力量解决问题。

监测方案存瑕。依据监测实际情况对监测方案作适当的调整和优化是必须的。从监测方案的设计来看，宜以实操为导向进行周全设计。县域教育现代化监测的实施是必须以周全的方案为基础的，离开了详尽周全的方案，监测活动就会存在变数。可以通过预试预测检验方案的可行性，弥补方案设计的不足。同时，要尽可能设计预案，特别是对监测可能遇到的问题进行充分讨论，以问题为导向，把监测可能遇到的问题想深想细，提前作出应对方案。

二、利用信息化手段

现代信息技术手段已经广泛地应用于工作、生活的各个方面。在县域教育现代化监测的关键环节中引入、使用现代化的信息技术手段是提高监测质量的应有之义。

利用信息化手段采集、处理数据。信息化平台对于县域教育现代化监测数据的采集、存储、加工等有着重要的优势。宜将信息化平台应用于县域教育现代化监测的关键环节，利用成熟的软件或定制开发相应的软件对数据进行自动化、联网化、协作化处理可以极大地提升监测的工作效益。

利用公共平台丰富数据。利用政府及职能部门的官方网站、微博、微信等公众信息平台采集相关的数据，拓展数据、信息获取的渠道、手段，丰富监测的路径和素材。特别是公共平台发布的相关数据，是县域教育现代化监测追踪、补充更加详细的数据的重要线索。

利用信息技术手段撰写报告。主题、素材及应用场境的相似性决定了县域教育现代化监测报告具有结构的相似性。利用信息技术手段可以在一定程度上实现县域教育现代化监测报告的自动化、规模化生成。因此，宜设计一定的报告模版，采取线上线下结合的方式，对内容进行及时记录、修改，并美化其表现形式，从而提升县域教育现代化监测报告撰写效益，缩短报告生产周期。

促进信息技术手段的更新升级。现代信息技术日新月异，县域教育现代化监测的具体指标具有阶段性，监测结果报告与分析亦可能出现新的需求，这些在客观上要求融入县域教育现代化监测的信息技术手段也需要适时适度更新，以满足监测工作的需要，服务于监测质量提升。以平台建设为方向利用信息技术是一个基本趋势。基于现代信息技术的县域教育现代化监测平台建设宜坚持以应用需求为导向，以县域教育现代化监测为核心内容，力求稳定性与灵活性结合，将监测过程按阶段建成相应的工作模块，打通数据采集与分析、报告生成等工作环节，并将结果存储、查询、应用功能融入其中，实现监测前端与后端的一体化，使平台成为监测与应用的中介。

三、保证数据质量

数据是县域教育现代化监测的基本素材，也是表现县域教育现代化监测结果的基本载体。保证数据质量才能保证监测质量。真实可靠是评价数据质量的核心指标，开展县域教育现代化监测必须以数据真实可靠为基本前提。为此，要遵循严格的程序和技术规范，为保证数据质量提供支持。

规范数据流程。数据贯穿于县域教育现代化监测的始终，要注意从源头、过程、结果三个方面保证数据的真实可靠。从源头来看，数据必须来源明确，可查证。只有从源头上保证数据的真实性，才能保证结果的可靠性。从获得数据来看，法定数据有着严格的采集程序、审核程序，应优先使用法定数据。自采数据方面，则要加强对数据采集的教育、宣传，确保数据的来源可靠、内容真实。要排除功利性、短视化的思想，避免主观弄虚作假。从过程来看，数据的处理必须遵循设定的处理规范，保证数据清理、运算、核对等过程性环节的质量，防止技术性失误。从结果来看，要保证数据的不可更改性。对于经过严格按规范程序形成的结果数据，除了发现其形成的过程存在技术失误或人为失误外，不得对其作出任何修改。

注重数据互证。数据来源的多样性决定了县域教育现代化监测需要对采集到的数据进行严格的甄别。一个数据是孤立的、难分对错，一片数据才可以互相支持、互证真相。[1]不同来源、不同渠道的数据的相互印证可以进一步提

---

[1]涂子沛. 大数据 [M]. 桂林：广西师范大学出版社，2015:349.

高数据的质量。要坚持数据选择标准。从数据使用的优先性来看，无论是来自哪个部门的数据，都必须坚持法定数据优先，公开数据为补充的原则，确定数据的应用秩序，避免以各种缺乏权威性的数据代替法定数据、公开数据。对采集到的数据要作相互比对。坚持先比对，后应用。如果出现数据不一致的情况，则宜进一步对数据产生的基本过程、算法的异同、原始数据之间的差异等方面进行分析，追本溯源，选择正确、可靠、可信的数据。任何时候都要坚持以真实数据为基础，而不是凭空捏造、主观臆想的数据。

注重数据挖掘。教育是经济社会的有机组成部分，要坚持从社会生态的视角出发，分析影响教育现代化发展水平背后的原因。县域教育现代化进展水平与县域经济社会发展水平紧密关联，不仅要分析反映县域教育现代化进展水平的数据，而且要善于将其与代表县域经济社会发展水平的数据关联起来，建立基于经济社会发展视野的县域教育现代化分析模型，深入分析投入与产出、过程与结果之间的关系，揭示隐藏于数据背后的规律，为实现县域教育现代化可持续发展提供支持。

监测、反思、改进是一个整体。县域教育现代化监测总是在设计、实践、反思、优化的过程中不断前进的。扎实的实践为深刻的反思提供了可能，而深刻的反思则是促改进的重要基础。遵循规范的程序以保证监测实践的质量，加强对实践的反思则可以发现需要改进的问题，进一步完善程序、提高质量。善于从不同环节、不同角度出发对县域教育现代化监测的具体实践进行反思，将成为改进县域教育现代化监测、推进县域教育现代化实践的重要力量。

第八章　县域教育现代化监测结果应用

县域教育现代化监测结果应用是依据监测结果对县域教育现代化实践加以改进优化的实践活动。其根本目的在于从更大范围、更高水平加快推进县域教育现代化。根据我国教育法律法规要求，立足县域实际，构建县域教育现代化监测结果应用长效机制，践行"一地一案"的要求，形成具有县域特点的教育现代化实践，是县域教育现代化监测服务推进教育现代化的应有之义。

第一节　监测结果的核实

监测结果的核实是决定监测结果能否成为依据的关键步骤。真实可靠的监测结果才是决策与实践的依据；否则，依据虚假、错误的结果只能导致实践与决策的错误。只有经过核实准确无误的结果才有报告和应用的价值。核实监测结果要重视以下内容。

一、数据核实

数据核实是将不同阶段的数据进行复核，比对其一致性。数据是监测的依据，也是监测结果的表现形式。数据是贯穿于县域教育现代化监测全过程的。着眼于县域教育现代化监测的关键环节加强数据核实，是保证县域教育现代化监测结果可靠性的重要工作。

数据核实重在保证数据真实准确。数据是质、值、时的统一。县域教育现代化监测中数据的真实准确是通过其来源、数值等方面的匹配度来体现的。数据核实重在验证其来源、数量、数值、匹配度，确保其真实准确。数据的真实性要求其是反映监测对象的基本属性和特征的数值，而不能是伪造的虚假数字。准确性则强调数值的表现量要与监测对象的实际特征吻合，不能因误差的允许值存在而蜕变为错误数据。

数据核实要尊重数据的特征。县域教育现代化监测数据由基础数据、过程数据、结果数据三个部分构成。基础数据亦称"原始数据"，一般由专门的机构统计或监测对象自报获得。具体地说，基础数据主要包括法定数据和采集数据。法定数据是各地教育行政部门统计的教育数据，教育事业统计报表是法定数据的主要来源。采集数据是监测主体利用一定的工具进行专门调查后获得的相关数据。对基础数据的核实要注意两点：一是要确定其采集时间；二是要核实数据与对象的匹配程度，防止数据引用出现错误。过程数据是指利用基础数据，依据监测规则进行运算后获得的直接结果。其核实的要点是确定数据的完整性、准确性。即依据运算规则获得的结果与监测指标、监测指数构建的吻合度，其结果能否满足监测指数构建的要求，进而判断运算过程是否正确。结果数据是指用于表现县域教育现代化的结论性数据，是形成结论的基础和依据。在核实时要注意各项指数形成的基础是否完整，反映县域教育现代化水平的指数是否完整、恰当，以形成正确的结论。

数据核实的基本方法是溯源法和比对法。溯源法即回到起点认真核对数据的准确性。比对法则是以监测过程中形成的数据与源数据进行比对，保证运算的基础与结果的可靠性。两种方法均可采取抽样检测的方式进行，即按一定的规则从采集到的大量数据中抽取适量的样本进行复核、验算，比对其结果的一致性。就核实过程来看，至少宜由两组以上的验算团队进行独立核实，然后对各组的核实结果进行组间比较。如果组间比较结果有一致性，则可以认定数据具备可靠性、准确性。如果组间比较结果不一致，则要分析不一致的原因，并就抽样数据进行再次复核、验算。最后依据新核实数据对监测结果作出修订，或作必需的监测说明，或依据新的校正数据重新作出正确的结论，或对监测过程作必需的补充说明和解释。否则，难以保证其可靠性和对应用的指导性。

二、规则检查

规则检查就是对获得县域教育现代化监测结果的基本规则执行情况的核查。规则是保证县域教育现代化监测结果符合预期的技术路线的基本技术规范。规则本身的错误或规则执行的失误都可能导致与预期结果不相符合的结论。规则检查包括方案执行、监测程序反观、运算规则落实等部分。

监测方案执行。方案是对县域教育现代化监测的实施情况的总体设计、部署。它是获得预期结果的基本技术规范。不同的主体及监测对象的职责是否落实、预定的监测任务是否按要求完成、完成任务的基本程序是否符合教育监测的基本规范等是检查的重点。检查县域教育现代化监测方案的执行情况旨在通过方案执行了解监测的实施过程是否符合教育监测的基本技术规范，避免技术疏漏甚至主观错误造成错误结果。

监测程序反观。监测工作必须遵循相应的、行业认同的基本程序。从教育监测来看，确定相应的监测主题、建立适用的监测模型、研发合适的监测工具、采集匹配的监测数据、整理分析监测数据、撰写科学的监测报告、反馈监测结果是基本的、紧密相连的程序。监测方案设计的基本程序和技术要求是规则检查的基本依据。规则检查就是将监测的实际执行过程与方案的设计要求进行对比，对其一致性进行判断。各环节均有相应的规范要求，在具体执行时是否依据相应的规范程序展开、各个环节的执行是否发生意外情况、监测实施过程中出现的意外情况是如何处理的等是监测程序反观的重点。

运算规则的落实。运算规则是事先确定的数据处理的基本规则，其执行情况直接决定着监测结果正确与否。运算规则贯穿于数据采集与运算之中。从数据采集来看，相关的数据的统计口径是否符合监测方案的要求是关键。从数据运算来看，数据计算的准确性、各项指标的赋权及权重的执行等应与监测方案的要求保持一致。数据采集口径是否存在随意扩大或缩小的现象、在权重的安排上是否存在错误的引用等现象是运算规则落实检查的重点。

规则检查的基本方法是自省自查法和专家评估法。自省自查以批判性反思为基础和核心，推动规则检查深入开展。通常，规则检查由监测结果应用主体以批判性质疑的方式提出或发起，监测主体则予以相应的回应。这个回应过程就是以规则检查为基础和核心的。监测主体一方面需要对监测的实施过程进行程序性反思；另一方面需要动员监测对象给予相应的支持与配合，还原监测实施对方案的理解与执行情况，并提供相应的证据。专家评估则由熟悉县域教育现代化监测的专家对数据采集、数据运算等关键环节的合规性进行判断，以发现监测主体可能忽略的问题，促进县域教育现代化监测按预设的方案执行，或促进监测主体对监测方案、监测结果进行校正、修订。

三、结果验算

结果验算是指对监测结果进行再次计算，以判断监测结果的正确性。结果验算是监测结果应用的重要基础。验算过程也是促进监测应用主体深入、准确地理解监测结果的重要环节。验算合格的监测结果更能够被应用主体认同，能够接受不同主体、不同视角的质疑，可以增强监测结果应用主体对结果应用的底气和信心，为后续应用提供重要助力。

一致性复核是结果验算的重点。结果验算是一种复查性质的抽样计算。它是对监测中形成的过程性资料与结果进行比较基础上的复核，其中过程资料复核、运算结果复核、要素关系复核是结果验算的重点。从过程资料复核来看，主要是通过抽检来判断结果、数据、规则之间的匹配性、吻合性、一致性。从运算结果复核来看，通过验算以判断整个监测中的数据处理的严谨性、准确性，并判断监测结果是否按预设的方案反映了县域教育现代化的当前状况，即监测结果是否可靠。从要素关系复核来看，主要是反映监测结果的数据与预设指标的对应性，监测指标之间、监测数据之间是否存在不一致的地方，整体与部分之间是否能够相互支撑、相互印证。

结果验算要突出点段互证。监测结果是县域教育现代化改进工作的直接依据，准确性是其可应用的天然属性。错误的结果应用于县域教育现代化实践必然会误导实践。监测对象的复杂性、多样性决定了其出现问题的可能性也是多种多样的。结果验算是一个疑入准出的过程，宜着眼于结果产生的全过程全面实施验算。从时间维度来看，宜针对数据运算的不同环节，对其引用、运算方法加以批判性质疑，保证其准确性。从内容维度来看，则宜针对不同维度、不同性质的结果进行深入分析，对关键数据、关键环节实施验算，判断数据引用的正确性、准确性。

结果验算的方式应有多样性。结果验算可以由监测主体执行，也可以由监测结果应用主体执行，还可以委托第三方对监测结果进行复核。由监测主体进行的结果验算具有省时高效的特点，由监测应用主体进行结果验算则可能存在遗漏规则或数据导致验算不准的问题，或者难以深入的问题。如果能够选择具有良好专业资质和信誉的第三方机构进行结果验算，则具有良好的公信力。从现实执行情况来看，结果验算是与项目评估结合在一起的。一般来说，监测主体会主动地在对结果进行验算后才提交或发布监测报告。一旦监测结果受到质疑或有小瑕疵，那么整个监测工作都可能受到质疑，大大降低其公信力。

四、现场考察

现场考察是指对县域教育现状的实地考察。现场考察往往可以见到具体样例，具有较好的直观性，受到结果应用主体的青睐。基于监测结果应用的现场考察，包括监测性考察和应用性考察两类。

监测性考察是指在县域教育现代化监测中深入到县域教育实践现场对县域教育现代化水平进行了解、核实。从性质来看，它是县域教育现代化监测的重要组成部分。以县域教育现代化监测的重点指标为基本内容，重在了解被监测县域数据的真实性，非量化性实践的组织实施情况，通过将事实与数据进行现场比对，形成数据与事实相结合的、体现定性与定量评价相结合的考察结果。通过这一方式可以了解县域教育现代化监测中其他渠道和方式获得的信息及结论的真实性，为修订监测结论提供依据。同时，监测性考察的结论也可以为应用性考察提供启示和参考，甚至被应用性考察直接引用，提高应用性考察的效率。

　　应用性考察是指基于考察主体的实践性需求，对县域教育现代化样本的实践情况进行了解、核实。应用性考察关注的核心是"怎么做"这一类操作性、实践性问题，其关注点前移到县域教育现代化实践取得良好成效的深层原因和关键举措这两个方面。应用性考察的主体可能是其他县域的学习者、研究者，也可能是本县域的不同层面的实践主体。应用性考察的内容是按需设计的，即从应用主体的需求出发，确定相应的考察重点和程序，不同的视角会有不同的组合和结果。应用性考察可以是问题导向，也可以是成就导向。对于外来学习者，更多的是成就导向或经验导向，即重点考察、了解目标县域的基本经验和有效做法。县域内的应用主体特别是管理层面的主体更多的倾向于问题导向，即发现、分析县域教育推进现代化进程中的短板、问题，分析导致问题存在的原因、制约县域教育现代化水平提升的关键因素。

　　现场考察通常是以团队考察的方式进行的。考察团队依据考察的目的、任务，有着严密的分工和聚焦点。现场考察的方式一般包括座谈、访谈、听取报告、现场参观、访问等。考察中，考察团队会采取听、记、录等方式留存相关信息以便最大程度地还原县域教育现代化实践。对考察结果的整理影响着样本县域的经验或问题能否被准确地揭示。通常应根据考察目的，抓住县域教育现代化实践中的关键节点和要素收集资料、整理资料，辨识其真伪，分析不同资料、素材之间的逻辑关系，揭示现象背后的规律和原因，发现其中存在的真问题、真经验。

第二节 监测报告的解读

监测报告是县域教育现代化监测实施后形成的叙实性文本。其内容是对监测过程和结果的说明，事实、数据、图表及相应的文字是表现内容的主要载体，具有较强的专业性。正确地解读监测报告对于实现以监测改进工作，助力县域教育现代化监测结果走向应用具有重要基础作用。

一、解读的基本原则

科学全面的原则。解读县域教育现代化监测结果要具有宏观视野。教育现代化是国家现代化的重要内容，县域教育现代化则是国家教育现代化的重要组成部分。因此，县域教育现代化监测是以国家宏观政策和监测理念为指导的，解读县域教育现代化监测报告既要解读政策依据、理论构建过程，也要解读监测结果代表的基本涵义，使读者能够真正理解县域教育现代化监测结果。县域教育现代化监测结果解读的内容要全面。县域教育现代化监测报告既报告县域教育现代化的成绩，也报告县域教育现代化进程中存在的问题，对这两个方面的内容都要准确解读，切不可只报告成绩不报告问题或只说问题不谈成绩。对县域教育现代化监测结果解读的分寸把握要准确。对于影响县域教育现代化的各种因素及相互关系的解读要以实测数据和事实为依据，进行深入分析，而不是简单地夸大或贬损。基于科学的结果解读，着力于阶段实践重点与未来长远发展相结合建立推进县域教育现代化监测结果应用的长效机制。

问题导向的原则。了解现状、指导实践是县域教育现代化监测的重要目的。在推进县域教育现代化进程中，问题是矛盾的集中表现。县域教育现代化监测发现的问题是后续工作中需要进一步改进的问题，也是后续阶段推进县域教育现代化工作的着力点和突破点。对于监测报告呈现的问题，如比照阶段目标存在的不足或短板、推进工作中存在的不足和薄弱环节，都需要加以高度重视。发现县域教育现代化的主要问题和问题的主要方面，进而深入地分析问题产生的原因，提出解决问题的对策是县域教育现代化监测必须思考和承担的任务。要以问题作为新阶段工作的出发点和着力点，不断促进县域教育现代化推进工作的改进，不断提升县域教育现代化工作的结果质量。离开了对问题的深入分析，那么县域教育现代化监测就很难获得各方面的持续支持。

应用导向的原则。县域教育现代化监测是一项以实践为内核的专业活动。从实践的视角来看，县域教育现代化监测结果的最大价值在于应用，如果离开了具体的应用，县域教育现代化监测就失去了其实践意义。服务决策、指导实践是县域教育现代化监测结果应用的最主要方式。建立监测结果与实践之间的连接，让监测结果服务于实践过程的改进和质量的提升是县域教育现代化监测结果解读的重点之一。为此，县域教育现代化监测要充分地分析实践需求，以满足应用需求为基本取向建立报告体系。应用导向的结果解读要突出与具体场境的结合、与改进对策的结合，针对县域教育现代化的具体问题提出实践建议。应用建议要以改进为着力点，突出体系化、操作化，将县域教育现代化作为一个整体加以思考、系统解决，形成体系化、实践化的对策建议，促进县域教育现代化逐步从现实性出发不断迈向理想水平。

二、监测结果的内涵

县域教育现代化监测结果既是客观的，也是主观的。从客观性来说，它是一种客观事实；从主观性来说，这种客观事实可能会因为不同的监测指标体系或不同监测团队的选择而形成不同的结果报告。深入地分析县域教育现代化监测结果的客观构成与表达对促进监测结果应用具有重要意义。

指数化是监测结果的重要表达方式。指数经常用于对经济社会发展水平的描述，也同样适用于对教育现代化水平的描述。指数是基于客观事实的量化而合成的一个相对值。它具有高度的概括性、简约性，易比较、易理解，能够被广大人民群众认同。指数是定性与定量的结合，建立县域教育现代化监测的指数体系是实现结果表达精准性的客观要求。就县域教育现代化监测来看，它是以目标为导向的，基于县域教育现代化的目标，可以建立目标指数、发展指数、进程指数、进步指数，如图8-1所示。

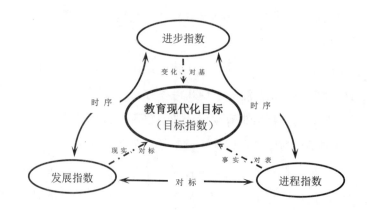

图 8-1　县域教育现代化监测指数结构示意图

　　指数的获得是基于严密的逻辑进行的。首先，依据方案形成指数。在实施监测之前，就应当设计指数形成的基本方案。接着依据监测指标体系确定的具体监测点，获得关于监测点对应的具体监测指标的客观值，这是合成客观指数的重要前提。然后依据各项指标在监测指标体系中的重要性分别赋值（权重）、合成处理，获得相应的指数。在这个过程中对指标赋权是形成相应指数的关键。通常可以采取专家赋权法（亦称"德尔菲法"），即通过若干轮向专家征求意见，明确各项指标在指标体系中的重要性和权重值。其次，指数的形成与监测模型紧密相关。同样的指标在不同的监测模型中可能会有不同的权重，会形成不同的指数值。如果监测模型的差异大，通常会导致同一指数的监测值差异显著。在应用时要注意辨别指数形成的监测模型之间的联系和区别。最后，在不同的发展阶段，同样的指数值其意义并不完全相同。其直接原因在于监测模型会随着县域教育现代化发展水平适时调整、修订，以真实地反映县域教育现代化现状，根本原因则在于教育现代化的内涵会随着时代发展而不断丰富。因此，要结合具体的发展阶段、监测模型及指标权重理解指数的含义。

　　不同指数有不同的意义。从不同层面、不同角度反映县域教育现代化实践现状的要求，客观上决定了县域教育现代化监测指数表现为多个不同类型的数值。在县域教育现代化监测指数体系中，主要有四类指数，即目标指数、发展指数、进程指数、进步指数。

目标指数。它反映一定时期内县域教育现代化应当达到的水平。标准是事先规定的目标或需要努力达到的目标。[1] 目标指数是基于监测框架确定的各项指标对政策规定的各项目标值进行加权处理形成的。通常是用于衡量县域教育现代化发展水平的底线标准，是保证县域教育现代化基本数量和质量的重要指标。在一定时期内，目标指数是一个预设值，具有基础性和导向性，是对县域教育现代化水平的刚性要求，也是引领县域教育现代化的重要动力。同时，目标指数是其他指数具有实际意义的基础。从形成过程来看，目标指数以具体监测指标为基础，经过专家咨询等方式赋予指标相应的权重，先合成相应的维度指数，再由维度指数合成。合成目标指数的公式如下。

$$QGI=CGG+AEG+SQG+SCG$$

注：根据本书第六章第二节提出的县域教育现代化监测框架，QGI 是指县域教育现代化目标指数，CGG 是指条件与保障目标指数，

---

[1] 瓦伦缇娜·克兰诺斯，克莱尔·怀亚特－史密斯. 教育评价：标准、判断和调整 [M]. 沈蕾，译. 南京：江苏凤凰教育出版社, 2016:017.

AEG 是指普及与公平目标指数，SQG 是指结构与质量目标指数，SCG 是指服务与贡献目标指数。

发展指数。它反映特定时间点上县域教育现代化的现实水平。发展指数是基于监测框架和县域教育的实际水平，对依据监测指标获得的县域教育发展实际数据加权处理形成的。通常用于对一定时间点上县域教育的实际状态作出衡量。发展指数代表县域教育现代化的阶段总量，其值越高表明县域教育现代化水平越高。在特定时间点上，发展指数是一个实际值，具有基础性和阶段性，是进程指数、进步指数生成的基础。在不同的时间实施监测可以获得不同的发展指数，第一次获得的发展指数往往会成为衡量一个县教育现代化水平的基线。同时，发展指数不仅可以反映特定时间点上县域教育现代化发展水平与预定目标的达成程度之间的差距，而且可以通过对不同县域的教育现代化发展指数作横向比较分析，判断不同县域教育现代化发展水平的高低。合成发展指数的基本公式如下。

$$DPI=CGD+AED+SQD+SCD$$

注：根据本书第六章第二节提出的县域教育现代化监测框架，DPI 是指县域教育现代化发展指数，CGD 是指条件与保障发展指数，AED 是指普及与公平发展指数，SQD 是指结构与质量发展指数，SCD 是指服务与贡献发展指数。

进程指数。它反映县域教育现代化对预设发展目标的达成程度。进程指数是将责任主体已经完成的工作任务与政策要求的目标任务比较的结果，具体形成是以目标指数为比较基准，以实际测得的发展指数为依据的。进程指数标示着县域教育现代化在达成规划目标进程中的相对位置，其值越高表明县域教育现代化达成预定目标的程度越高。作为比较值，进程指数具有对标对表的特点，在实现县域教育现代化的中长期规划进程中，可以用于衡量县域教育现代化的整体速度和实际工作进展程度，也可以用于衡量县域教育现代化在特定时间点的总量及其与目标之间的差距，能够为改进工作提供客观依据。当进程指数接近或达到目标指数时，这意味着县域教育现代化发展达到当前的较高水平，丰富县域教育现代化的内涵，促进县域教育现代化向更高质量转型发展成为必然选择。进程指数的基本运算公式如下。

$$TPI = \frac{DPI}{QGI}$$

注：TPI 表示县域教育现代化进程指数，DPI 表示县域教育现代化发展指数，QGI 表示县域教育现代化发展目标指数。

进步指数。它反映县域教育现代化相较于前一时间点的提升程度。进步指数以县域教育现代化基线为比较基准，重在通过衡量发展的增量对县域教育现代化的动态变化程度加以量化。它主要用于评价责任主体推进县域教育现代化的工作力度，可以激励责任主体树立信心、添加措施，也可以发挥警示作用，对于县域教育现代化的持续推进、精准推进具有重要的参考价值。进步指数为正，表示县域教育现代化前后两个时间点比较有进步，反映责任主体的工作力度大、效果好；进步指数为负，则表示县域教育现代化前后两个时间点比较有退步，反映责任主体的工作力度不足、效果不佳。进步指数通过不同时间段的发展指数或进程指数比较得以形成，因此，其基本运算公式如下。

$$PI = \frac{DPI_t}{DPI_{t-1}} - 1 \tag{1}$$

或

$$PI = \frac{TPI_t}{TPI_{t-1}} - 1 \tag{2}$$

注：PI 表示县域教育现代化进步指数。

推进县域教育现代化的进展是非线性的，可能需要多年才能显现，改善结果的途径也是不确定的。目标指数、发展指数、进程指数、进步指数各有侧重、构成一个整体，对县域教育现代化水平加以动态的、立体的、精准的衡量，为推进县域教育现代化实践提供重要依据，为指导改进县域教育现代化工作提供参考依据。

三、问题的分析

作为监测结果的数据不仅可以直观地反映县域教育现代化的现状，而且也是探究问题及其原因的重要起点。透过数据发现问题的本质和形成问题的深层原因，是监测报告解读的重要任务。

准确定位问题。问题即监测发现的不足或短板。明确问题是县域教育现代化监测结果走向应用的重要步骤，其关键是准确定位在不同比较视角下的问题是什么。从认识的角度来看，问题是比较的结果，即问题可能是与标准比较的结果，也可能是与目标比较的结果，还可能是与其他县域比较的结果，或与自身的不同时点的状态比较的结果。同样的问题，不同的比较视角其内涵并不完全相同。从操作的角度来看，问题的责任主体是谁、在不同的视角下同一问题会有哪些不同的表现、各自强调的重点是什么、这些问题能够为实践改进和服务决策提供什么样的依据等都需要予以确定。促进监测结果应用要善于从不同的角度进行比较，形成不同的比较结果，并在比较中发现真实的问题，进而明白问题所反映的实质性内容是什么，为提出和构建解决问题的策略体系奠定基础。

深入分析问题产生的原因。县域教育现代化的现状是由县域内外的多种因素共同决定的。对于县域教育现代化推进中存在的不足和短板导致的原因宜作系统分析。从宏观角度来看，国家的教育体制机制在执行中存在哪些影响、制约县域教育现代化的堵点和盲点是什么，对这些问题宜作深入的分析，从更为广阔的社会背景、政策背景中发现制约县域教育现代化的深层原因。从微观角度来看，对保障县域教育现代化的体制机制及其实践存在哪些短板等也需要作深入的分析。特别是对具体县域宜从内外两个视角切入，针对其存在的问题分析究竟是教育系统内部的要素导致问题产生的，抑或是县域内其他因素的不足导致问题产生的。任何分析都要坚持辩证地看问题，依据严密的逻辑框架，以客观的事实为证据，不能脱离具体情境，否则就可能出现偏差。

明确相关工作的责任主体。在推进县域教育现代化的实践体系中，国家、省、市、县、校等不同的主体承担着不同的责任，既要总体规划，更要创新创造，不同主体共同履职尽责，形成推进县域教育现代化的合力，方可使县域教育现代化疾步稳行。坚持问题导向，理清问题清单、责任清单，明确问题是什么、责任主体是谁，为实现责权匹配，落实整改责任、实践责任提供依据，为实现问责追责，落实整改提供依据。

提出改进工作的建议。建议可能是改进工作的思路，也可能是改进工作的具体举措。改进县域教育现代化工作的建议要注重宏观性与微观性相结合、系统性与操作性相结合，依据国家教育法律法规的规定和现实可行性，分清宏观边界与微观边界，注重标本兼治，让宏观建议促进微观实践的改进，使微观实践通过量变实现质变，以基础性问题的解决促进县域教育现代化水平不断提升。特别是操作层面的建议要具有多样性、选择性，形成菜单式建议，让不同的主体可依据建议的"菜单"选择适合的措施加以应用，促进工作改进和质量提升，并在实践中创造新的有效举措。

第三节　监测结果的转化

监测结果的转化是指依据实践需要，对监测结果进行二次加工，形成适合县域教育现代化实践的基本成果。监测结果转化是应用者的创造性认识与实践活动，它以对监测结果的解读为基础，反映了从理论到实践、从一般到特殊的基本过程。

一、转化的基本原则

转化是从一种状态转变为另一种状态，具有同质异形的特征。无论是在自然界，还是在人类社会中，转化是一种应用广泛的基本方法。实现监测结果的转化是县域教育现代化监测结果走向应用的重要一环。县域教育现代化监测结果转化既是内隐的思维过程，也是可以外显的具体行为，它以对县域教育现代化推进举措的改进为标志，并遵循以下基本原则。

实践导向的原则。为实践服务的基本定位决定了县域教育现代化监测结果转化必须坚持实践导向的原则。在推进县域教育现代化进程中，实践是决定监测结果改进功能的第一要素。实践是由不同的主体在不同的层面进行的。客观地分析实践的层次、实践的基本视角，形成丰富的转化视角和相应的成果可以使转化成果更加接近实践需求，方便应用主体按需所取，减少应用主体再次加工转化的难度，促进监测成果在不同的实践层面落到实处。对县域教育现代化监测结果的转化既要注重理论的解释，更要注重对实践的干预和指导，体现对策建议的操作性。将监测结果置于具体的教育场景中进行诠释、示范，通过具体实例，让应用主体真懂、真用，使监测结果成为指导实践的具体依据。

解建结合的原则。县域教育现代化监测结果应用不是对监测报告的全盘照搬。作为系统的监测报告，县域教育现代化监测结果可能会从不同的层次、不同的视角报告县域推进教育现代化的基本情况，本着事权匹配的原则，不同的主体需要将自身置于其中，对照目标、对照责任、对照问题认真解读监测结果，分析自身在推进县域教育现代化中存在的优势与不足，分析可为能为之事。同时，从整体的视角出发，以监测结果作为重要依据进一步解剖县域推进教育现代化取得的阶段成绩与经验、存在的问题与不足，立足于自身实践和县域实际探索解决问题的有效思路和办法，不断构建改进工作的策略体系，并融入县域教育现代化区域实践之中。

直观易懂的原则。县域教育现代化监测结果作为专业性报告，是以数据和专业术语为基本的表达语言的。对结果的准确理解是结果应用的重要前提。因此，如何将这些数据和专业术语转化为能够被广大的应用主体准确理解、认同的实践语言对于促进县域教育现代化监测结果应用具有基础性、前提性作用。转化中可采取的思路是通过对数据、专业术语的解释降低理解的难度，采取恰当的表现方式让数据蕴含的深奥内涵能够直观地表现出来。比如，对应用主体不熟悉的专业术语作深入浅出的解释，运用直方图、柱状图、扇形图、雷达图等方式对监测结果加以直观呈现。特别是转化团队要善于依据应用主体的特点和习惯选择恰当的表现方式对监测结果加以表达，防止艰深晦涩的语言过多造成应用主体对监测结果的不理解，甚至排斥或误解误用。

二、转化的重点内容

转化是县域教育现代化监测结果与应用的连接环节。这个环节以内隐性思维为内核，以实践性表达为主线，是一个内外结合的过程。抓住立场转化、内容转化、策略转化等重点内容，可以使县域教育现代化监测的内隐性过程得以外显，起到事半功倍之效。

立场转化。立场即观察问题的视角和出发点。立场转化即将观察问题、分析问题的视角从监测主体调整到应用主体，从应用主体的视角对县域教育现代化的现状及其改变进行思考、分析。对于同样的事物，不同的立场会有不同的观察视角、不同的观察方法和不同的观察结果。监测是从第三方的视角对问题的观察与测量、表达，其结果常具有客观性强、可信度高等特点。实践主体则常有"身在此山中"的困惑，甚至出现难以自察的偏差。县域教育现代化监测结果解读立场转化的核心是从监测立场转移到应用立场，实现是什么与怎么办的结合。揭示县域教育现代化监测的基本立场，可以让应用主体更加迅速、准确地理解县域教育现代化监测的结果。县域教育现代化监测结果转化既要着力于对事实的研判，也要着眼于对事实的改造。特别是作为县域教育现代化监测主体，要善于打破对自身身份的固化，将监测立场转化为应用立场，深入地分析、体验应用主体的需求，认识问题、理解监测结果的基本思维方式和操作要领，可能会遇到的困难和问题，站在应用主体的视角对县域教育现代化监测进行全程、全面的解读，对监测结果作出新的判断，从而为内容转化奠定基础。

内容转化。内容转化是指将监测结果所反映的基本观点、基本事实依据从静态知识、普遍知识转变为动态知识、情境化知识。它的核心是情境化诠释。从内容来看，对指标及其数值的解释是核心。对于指标和监测获得的数值的具体含义，要立足于专业性作出准确、通俗的解释，让应用主体能够迅速、准确地理解指标在实际工作中的具体指向和标的物是什么，助力于将监测结果与实践场境结合起来，使得实践改进有的放矢，形成改进实践的现实力量，避免对监测结果解读的歧义而导致对问题把握和实践的偏差。从形式来看，则宜以多维多态为基本取向。多维即着眼于不同层次、不同角色的实践应用需求，从不同维度对监测内容加以展现和解释。多态则包括时态和形态两个方面。从时态来看，重点突出过去、现在、未来三种时态下县域教育现代化的不同状态；从形态来看，则主要是通过文字、图表、线条、颜色等表现要素的变化，直观醒目地呈现县域教育现代化在不同维度、不同时间的状态及其变化。

策略转化。策略转化是对标问题解决将思路、方法情境化。它以创造性为内核，以具体化为重点，以操作化为表现，力求将普遍规律与特殊需求结合，对于降低县域教育现代化监测结果情境化应用的难度具有重要意义。依据大规模的县域教育现代化监测结果提出的解决问题的策略往往是针对普遍存在的问题的。不同的县域在推进县域教育现代化进程中面临着不同的问题，这决定了需要将监测报告中的对策建议转换为基于特定县域实际问题的策略。策略转化的核心是对照检查问题，明确问题，将问题盯紧盯实，把普遍性策略转化为场境性策略，应用于推进本县域教育现代化实践，促使县域教育现代化质量不断提升。同时，在推进县域教育现代化监测结果应用的实践中结合本县域实际创造新的工作举措，促进县域教育现代化又好又快地发展。

三、转化的常用方法

走向应用的转化是一个互动的创造性实践过程。监测主体和应用主体共同参与其中，方能使转化实现有效衔接。在实现县域教育现代化监测结果向应用转化的过程中，常用的方法有专家咨询法、互动研讨法、示范引领法。

专家咨询法。就是以县域教育现代化监测结果转化的初步成果为内容，通过向不同领域的专家征求意见，优化转化的基本思路、重点突破方向等。专家咨询的关键是充分利用专家的智慧和经验。为此，要注意以下三点。一是要注重专家遴选。专家遴选要精与广结合。从精的角度来看，专家的专业背景、实践经历与咨询问题的专业性、对应性是专家选择的重要因素；否则，难以实现专家咨询的目标，难以获得期待的意见。那些行业领域经验丰富、有真知灼见、愿意站在实践立场思考问题的专家应作为咨询的重要人选。从广的角度来看，"广"包括视野广阔和数量足够，宜邀请不同阅历、不同观点、不同专业背景、数量合适的专家作为咨询对象，不宜只局限于观点高度一致的少数几个人。二是要重视咨询时机和形式的选择。总体来看，专家咨询可以安排在监测结果公布之后、实际应用之前，也可以安排在形成初步的应用方案之后。专家咨询的意见既可以用于不同的应用阶段，也可以在不同的应用阶段组织专家对其再咨询、再论证。专家咨询可以采取集中研讨论证的方式，也可以采取书面、电话、网络咨询等方式。三是要善于整合专家意见。要理清专家意见的基本目标、逻辑、着力点，回归于推进县域教育现代化的实践这一基点，合理吸收专家的有益意见，整合形成合理的应用方案，防止因甄别失当而带来的实践失误、应用失误。

互动研讨法。它是指在县域教育现代化实践中，围绕科学推进县域教育现代化这一目标和核心，不同主体加强沟通、协调、研讨，切实解决制约县域教育现代化的堵点。互动研讨要以问题为导向，以批判性反思为主要思维方法，发现县域教育现代化推进中存在的问题，建构解决问题的有效方案。这一方法有利于调动上下级、县域内不同部门的积极性，增强县域推进教育现代化的主体意识，落实主体责任，促进县域教育现代化与县域现代化的融合。实施互动研讨要突出以下关键点。一是主题要明确。对研讨的主题要认真筛选，突出针对制约县域教育现代化推进成效的关键问题。通过研讨明确问题的症结所在，形成解决问题的方案，疏通问题解决路径，制订解决问题的路线图和时间表。二是准备要充分。将讨论主题聚焦于真问题，通过数据、事实让问题量化，预判问题解决难度，对解决问题需要从哪些方面着手，要有一个初步的思考和意见，集中研讨人员的智慧对方案进行完善和优化，防止和避免研讨问题时议而不决，泛泛而论。三是要善于处理不同意见。不同立场、不同视角、不同经历、不同部门、不同职责决定了不同主体认识问题、解决问题的思路和方法是不同的。要从是否有利于推进县域教育现代化，是否有利于促进学生健康发展，是否有利于全面落实立德树人根本任务出发，坚持合理扬弃，对不同意见中的合理部分加以鉴别、整合，促进应用方案和应用实践的优化。

示范引领法。它是指通过县域教育现代化推进中的优秀典型推动更大范围内的县域教育现代化实践优化和质量提升。示范引领是一种以比较为基础的应用推进方法。作为示范的样本，既可以通过监测结果的比较得以发现，也可以通过一定的评估认定工作比较呈现。从监测结果来看，那些相关指数发展水平较高的县域可以作为示范的样本。从评估认定来看，那些率先达到县域教育现代化评估标准，并通过评估认定的县可以作为示范样本。示范引领以实例为载体，以实践为重心，既可以反映其实践的要点，便于近距离观察、追踪，又可以基于实例进行反思、总结，让更多的实践主体在反复揣摩中形成与县域教育现代化实践相切合的策略。因而，示范引领可以适用于县域整体，也可以适用于县域教育现代化推进的局部工作。作为示范样本，它具有自身独特的、有效的做法和经验，可以成为其他县学习、模仿的榜样、实例，为它们提供具体做法或整体工作思路、工作模式，实现县域教育现代化推进经验在更大范围内的复制、推广。为有效达成示范引领的目的，大规模县域教育现代化监测主体及相关职能部门宜加大对县域教育现代化推进工作优秀样本的宣传。对样本的宣传可以通过召开现场会、经验介绍会、专题研讨会等有效的方式进行。推进县域教育现代化的实践主体则需要对样本经验二次加工，创造性地借鉴、应用样本经验。从实践者的角度来看，宜主动选择、分析背景相似度高的示范样本，减少学习、模仿转换的难度，增强经验的可应用性。从区域管理者或监测团队的角度来看，则需要研究不同进程的示范样本，多角度地剖析样本，揭示样本价值，为更多的实践者提供选择、比较的机会，以真正发挥示范引领作用。同时，示范引领宜与结果解读、专家咨询等方式结合起来，深度解读监测结果，精准实现应用转化。

这些方法具有以我为主、集思广益的基本定位和特点，目的在于提高推进县域教育现代化的质量和效益。以上方法并不适合单独使用，宜以县域教育现代化推进实践为基础，立足于县域实际选择适合的方法加以综合应用，助力县域教育现代化水平的提升。

第四节　区域应用的策略

监测结果的价值在于应用。县域教育现代化监测结果应用是县域教育现代化监测实施工作的自然延伸，是推进县域教育现代化的内在要求，采取恰当的策略有助于以监测结果应用推进县域教育现代化实践。不同层面的实践有不同的需求，着眼于较大区域范围内县域教育现代化的有效推进，着力于区域推进工作的节点，加强机制构建、基地创建、评估导向、督导问责等重点，可以较好地推进县域教育现代化监测结果的应用。

一、机制构建

机制建设是打通县域教育现代化监测结果应用通道，提升推进县域教育现代化建设成效的重要方式。从区域来看，监测结果应用机制是以监测实践为基础，以监测结果解读为起点，以转化应用为核心，以工作改进为标志的一体化工作程序。机制构建重在集监测、宣传、应用于一体。

建立监测结果发布机制。发布监测结果是大面积应用监测结果，促进监测结果常态化应用的重要前提。县域教育现代化监测是为督政服务的，其结果是督政的重要依据。《教育督导条例》明确规定"督导报告应当向社会公布"。《关于深化新时代教育督导体制机制改革的意见》明确要求"强化督政、督学、评估监测职能""要形成督导报告，并充分利用政府门户网站、新闻媒体及新媒体等载体，以适当方式向社会公开，接受人民群众监督。"依法向社会公布包含监测结果在内的督导报告，是教育督导部门依法履行职责的客观需要，也是人民群众享有教育知情权的重要方式。一旦监测结果得以发布，就意味着监测结果将面向社会并接受社会监督。这种社会监督将转化为县域教育现代化建设的重要推动力量。

建立监测解读机制。聚焦于县域教育现代化的推进，既解读监测的结果，也解读监测的政策依据和实践背景。在监测结果解读方面，既注重对区域整体情况的解读，也注重分县解读；在政策解读方面，既阐释政策依据，也明确工作要求；在实践背景解读方面，既关注经济社会发展状态，也突出县域教育现代化中的焦点问题，形成以专业解读引领广泛实践的重要模式。在解读中明确不同主体的责任，宣传国家教育法律法规，宣传教育现代化战略要求和部署，诊断县域教育现代化存在的问题与不足，定人定点解答基层实践的疑难问题，使监测结果成为实践工作的重要依据。

建立监测结果应用机制。即以监测结果为依据，加强对县域教育现代化工作的规划调整、资源配置优化，强化保障力度、促进县域教育现代化按规划、有保障地得以执行、实施。从宏观层面来看，重点是做好统筹工作，以标准化建设为重点，促进县域间教育均衡发展，促进县域内城乡一体化发展，促进县域内校际间均衡发展。在保证底线的基础上，不断推进县域教育个性化发展、高质量发展，进而整体提升区域内的教育现代化水平。

以监测结果发布、解读、应用构建起区域内的行政、监测、实践等不同主体聚焦于监测结果应用的关键节点，形成监测与应用、监测与实践的连接通道，促进县域教育现代化监测的常态实施，把监测转化为推进县域教育现代化的持久动力、常态动力。

二、基地创建

基地创建是以加快实现县域教育现代化为目标和内容的专项举措。具体地说，以县域教育现代化建设为重点内容，给予一定县域政策支持、资金支持、资源支持，加速推进县域教育现代化，使之发挥更大范围推进县域教育现代化的试点示范作用。从推进县域教育现代化来看，它体现的是以典型引路的基本思路。从县域教育现代化监测结果应用来看，基地创建及相关资源调配的依据直接来源于县域教育现代化监测。

科学布局。推进县域教育现代化是一项长期的工作。在更大区域内推进县域教育现代化宜着眼于全域的协调发展、整体发展，科学选择具有发展潜力的县域作为推进区域内县域教育现代化发展的重要试点示范基地。为此，要综合考虑区域内人口、经济、地理环境等要素，选择不同人口规模、不同经济社会发展水平、不同地理位置的县域作为示范基地，为通过以点带面、以实例示范推进县域教育现代化，形成区域内竞相推进县域教育现代化的生动局面奠定坚实基础。

政策扶持。政策是针对特定问题的制度设计与工作部署。针对推进县域教育现代化中出现的特殊问题和困难，如人才引进、用地规划等，着力解决制约县域教育现代化的难点、堵点问题。鼓励各地积极探索推进县域教育现代化的有效策略，加大对县域教育现代化的投入，优化县域教育资源配置。引导不同责任主体挖掘县域内的潜力，激发县域内的教育活力，把落实教育优先发展战略，加快推进教育现代化落到实处。

资源支持。资源是推进县域教育现代化的重要基础条件。上级政府可以加大统筹力度，给予基地县一定的资金、资源、项目等方面的支持，促进其县域内教育资源迅速改善，为全面落实素质教育、落实立德树人根本任务奠定物质和人力资源基础。同时，积极调集区域外的力量给予基地县相应的资源、项目支持，促进基地县的教育现代化水平迅速提升，形成推进县域教育现代化的"先行模式"。

跟踪指导。跟踪指导是推进县域教育现代化的重要动力。针对基地县制定专项计划，将监测结果应用于对基地县的跟踪指导。建立以归口管理部门牵头，多部门参与的共商跟踪指导机制，加强指导力量、指导方式的整合，探索监测结果应用于推进县域教育现代化实践的有效模式。同时，鼓励县域主体在实践中创新，将推进县域教育现代化的重心置于内涵发展上，形成层次化、立体化的县域教育现代化实践。特别是依托学校教育实践，形成"一校一策""一校一特色"的生动的县域教育现代化实践格局。

宣传推介。宣传是扩大影响，推广经验的重要方式。剖析监测结果应用的基本范式和经验，把基地县作为样本，深入调研分析其对监测结果应用的基本经验，加强对基地县推进县域教育现代化的经验的总结和提炼，把县域教育现代化监测结果应用作为推进县域教育现代化依据的生动案例，预警其可能存在的风险，形成可复制、可推广的实践经验，并有组织地给予宣传、表彰，推动更大范围内的县域教育现代化实践。同时，对采用基地县经验推进县域教育现代化获得明显进展的县加强宣传，促进县域教育现代化实践经验的持续创新、推广。

三、评估导向

督导评估是指在教育督导工作中将县域教育现代化监测结果作为推进县域教育现代化的重要依据。它是构建督政、督学、评估监测"三位一体"的督导体制机制的重要环节。县域教育现代化监测服务督导工作的重点在于督政，即督促政府履行法定的教育职责，改进县域教育实践工作，提升县域教育现代化水平。

将监测结果作为督导的基本依据。督导是实现教育管办评分离的重要方式，是教育治理现代化的重要标志，是促进县域教育现代化建设的重要动力，在我国改革和发展中具有重要的作用。在循证决策时代，监测结果将为教育督导提供最直接、最有力的证据。通过县域教育现代化监测结果可以判断不同县域教育现代化水平、诊断不同县域教育现代化中的问题与短板，及时发出必要的预警，督促相关责任主体调整县域教育工作重心，聚焦于短板问题的解决，使工作有的放矢。

将监测结果作为评估工作的重要参考。监测结果是县域教育发展水平的事实描述和反映,其背后是县域教育现代化评估的基本标准和价值理念。因此,监测结果是评估的直接参考依据,也是衡量一个县域教育现代化工作的推进力度和成效的重要证据。以监测结果为依据的教育评估体现了定性评价与定量评价的结合,反映了国家教育治理现代化的要求。监测与评估工作相结合,以监测结果服务于评估工作,将促进评估工作在量化评价与质性评价相结合的道路上不断向前发展。

四、督导问责

督导问责是教育督导部门的法定权利,也是推进县域教育现代化按照国家统一部署、有序推进的重要力量。实现高质量教育是一项共同责任。[1] 评估和测评在教育政策中正日益扮演着核心战略的角色,成为改进、问责、教育规划和政策发展不可或缺的工具。[2] 监测是问责的一个关键工具。[3] 教育评价的问责与改进经常是同时进行的。[4] 问责是改进的重要动力。对于县域教育现代化监测发现的重要问题,教育督导部门有责任、有义务启动问责程序,督促有关的责任主体落实整改责任,制定整改措施,加大推进县域教育现代化力度。具体地说,督导问责体现在以下几个方面。

政府之责。教育问责始于政府,政府承担保障教育权利的首要职责。[5] 政府是推进县域教育现代化的责任主体。在分级管理体制下,对各级政府在县域教育现代化建设中承担的责任落实情况需要予以明确。2018 年,我国已经启动了对省级政府履行教育职责的评价,对于推进市级、县级政府履行教育职责评价具有良好的示范引领意义。作为政府职责,推进教育现代化也是问责的重要内容之一。从问责来看,需要聚焦于问题追究,及整改措施施行。

[1] 联合国教科文组织. 教育问责:履行我们的承诺 [M]. 北京:教育科学出版社,2018:19.

[2] 经济合作与发展组织. 为了更好的学习:教育评价的国际新视野 [M]. 窦卫霖,等译. 上海:上海教育出版社,2019:5-6.

[3] 联合国教科文组织. 教育问责:履行我们的承诺 [M]. 北京:教育科学出版社,2018:15.

[4] 朱永新,袁振国,马国川. 重构教育评价体系 [M]. 太原:山西教育出版社,2019:55.

[5] 联合国教科文组织. 教育问责:履行我们的承诺 [M]. 北京:教育科学出版社,2018:296.

通过问责深挖问题产生的原因，推进整改措施的落实，形成推进县域教育现代化的合力。

> **小资料**
>
> ### 督导问责
>
> 《教育督导问责办法》是国务院教育督导委员会于 2021 年 7 月颁布的。该办法对相关的问责情形、问责办法规定如下。
>
> 对被督导的地方各级人民政府和相关职能部门及其相关责任人问责的情形有 9 种，对被督导的各级各类学校、其他教育机构及其相关责任人问责的情形有 7 种，对督学、教育督导机构工作人员问责的情形有 6 种。
>
> 对被督导单位的问责方式为 4 种，即公开批评、约谈、督导通报、资源调整。对被督导单位相关责任人的问责方式有 5 种，即责令检查、约谈、通报批评、组织处理、处分。对督学、教育督导机构及其工作人员的问责方式有 6 种，即批评教育、责令检查、通报批评、取消资格、组织处理、处分。
>
> 资料来源：教育督导问责办法，http://www.moe.gov.cn/srcsite/A11/s7057/202107/t20210723_546399.html.

学校之责。督学是教育督导的重要内容。学校是教育现代化的实践主体之一。学校的工作、实践情况直接关乎学生的全面发展，关乎德智体美劳全面发展的方针的落实，关乎立德树人根本任务的落实程度。学校是县域教育现代化监测的数据采集样本，也是县域教育现代化监测数据的提供者。学校为县域教育现代化监测提供了基本的素材和证据，学校的情况直接反映着县域教育现代化的情况，学校是县域教育现代化水平的生动反映。作为反映县域教育现代化监测结果的数据，自然包括县域内的学校数据，并反映学校现代化发展水平。离开了学校，县域教育现代化将成为空中楼阁。从县域教育现代化监测结果进一步析出学校数据，可以实现对学校工作的评价，使县域教育现代化建设的重心下移，扎根于学校教育实践，促进县域教育现代化向内涵发展，形成县域教育现代化持久的生命力。

部门之责。县域教育现代化是多个政府部门协调推进的结果。通过对政府问责，可以促进政府对部门的问责，促进政府主动协调和统筹不同层级、不同部门支持县域教育现代化建设，落实政府部门在推进县域教育现代化中的责任，特别是在学校布局、教育财政投入、师生健康等方面的责任，形成尊师重教的良好风尚，促进县域教育现代化持续发展，减少县域教育现代化建设的阻力和内耗。

第九章　县域教育现代化监测展望

　　教育现代化是教育与经济社会发展不断适应和调整的过程。教育现代化问题本质上是教育发展问题。县域教育现代化监测作为推进县域教育现代化的重要力量必然会随着教育现代化的进程实现更新迭代、转型升级。展望未来，县域教育现代化监测将始终聚焦于人的发展这一核心，主动将先进理念、先进技术融入监测工作中，为构建服务加快推进县域教育现代化的监测生态，实现教育现代化监测与实践的深度互动贡献力量。

第一节　聚焦于人的发展

　　人的发展是县域教育现代化的核心目标。国家教育现代化关注的是全体公民的发展。聚焦于县域内的人的现代性增长设计和组织县域教育现代化监测以促进人的现代化，是县域教育作为国家教育体系的有机组成部分参与国家教育现代化的客观要求，也是县域教育现代化监测的基本趋势。

一、学生的发展

学生既是县域教育的基本对象，也是衡量县域教育产出的基本标的物。因此，学生发展质量是反映县域教育产出质量高低的重要指标。将学生发展水平作为县域教育现代化监测的首要指标是县域教育现代化监测发展的必然趋势。

学生核心素养是县域教育现代化监测的重要内容。学生的核心素养是一个全世界都关注的问题。2012 年 3 月，OECD 发布了《为 21 世纪培育教师——提高学校领导力：来自世界的经验》，该报告明确指出 21 世纪学生必须掌握以下四个方面的十大核心技能：①思维方式，包括创造性、批判性思维、问题解决、决策和学习能力；②工作方式，包括沟通和合作能力；③工作工具，包括信息技术和信息处理能力；④生活技能，包括公民素养、生活和职业能力，以及个人和社会责任。[1] 发展素质教育是我国教育的基本要求。自 20 世纪 90 年代我国推行素质教育以来，素质教育理念已经深入人心。随着经济社会发展，各种条件日渐成熟，对学生素质发展水平进行科学的测评已成为全社会的热切期盼。2014 年，教育部印发《关于全面深化课程改革落实立德树人根本任务的意见》，提出 "教育部将组织研究提出各学段学生发展核心素养体系，明确学生应具备的适应终身发展和社会发展需要的必备品格和关键能力"。2016 年，我国发布了《中国学生发展核心素养》，按三个方面六大要素 18 个基本要点构建了中国学生发展的核心素养体系。从形成过程来看，这个体系是基础理论研究、国际比较研究、教育政策研究、实证调查研究综合运用形成的成果，具有很好的前瞻性、指导性。从内容来看，这个体系涉及学生的文化基础、自主发展、社会参与三个方面，形成了一个具有清晰层次结构的体系。从实践的角度来看，这个体系是连接宏观教育理念、培养目标与具体教育教学实践的中间环节，借助于我国的学校课程体系和教育实践，将以学校教育为主渠道，促进学校教育、社会教育、家庭教育结合，推进对学生核心素养的培养。这个体系是素质教育思想的具体化，是我国德智体美劳全面发展要求的具体化，对于落实 "培养什么人、怎样培养人、为谁培养人" 具有重要的实践指导作用。核心素养的培育

---

[1]顾明远，孟繁华，等. 国际教育新理念[M]. 修订版. 北京：教育科学出版社，2020：52-53.

和发展贯穿于学校教育、家庭教育和社会教育的各个方面，核心素养的发展不仅关系着学生的后续发展，也关系着国家未来劳动者和接班人的素质高低。以基础教育为主体的县域教育必须深刻领会、贯彻国家对学生核心素养的要求，促进学生核心素养的全面发展。《中国学生发展核心素养》的发布，不仅引领着县域教育实践，也引领着对学生发展过程和结果的评价。加强对学生核心素养的监测是县域教育现代化监测的重要组成部分，县域教育现代化监测必须关注对学生核心素养培养的实践程度和落实程度。

小资料

中国学生发展核心素养总体框架

中国学生发展核心素养以培养"全面发展的人"为核心，分为文化基础、自主发展、社会参与3个方面，综合表现为人文底蕴、科学精神、学会学习、健康生活、责任担当、实践创新等六大素养，具体细化为国家认同等18个基本要点。

各素养之间相互联系、互相补充、相互促进，在不同情境中整体发挥作用。

资料来源：中国学生发展核心素养总体框架正式发布，https://xuewen.cnki.net/CJFD-PAXY201612006.html.

学生核心素养监测必须与学业质量监测结合。基础教育课程承载着党的教育方针和教育思想，规定了教育目标和教育内容，是国家意志在教育领域的直接体现，在立德树人中发挥着关键作用。课程是培育和发展学生的核心素养的重要载体，学生学业水平是反映教育质量的重要指标。学生核心素养发展的高低、学业水平的高低与课程实施水平紧密相关。我国基础教育课程标准明确提出了要发展和培养学生的核心素养。2022年新修订的《义务教育课程方案》

在培养目标上明确提出"义务教育要在坚定理想信念、厚植爱国主义情怀、加强品德修养、增长知识见识、培养奋斗精神、增强综合素质上下功夫，使学生有理想、有本领、有担当，培养德智体美劳全面发展的社会主义建设者和接班人"。[1]并把"聚焦核心素养，面向未来"[2]作为基本原则之一。课程标准编制要"坚持素养导向，体现育人为本。""体现正确的学业质量观，明确核心素养发展水平与具体表现，注重对价值体认与践行、知识综合运用、问题解决等表现的考查，建立有序进阶、可测可评的学业质量标准。"[3]在评价方面要求"强化素养导向，注重对正确价值观、必备品格和关键能力的考查，开展综合素质评价。"[4]这为探索和实施学生核心素养测评提供了重要的保障。从2015年起，我国已经正式开始国家义务教育质量监测工作，以此了解、判断全国义务教育阶段学生学业质量高低。从监测框架来看，国家义务教育质量监测的范围包括语文、数学、科学、体育、艺术、德育，按"一年两学科，三年一周期"实施，其测试的内容直接指向学生的核心素养发展。2020年，国家对义务教育质量监测方案进行了修订，其监测学科（领域）从6科扩展到了9科，增加了心理健康、英语、劳动教育，对学生核心素养的关注更加全面完整，按"一年三学科，三年一周期"实施。2021年，第三轮监测每年测试学科从2科增加到3科，覆盖的内容更加全面。总体来看，国家义务教育学业质量监测具有覆盖面广、监测指向明确、监测结果权威等特点。如果能够在县域层面增强监测样本的代表性，那么将国家义务教育质量监测结果作为衡量县域教育质量高低的替代性指标，可以增强结果在更大范围内的可比性。2020年，教育部发布了《普通高中课程方案（2017年版2020年修订）》明确提出"普通高中的培养目

---

[1]中华人民共和国教育部.义务教育课程方案:2022年版[M].北京:北京师范大学出版社，2022:2.

[2]中华人民共和国教育部.义务教育课程方案:2022年版[M].北京:北京师范大学出版社，2022:4.

[3]中华人民共和国教育部.义务教育课程方案:2022年版[M].北京:北京师范大学出版社，2022:11-12.

[4]中华人民共和国教育部.义务教育课程方案:2022年版[M].北京:北京师范大学出版社，2022:14-15.

标是进一步提升学生综合素质，着力发展核心素养，使学生具有理想信念和社会责任感，具有科学文化素养和终身学习能力，具有自主发展能力和沟通合作能力。"并将发展学生核心素养的要求贯穿于各学科课程标准之中，"围绕核心素养的落实，精选、重组课程内容，明确内容要求，指导教学设计，提出考试评价和教材编写建议。"核心素养成为指导课程计划、教材编写、教学实践的重要思想和实践主线。普通高中教育是在义务教育基础上进一步提高国民素质、面向大众的基础教育，其着力于发展学生核心素养的要求对义务教育具有重要的实践导向，亦将推动县域教育更加重视学生核心素养的发展。把学生核心素养的监测转化为对学生学业质量的监测，通过课程实施、学生的学业水平来判断学生核心素养发展水平将是县域教育现代化监测设计的基本思路。围绕学生核心素养发展，针对不同领域和不同内容的特点，构建国家、省、县各级协调一致、各有侧重的学业质量监测体系，将引导县域教育实践关注质量提升的过程，不断改善提升县域教育质量的保障因素和水平。

小资料

义务教育课程标准的主要变化

义务教育课程标准的主要变化有以下几个方面。一是优化了课程内容结构。基于核心素养要求，遴选重要观念、主题内容和基础知识技能，精选、设计课程内容，优化组织形式。涉及同一内容主题的不同学科间，根据各自的性质和育人价值，做好整体规划与分工协调。设立跨学科主题学习活动，加强学科间相互关联，带动课程综合化实施，强化实践要求。二是研制了学业质量标准。依据核心素养发展水平，结合课程内容，整体刻画不同学段学生学业成就的具体表现，明确"学到什么程度"，引导和帮助教师把握教学深度与广度，为教材编写、教学实施、考试评价等提供依据。三是增强了指导性。各课程标准针对"内容要求"提出"学业要求""教学提示"，细化了评价与考试命题建议，注重实现教、学、考的一致性，增加了教学、评价案例，不仅明确了"为什么教""教什么""教到什么程度"，而且强化了"怎么教"的具体指导，做到好用、管用。

资料来源：教育部教材局负责人就《义务教育课程方案和课程标准（2022年版）》答记者问，http://www.moe.gov.cn/jyb_xwfb/s271/202204/t20220421_620066.html.

　　学生中的特殊群体将受到更多关注。因材施教是教育现代化的内在要求之一，也是人民群众在"有学上"基础上对"上好学"的重要需求。促进不同学生的发展，促进学生的个性发展是教育的基本追求。在教育普及程度提高到较高水平以后，不同类型的"特殊学生"公平接受教育的权利将会成为县域教育现代化监测的重要内容。首先，传统的特殊学生会受到更多关照。处于两个极端的学生群体即特殊教育学生和资优学生的发展及其权利保障是教育现代化需要重点解决的问题之一。特殊教育学生是社会的弱势群体，他们的受教育权利的保障水平将成为衡量县域教育现代化水平高低的重要指标。残疾儿童的不利处境通常会被社会地位、性别和健康状况等因素放大。[1] 截至2021年4月，我国直接保护残疾人权益的法律有90多部，行政法规有50多部。[2] 从监测的视角来看，"残疾儿童少年义务教育阶段入学率""义务教育阶段随班就读和在普通学校附设特教班学习的残疾人比例"已经纳入《中国教育监测与评价统计指标体系（2020年版）》，得到了常态化关注。资优儿童的潜力挖掘和发展对于充分发挥我国人才优势，更好地参与国际竞争具有重要意义。建立合适的体制机制，为资优学生提供一定的支持条件，为他们创造更多、更好脱颖而出的机会将成为县域教育现代化的应有之义，关注他们的发展必将是县域教育现代

[1] 联合国教科文组织. 2000—2015年全民教育：成就与挑战 [M]. 北京：教育科学出版社，2015：100.

[2] 中华人民共和国国务院新闻办公室. 中国共产党尊重和保障人权的伟大实践 [EB/OL]. http://www.gov.cn/zhengce/2021-06/24/content_5620505.htm. 2021-06-24.

化监测的重要内容。其次，具有特殊家庭背景的学生将会受到更多关注。随着经济社会发展，更高的教育水平提升了人们对于农村地区以外教育机会的向往。教育也是迁徙的目的之一。[1] 许多学生生活的家庭具有一定的特殊性，如进城务工家庭、贫困家庭是常见的两种类型。进城务工家庭为国家和地方经济建设做出了重要贡献，贫困家庭则是实现共同富裕必须关注和帮助的对象。这两类家庭在实现家校合作协同促进学生全面发展上存在客观困难，保障这两类家庭子女公平受教育的权利，是教育现代化的重要内容，是我国教育的社会主义属性的重要体现。《中国教育监测与评价统计指标体系（2020 年版）》就明确提出了"义务教育阶段农村学校在校生中寄宿生所占比例""义务教育阶段农村学校在校生中留守儿童所占比例""义务教育阶段在校生中随迁子女所占比例""义务教育阶段随迁子女在公办学校就读的比例"等指标，对处于弱势家庭的学生给予特别关注。惠及每一个学生是教育现代化的应有之义，关注具有特殊背景学生的发展必将是县域教育现代化监测的重要内容。

二、教师的发展

教师是县域教育的重要承担者。教师承担着传播知识、传播思想、传播真理的历史使命，肩负着塑造灵魂、塑造生命、塑造人的时代重任，是教育发展的第一资源，是国家富强、民族振兴、人民幸福的重要基石。"教师综合素质、专业化水平和创新能力大幅提升，培养造就数以百万计的骨干教师、数以十万计的卓越教师、数以万计的教育家型教师"是国家全面深化新时代教师队伍建设改革的重要目标。数量充足的教师队伍是县域内教育事业发展的基础，结构合理、安心从业、素质优秀的教师队伍则是县域教育事业发展的关键。关注教师队伍的变化是县域教育现代化监测的重要内容。

教师数量和结构的变化将受到实时监测。随着经济的发展，人们的就业观念也发生了巨大的变化。易地就业、跨行就业已成为社会的常态。教师作为社

---

[1] 联合国教科文组织. 全球教育监测报告 2019：迁徙、游离失所和教育：要搭建桥梁，不要筑起高墙 [M]. 北京：教育科学出版社，2019：13.

会的一分子，自然也会发生职业迁徙、流动。但是，如果教师流动速度过快、规模过大，则必然影响教育的正常秩序，影响教育质量。及时了解和掌握教师流动情况是县域教育治理的客观要求。随着监测技术的不断发展，常态化的县域教育现代化监测将会对县域内教师数量的增减、流动，教师的学历构成、年龄结构、性别结构等基本情况实时监测，分析其变动的趋势和原因。在数量方面会给予及时的补充，在结构上则关注教师学与教的结合程度，如学科对口情况、专业对口情况、生师比等，把质量和数量结合起来，判断县域内教师队伍对县域教育现代化的保障程度，判断国家教育政策在县域内执行的程度，为解决造成其流动的系统性不利因素，促进教师安心从事教育工作，结合教育改革和发展需要不断提升专业水平，更好地胜任教育工作提供依据。

教师素养监测更加全面。教师现代化的核心是其素养现代化。早在 2012 年，我国就印发了《幼儿园教师专业标准（试行）》《小学教师专业标准（试行）》和《中学教师专业标准（试行）》。这些标准从专业理念与师德、专业知识、专业能力等方面对教师专业素质提出了具体要求，为聚焦于教师的专业素养，形成一个以师德师风、教育理念、知识结构、教育能力为重点内容的教师素养监测体系提供了重要依据。师德师风将聚焦广大教师以德立身、以德立学、以德施教、以德育德，坚持教书与育人相统一、言传与身教相统一、潜心问道与关注社会相统一、学术自由与学术规范相统一，争做"四有"好教师，全心全意做学生锤炼品格、学习知识、创新思维、奉献祖国的引路人的情况。教育理念将聚焦广大教师树立和落实以学生为中心的基本理念，坚持公平公正地对待每一个学生的理念，促进每一个学生发展的情况。知识结构则重点聚焦教师随着经济社会的发展、学科领域的知识、理念、技术等的发展，不断更新自身知识的情况。教育能力则聚焦广大教师把教育理念转化为具体的教育行为，借助于一定的教育活动，引领学生全面发展，不断落实党和国家的教育方针的情况。教师素养的监测方式将更加多样化。从信息来源看，除了传统的信息采集方式外，即时信息的采集会变得更加广泛、便捷，教师参加的各种学习、研究等专业活动所留下的痕迹也将成为教师专业发展的重要证据。从监测的个性化来看，一方面立足于教育教学工作的改进，深入课堂的教学观察将会得到更加广泛的应用；另一方面促进教师素养提升的各种跟进举措将会更加个性化、菜单化，为教师素养提升提供有力的支持。

教师群体的监测实现全覆盖。教师群体包括直接从事各种教育教学工作的教师，也包括主要负责学校管理的干部队伍。学校的干部队伍对促进学校持续发展具有非常重要的作用。在对专任教师监测的基础上，学校的管理者群体将作为一个相对独立的主体接受监测。对这一群体的监测将聚焦于课程领导力、文化领导力为核心的管理能力的监测，为优化学校管理干部的结构，落实学校管理标准，提升学校管理水平，不断提高学校的办学水平和办学质量，促进学校可持续发展提供重要依据。基于对教师群体的监测，监测链的延长、监测内容的丰富可以为教师更好地画像，满足教师专业成长的需要，也为县域教师政策的制定、调整提供及时依据。

三、居民的发展

面向人人的终身学习是教育现代化的重要理念。经过半个多世纪的宣传、实践，终身学习理念已经深入人心。《中华人民共和国教育法》第十一条明确提出"健全终身教育体系。"现代化的县域教育是着眼于全民的教育和终身的教育。建设学习型县域，让不同群体获得相应的发展，不断提升人民群众的整体素质，更好地适应经济社会发展是县域教育现代化的应有之义。县域内居民（这里主要是指成年居民）的发展情况，将成为县域教育现代化监测的重要内容。具体地说，县域教育现代化监测对居民素养的监测将聚焦到学习意识、生产生活素养、学习机会等方面，关注县域内居民的受教育体验，为优化县域教育供给，增强人民群众的获得感提供依据。

小资料

终身学习的理论观点

终身学习是在综合了终身教育和学习型社会概念的基础上的一个概念，它涵盖了终身教育和学习型社会的基本思想。其理论观点主要有以下几点。

（1）终身学习是一种生活方式；

（2）终身学习依赖于学习者的自主性，意味着主体的转移；

（3）终身学习是个别化和个性化的学习，强调校外非正规学习的重要性；

（4）终身学习是一种有目的、有意识的学习活动；

（5）终身学习是人的一项基本权利。

终身学习要求作为个体的学习者必须进行持续不断的学习，而且需要社会提供相应的条件和空间，其最终目标是建立"学习型社会"。

资料来源：顾明远，孟繁华，等. 国际教育新理念 [M]. 修订版. 北京：教育科学出版社，2020.

居民的学习意识。社会的发展日新月异，个人的学习意识将决定他与社会的距离，影响其生活质量。让学习成为生活习惯和生活方式是《中国教育现代化 2035》倡导的重要理念。学习意识是学习型社会中所有人应当具备的基本品质之一。县域是学有所教、老有所养、病有所医的重要场域，建设学习型社会对于县域内的居民实现老有所养、病有所医的高质量生活具有重要意义。了解居民的学习意识，可以判断县域教育在终身学习理念和继续教育方面的落实程度。县域教育现代化监测将会更加关注县域内居民的学习意识，引导县级政府积极建设学习型社会，通过学习型家庭、学习型单位、学习型社区构建适合县域特点的学习型社会建设路径和实践体系。

居民的生产生活素养。各种新的生产和生活方式会随着社会的进步不断涌现，居民的生产生活素养与时俱进是他们适应未来生产生活的必备品质。对居民生产生活素养的监测将聚焦到法治意识、科学素养、数字素养等方面。从法治意识来看，依法治国是现代化国家的重要特征，了解、熟悉、掌握一定的法律法规是居民参与国家政治经济生活的重要前提，是其遵守公共规则、维护自身权利的重要基础。从科学素养来看，由于新的生产和生活方式层出不穷，居民需要更新自己的知识和能力、辨识信息的真伪，理解新的生产方式和生活方式，掌握适应新的生产和生活方式的基本技能，提高生产效率、生活质量。从数字素养来看，数字信息已经融入了社会生产生活的各个领域，具备一定的数字素养的居民才能深入地参与社会生活，便捷地获得信息和帮助。将居民的法治意识、科学素养、数字素养纳入县域教育现代化监测，可以为促进县域内的基础条件不断改善，提升县域内治理主体的现代化治理能力和水平，满足民生福祉提供重要依据。

居民的学习机会。受教育是公民拥有一生的权利。人生的不同阶段有不同的学习需求，有不同的学习方式。泛在学习是成年公民学习的重要需求和特点。努力为每个人在人生的不同时期提供丰富多样的学习机会、开放优质的学习资源、灵活便捷的学习方式、绿色友好的学习环境，是《中国教育现代化 2035》中提出的重要理念，也是优化县域教育供给的重要内容。居民拥有的学习机会的多少及便捷程度是影响居民通过受教育实现自我更新的重要因素。成人与职业教育机构是县域内为成年公民提供继续教育的重要主体。县域对鼓励继续教育的体制机制的落实情况，县域内以服务于成年人的教育机构的发展、分布情况等是反映居民学习机会多少、学习质量优劣的重要标志。把居民的学习机会纳入县域教育现代化监测，将促进县域内的社会教育机制不断完善。将相关资源转化为县域内居民的受教育资源，为县域内居民提供随处可学、随时可学的教育机会，将更好地落实终身学习理念，促进社会教育机构常态化地面向县域内的居民提供如职业培训、素养培训等不同层次、不同内容的教育服务，促进县域内不同层次学习型组织的发展，构筑县域内居民学习、教育的立交桥，满足居民不同的受教育需求。

第二节　现代信息技术的应用

现代信息技术已经融入社会生产生活的各个方面，成为推动社会进步的重要动力。加强现代信息技术在县域教育现代化监测中的应用可以促进县域教育现代化监测更好地实现其功能。县域教育现代化监测与现代信息技术的深度融合，是县域教育现代化监测的重要趋势。建立大数据思维、建设智能化平台、强化数据的伴随式采集，是现代信息技术与县域教育现代化监测融合的重要着力点。

一、建立大数据思维

大数据是一种资源，更是一种思想方法。随着社会发展，人类已经进入了大数据时代，数据已经成为各行各业的基础资源。大数据将成为推动县域教育现代化的重要内在动力，成为教育与信息技术、教育与社会发展深度融合的纽带。数据是县域教育现代化监测的基础资源和基本要素，充分地利用大数据的优势，将使县域教育现代化监测发生质的飞跃。

以大数据优化县域教育现代化监测基础。大数据思维是现代信息技术数据处理的基本思维。大数据具有数据体量大、数据类型多、价值密度低、处理速度快等基本特点，在分析复杂系统时具有无可比拟的优势。利用大数据思维有利于从纷繁复杂的数据中发现事实真相，揭示数据和事物规律的特点。县域教育现代化监测要从巨量的数据中发现不同要素的相关关系、揭示因果关系、提出跟进策略、促进有效干预。县域教育数据是典型的大数据。据测算，一个区县一年基础教育大数据体量约为 4PB。[1] 从数据处理的视角出发，县域教育数据有来源广、数量多、时间性强等基本特征，加强大数据思维可以将县域教育现代化置于宏观社会背景中，多方面、多层次地分析数据，构建满足推进县域教育现代化的监测模型，实现对接多种需求并得出客观的结论与建议。

---

[1] 杨现民，田雪松．互联网+教育：中国基础教育大数据 [M]．北京：电子工业出版社，2016：39．

以大数据实现县域教育现代化监测过程的优化。县域教育现代化是与多种因素紧密联系的。揭示县域教育现代化与经济社会发展的关系、县域教育现代化内部诸要素的关系需要运用科学的方法挖掘数据的价值，采取系统的、整体的观点来认识数据，确定恰当的数据采集、挖掘、分析的策略将数据与问题置于社会宏观系统之中，用联系的、系统的观点对数据进行归类、整理，对问题进行分析，做好这些工作需要大数据的支持。反映县域教育现代化水平的数据具有不同的结构，利用大数据思维可以促使数据从非结构化向半结构化、结构化转换，且能够运用数学方法加以运算处理，以实现对县域教育现代化涉及的相关要素的深入分析，揭示现象背后的本质和规律，实现对监测结果的量化表达，促进县域教育现代化相关工作。

以大数据思维实现县域教育现代化监测的功能。作为教育治理现代化的重要手段，县域教育现代化监测是我国教育管办评分离的推手，是决策证据的采集者，承担着教育改革和发展的智库功能。将大数据思维引入县域教育现代化监测将有助于建立及时了解、分析教育改革和发展的新信息、新变化，以实现对教育变革的快速反应和精细管理。运用大数据思维可以较好地突破传统教育监测手段无法克服的局限，开创数据来源多元化、数据采集开放化、数据形态多样化、分析视角丰富化的新格局，迅速报告不同层面、不同主体需要的监测结果，更好地履行咨政建言、理论创新、舆论引导、社会服务等功能。

以大数据优化县域教育现代化监测平台。树立大数据思维要善于以需求导向、实践导向引领平台建设。需求和实践是开展县域教育现代化监测的基本逻辑起点。构建促进县域教育现代化水平提升的大数据处理框架是县域教育现代化监测平台建设的关键。要将县域教育现代化监测框架转变为以数据处理为主要内容的框架，突出实践导向和需求导向，细化大数据处理框架，特别是引入大数据处理的智能程序，实现数据自动化处理，以满足县域教育现代化监测需求，引领县域教育现代化实践。县域教育现代化监测将走向智能化、自动化，立足于县域教育的关键节点进行数据采集。在"互联网+"理念指导下，县域教育现代化监测的过程和结果与以互联网为标志的现代信息技术深度融合，各种智能化、自动化的监测设备将广泛地、深刻地应用到监测现场，形成数据采集与共享的"神经末梢"，催生现场采集与网络采集协同的监测模式，实现信息采集和传递的即时化，从而大大地节省监测成本，提高监测的准确性。从需求来看，它涉及不同主体、不同时间、不同内容，如果不能较好地满足相应的主体、时间和内容要求，监测的价值就会被削弱。利用以大数据、云计算为代表的现代信息技术可以使县域教育现代化监测不断从延时报告向即时报告靠近，缩短结果反馈的周期，在任意周期、任意层面上满足主体需求方面具有巨大优势。

二、建设智能平台

智能平台是依托现代信息技术和互联网络构建的监测系统。对数据的处理是县域教育现代化监测的核心环节，依托智能平台对数据处理的准确性、时效性都会得到极大的提高。研发具有即时监测功能的智能平台是县域教育现代化监测的重要要求。

以定制软件回应实践需求。智能平台是由若干个具有自动计算功能的小软件集合而成的一个大系统。软件是开展县域教育现代化监测的核心技术。它是依据监测需求，以监测内容、指标、数据的智能化处理为核心的。因此，依托需求加强专用软件的开发是县域教育现代化监测的关键。研发满足县域教育现代化监测的定制软件有两种基本思路。一是积累式研发，即一个一个地开发，成熟一个应用一个，不同的软件可以应用于不同的领域或环节。当多个软件开发完成后，进一步加强不同软件的相互配合，提升工作效率。因此，积累式研发是从无到有、从低到高、从简单到复杂的一种研发方式，是县域教育现代化监测智能平台的初级阶段。二是集成式研发，即在一个较短的时期内将多项功能、多个领域、多个阶段的工作集成于一个综合性的智能平台中。通常集成平台具有功能多、效率高的特点，要求对县域教育现代化监测有深刻的洞见，并能较好地预测县域教育现代化发展趋势变化，了解相关信息技术应用的趋势，其研发过程相对复杂、研发周期较长，需要研发团队与监测团队密切沟通、协调方能实现。总体来看，集成平台是县域教育现代化监测智能平台发展的基本方向。

以跨界合作推进平台研发。县域教育现代化监测智能平台涉及的内容和技术广泛而复杂，加强跨界合作才能促进平台预设功能的实现。监测团队、互联网技术团队、应用团队是县域教育现代化监测智能平台研发的主体。应用团队是县域教育现代化监测结果的重要使用者，他们的应用需求、应用方式、应用习惯是县域教育现代化监测智能平台、应用终端的界面设计与呈现的重要基础。将平台研发的重心前移，加强应用调研、应用分析，让应用主体及早地参与是平台研发的重要策略。监测团队重在提出和构建监测框架、研发监测内容，明确监测规范、程序，分析监测应用需求，形成县域教育现代化监测的总体框架和呈现形式。监测团队是平台研发的主心骨，他们对县域教育现代化的理解将在很大程度上决定平台研发的成败。互联网技术团队则运用现代信息技术将监测团队的监测框架转化为智能化方案，研发形成智能平台，并在应用中不断调适、完善、实现预设的功能。互联网技术团队对教育的理解、技术的积累是影响平台建设速度的关键。三个团队的协作是建设具有良好的功能的智能化平台的重要基础。随着县域教育现代化监测的发展，智能监测平台也会在应用中不断实现功能拓展、运行优化，更好地满足不同主体的需要。

以网络化连接服务实践。智能化平台是网络系统中的一个节点，融入网络系统才能发挥其最大的价值。互联网平台的优势之一就是让数据迅速流动。从结构来看，智能化平台与互联网连接构成一个多点网络系统。以区块链为代表的现代信息技术不仅可以实现多点采集，而且数据保真、可溯源。近年来，区块链技术凭借其分布式、安全性、可靠性与数据完整性等特征，广泛运用于金融、保险、医疗、物流等领域，对经济社会发展产生了重要影响。将这类技术应用于教育现代化监测智能平台，实现数据采集、运算、结果呈现与查询等功能，以驱动县域教育监测现代化，促进监测服务主体实现自主化、智能化和多元化，提升监测和结果应用的效益，是数字化时代教育现代化监测创新发展的必然方向。从应用来看，权限分配是智能化平台应用管理的关键。在应用视野下，智能化平台分为前台与后台两个部分，前台主要面向应用主体，后台主要面向管理主体。通过管理者的赋权，不同的用户获得不同的权限，不同的用户可以根据自身拥有的权限进行查询、下载等，可以极大地提高监测结果的可获得性和应用的便捷性，更好地实现"监测 +N"的理想。

三、强化伴随式采集

数据采集与处理是县域教育现代化监测的核心。更多更好的信息搜集更有可能使我们做出更好的决定。[1]大数据时代，数据是多源的、即时的、分散的、多形式的、碎片化的，同时又是海量的。[2]现代信息技术已经渗入到教育的各个方面。随着县域教育现代化水平的不断提升，各种自动采集终端已经在学校教育教学实践中广泛应用，加强不同终端的数据统整、汇集，实现各种数据的伴随式采集，在数据生成过程中进行伴随式采集是县域教育现代化监测的重要趋势。

终端配备与应用的普遍化。"十三五"时期，全国中小学（含教学点）互联网接入率达 100%。[3]2020 年年底，中国 6 岁至 18 岁未成年人网民达 1.8 亿，未成年人互联网普及率达 94.9%，城乡普及率差距从 2018 年的 5.4 个百分点缩小至 0.3 个百分点，互联网已经成为当代青少年不可或缺的生活方式、成长空间、"第六感官"。[4]《"十四五"国家信息化规划》提出"数字民生保障能力显著增强。无障碍信息化设施持续建设优化，公共服务体系更加便捷惠民，信息化对基本民生保障、基本社会服务的支撑作用有效发挥，教育、医疗、就业、社保、民政、文化等领域数字公共服务均等化水平明显提高，多样化、便捷化的数字民生服务供给能力显著增强，城乡区域间服务水平差距明显缩小，全民

[1]Robert M. Thorndike,Tracy Thorndike-Christ. 教育评价 [M]. 方群，吴瑞芬，陈志新，译. 北京：商务印书馆,2018:3.

[2] 涂子沛. 数据之巅 [M]. 北京：中信出版社,2014:277.

[3] "十四五"国家信息化规划 [EB/OL]. http://www.gov.cn/xinwen/2021-12/28/5664873/files/1760823a103e4d75ac681564fe481af4.pdf.

[4] 中华人民共和国国务院新闻办公室. 新时代的青年 [EB/OL]. http://www.gov.cn/zhengce/2022-04/21/content_5686435.htm.

数字素养与技能稳步提升。"这一发展目标。这反映了智慧教育、智慧学校在未来的发展将会得到有力保障。在"数字公共服务优化升级工程"中明确提出"开展'互联网＋教育'云网一体化建设。加快建设中国教育专用网络和'互联网＋教育'大平台，构建泛在的网络学习空间，支撑各类创新型教学的常态化应用，推动优质教育资源开放共享，缩小区域、城乡、校际之间的差距，实现更加公平更有质量的教育。"[1]随着智慧教育、智慧学校建设的深入，布置在学校、教室的数据采集终端将实现更高水平、更高质量的普及，各种数据的伴随式采集将成为常态。基于终端更高水平、更高质量的普及，伴随式采集可以减少虚假数据，使监测结果更加接近县域教育的真实状态。

数据安全更加真实、有保障。从根本上讲，大数据时代的数据是实态数据。这种数据是社会行为者主动生成的，而非之后的拟构。[2]随着实名制在各行各业中的实施，数据的安全保障技术已经有了飞跃性提高。以区块链技术为代表的先进技术正在成为一种比较成熟、应用广泛的数据采集与存储技术。通过区块链的加密技术，可以构建一个不被篡改的合规数据库。[3]这一技术在保证数据采集的真实性、存储的安全性方面具有天然的优势，依据区块链技术构建的县域教育现代化监测网络，将实现监测结果随时可见、随处可用的状态。人脸识别技术则在实现一人一码、一人一图方面具有巨大优势，能够使数据的粒度细化到每一个人，为每一个学生画像，不让一个学生掉队成为可能，也对数据的真实性提供了可靠保证。各种先进的技术既服务于教育实践，也服务于县域教育现代化监测。依托先进的技术手段和规范的数据使用制度将为数据安全提供有力保障。

建立数据共享机制。县域教育现代化监测的数据是在实践中生成和变化的。相关数据共享是县域教育现代化监测的重要要求。实现数据在不同时点、不同层面的分析需要以共享数据为基础。数据是宝贵的资源，但是如果数据不能加

---

[1]"十四五"国家信息化规划[EB/OL].http://www.gov.cn/xinwen/2021-12/28/5664873/files/1760823a103e4d75ac681564fe481af4.pdf.

[2]袁本涛,孙霄兵.教育治理现代化:理念、制度与政策[M].北京:经济科学出版社,2018:31.

[3]杨东.区块链＋监管＝法链[M].北京:人民出版社,2018:25.

以共享，则会严重削弱数据的价值。打破信息孤岛、数据孤岛可以让数据多跑路，人们少跑腿。把区块链引入政府数据，可以促进政府数据共享与开放，以及在"互联网＋政务"服务中发挥智能合约的作用。[1] 基于促进国家教育现代化发展的需要，宜打破不同部门、不同行业之间的数据封闭、孤立状态，建立基于公益和发展目的的数据共享机制，将各种采集到的数据加以共享，提高数据应用效率，利用数据对县域教育现代化状况进行多层次、多方位的立体画像，发挥数据的应用价值。伴随式采集可以有效避免数据的重复采集、延时采集，切实降低县域教育现代化监测的时间成本、经济成本、人力成本。

第三节　监测的生态化建设

持续开展县域教育现代化监测以更好地服务决策、指导实践是推进县域教育现代化的客观要求。将县域教育现代化监测置于社会生态系统之中加以认识和分析，积极建设县域教育现代化监测的良好生态，可以为县域教育现代化监测可持续发展提供重要支持。完善监测生态链、改善县域教育生态、优化县域教育保障机制是构建良好的县域教育现代化生态监测的重要着力点。

一、以应用为核心完善监测生态链

监测是督政、督学和评估监测"三位一体"教育督导体制机制的重要组成部分。这一属性决定了监测是服务于应用的。以监测为起点、应用为核心建立"监测＋应用"的生态链，将使监测与应用联为一体，增强教育督导在教育管办评分离实践中的专业性、权威性，助力县域教育现代化建设。将监测工作从一个点延伸成一条链，将促进监测更加深入、更加全面的渗透到县域教育现代化的

---

[1] 杨东. 区块链＋监管＝法链 [M]. 北京：人民出版社，2018：26.

各个领域、各个环节之中。形成县域教育现代化监测链要从完善和细化监测实践着手，促进县域教育现代化监测沿着专业化、融合化、常态化发展，奠定县域教育现代化监测结果应用的坚实基础。

专业化是监测生态链的基础。专业化是县域教育现代化监测走向应用的重要基础。首先，它表现为不可替代。专业化是县域教育现代化监测具有不可替代性的基础。加强专业机构和专业团队建设是提升专业化水平的重要着力点。专业机构和专业团队是县域教育现代化监测的具体实施者、监测结果的解读者、监测结果应用的指导者，要着眼于在国家、省、市、县不同层面建立相应的专业监测机构，培育相应的监测团队，促进县域教育现代化监测在不同层面展开，使县域教育现代化监测向专门化、专职化发展。特别是在省、市两级建立包含县域教育现代化监测为基本职责的专业机构，发挥其贴近实践、了解实践的优势，形成能够满足不同层次需求的专业监测报告。其次，是精细化程度不断提升。专业化发展永无止境。必须结合国家教育现代化发展的新理念、新要求，回归于"培养什么人、怎样培养人、为谁培养人"这一根本问题，结合教育发展的新变化、新趋势，调整、优化县域教育现代化监测体系，抓住县域教育现代化中的关键问题不断提升监测的精准性，为决策实践提供可靠证据。精细化是县域教育现代化监测满足应用需求的关键所在。"天下大事必作于细。"基于县域教育现代化的制约因素的精准定位与分析才能采取有效的干预措施。精细化是一个多角度、多层次的刻画过程，它以需求分析为基础，以需求对接为重点，着力于制约县域教育现代化发展的关键因素，对其进行精准、精细地刻画，可以为推进县域教育现代化提供可靠依据。宜以需求为导向，主动对接县域教育现代化不同发展阶段的重点，形成相应的监测结果。

融合化是县域教育现代化监测生态圈的标志。任何事物都不是孤立存在的，它与周围环境紧密关联才能获得合适的生存、发展条件。一个地方的生态包括其生存的小环境的系统生态，也包括更高层次、更大范围的系统生态。从与周围的大环境来看，教育信息应由教育领域、社会政策研究领域、经济研究领域等多个领域的相关专家组成工作小组或委员会，负责研究我国教育政策、社会、经济等方面的发展变化，制定相应的教育发展指标，设计调查工具和方法，然后交由教育行政部门实施统计，并在县以上每一级统计单位均临时成立专家指导小组，保证统计的科学性。[1] 因此，要主动扩大监测视野，充分利用县域内的相关专业机构、专业力量的数据实施监测，使县域教育现代化监测过程成为衡量县域教育经济社会发展的重要源头之一，使县域教育现代化监测结果成为地方促进经济社会发展的重要依据之一。从教育系统内部来看，《中国教育现代化 2035》《深化新时代教育评价改革总体方案》《关于新时代教育督导体制机制改革的意见》等为县域教育现代化监测提供了重要的制度保证。基于督政、督学、评估监测"三位一体"的体制机制，县域教育现代化监测要成为督导工作的重要组成部分，为督政、督学提供技术支持、提供依据。融入更高层次、更大范围的系统，县域教育现代化监测才会赢得更大的生存空间、发挥更大的作用。

常态化是县域教育现代化监测走向应用的重要标志。县域教育现代化是发展变化的，不同的阶段有不同的发展任务，不同的阶段有不同的发展特征。常态化包含监测与应用两个方面。一方面县域教育现代化监测需要以制度为保障常态化实施。坚持常态化开展县域教育现代化监测方可即时把握县域教育现代化的发展变化情况，为精准施策提供证据。从宏观上看，把县域教育现代化监测纳入国家教育监测的常规项目是推进教育现代化，保证县域教育现代化质量的重要方式。2020 年 8 月，《教育部政府购买服务指导性目录》将"教育现代化监测"作为"监测服务"的首要内容。这充分地表明了教育现代化监测的重要性，也为常态化开展县域教育现代化监测提供了重要依据。从具体事项来看，要基于县域教育现代化监测实施，常态化地发布监测报告、组织开展监测结果解读与应用指导等工作，在监测团队、监测对象等不同主体之间建立常态的沟通协调机制，促进监测结果回归于县域教育现代化实践。另一方面要坚持常态化应用。应用是监测的推动力量，也是实现监测价值的重要路径。宜将监测结果应用于对县级政府履行教育职责评价、应用于推进县域教育现代化实践、应

---

[1] 胡卫，唐晓杰. 中国教育现代化进程研究 [M]. 北京：中国社会科学出版社,2010:51.

用于县域教育现代化研究等。走向常态化的县域教育现代化监测将在监测与实践之间实现信息的相互流动、反馈，维持县域教育现代化监测的正常状态，并促进县域教育现代化监测水平不断提升。

二、关注县域教育生态环境监测

县域教育现代化既是县域教育生态的组成部分，也是县域教育生态发展的结果。教育生态环境对教育的产生、发展、创新发挥着制约和调控作用，是一个包含了各种内外部条件与力量的多元环境体系。教育生态环境主要包括自然生态环境、社会生态环境和规范生态环境。[1] 关注县域教育生态环境，特别是关注县域的社会生态环境和规范生态环境，把支撑县域教育现代化的因素纳入监测，形成"N+ 监测"的局面将为促进县域教育现代化实践改进提供重要支持。

了解县域经济社会发展水平。政府是教育事业发展、管理的重要主体。履行法定的教育职责是县级以上政府的重要职责。在基础教育领域，尽管国家承担着大部分的责任，但是县仍然承担着一定的财政事权。履行县级政府承担的财政事权是以县域内的经济社会发展水平为基础的。基于现状的描述对教育与地方经济社会发展关系的揭示是县域教育现代化监测的重要任务。因此，各地对县域教育事业的投入水平与经济发展水平之间的关系是县域教育现代化监测的重要内容。宜关注县域经济社会发展水平，用客观数据将这种关系加以量化，为判断县级政府履行县级财政事权的潜力提供决策参考。特别是为中央和省级财政加大统筹力度，精准实施财政转移或项目支持扶助经济社会发展水平较低的区域加快推进县域教育现代化提供重要依据。

分析县域资源的整合水平。县域教育事业的发展是县域经济社会的重要组成部分。资源调配力度是衡量一个地区落实教育优先发展战略的重要表现。加强对县域经济社会资源的整合力度对于促进县域教育事业发展具有重要作用。结合政府履行教育职责情况，关注县域内资源整合情况，是改进政府履职，助推县域教育现代化的客观要求。县域教育现代化监测将密切关注不同的职能部

---

[1]顾明远,孟繁华,等.国际教育新理念[M].修订版.北京:教育科学出版社,2020:65.

门履行职责的情况、教育重大项目的推进情况，深入分析县域教育治理的运行情况，发现县域教育治理存在的问题与短板，为改进县域教育治理，加强县域内资源整合的力度提供依据。

分析县域教育舆情。教育是重要的民生工程，人民群众的关注和参与是推动县域教育不断改进和超越的重要力量。作为社会舆情的重要方面，教育舆情反映着人民群众对教育的期盼、对教育的褒贬。民之所期，行之所至。了解、分析县域教育舆情是问计于民、问计于行的重要方式。县域教育现代化监测要将县域教育舆情作为重要的监测内容，关注人民群众对县域教育的满意度，关注人民群众对教育的诉求，切实了解和回应人民群众对县域教育的关注关切。特别是参与人数众多，代表性广泛的满意度调查是反映社情民意的重要渠道。要充分利用县域教育现代化监测的专业优势，细分不同群体的满意度和对教育的不同领域、不同部门、不同内容的满意度，为解决人民群众关心的教育问题提供依据。

三、聚焦县域教育保障机制运行

健全有力的保障机制是推进县域教育现代化不断向前发展的重要力量。维持县域教育发展的体制机制的运转情况直接关系着县域教育事业的发展运行情况。在生态学视野下，县域教育是国家教育的有机组成部分，是经济社会发展的有机组成部分，县域教育是在区域内外、系统内外两个方面的作用下得以维持和发展的。

关注以保运转为基本功能的保障机制。区域的内部机制是维持县域教育正常运转的关键。从空间范围来看，这个机制保障的基本对象是县域教育，是以县域教育作为重心进行运转的。它以县域教育资源的调配、整合为标志和内容，以对国家教育法律法规和政策的执行为基本方式。从县域教育现代化监测来看，区域内部机制指向教育优先发展战略的落实情况，并聚焦到规划优先、投入优先、人力资源优先三个方面的落实情况；同时，也考察国家和省级统筹落实的情况，以判断国家和省级统筹资源的作用力度、作用方式及其成效。基于监测数据是对县域教育运转情况的量化反映，着力保运转的机制运行监测一方面可以促进立足县域实际的实践创新，另一方面可以为优化更高层次的统筹机制提供依据。

小资料

家庭教育促进法（摘选）

第六条　各级人民政府指导家庭教育工作，建立健全家庭学校社会协同育人机制。县级以上人民政府负责妇女儿童工作的机构，组织、协调、指导、督促有关部门做好家庭教育工作。

教育行政部门、妇女联合会统筹协调社会资源，协同推进覆盖城乡的家庭教育指导服务体系建设，并按照职责分工承担家庭教育工作的日常事务。

县级以上精神文明建设部门和县级以上人民政府公安、民政、司法行政、人力资源和社会保障、文化和旅游、卫生健康、市场监督管理、广播电视、体育、新闻出版、网信等有关部门在各自的职责范围内做好家庭教育工作。

第七条　县级以上人民政府应当制定家庭教育工作专项规划，将家庭教育指导服务纳入城乡公共服务体系和政府购买服务目录，将相关经费列入财政预算，鼓励和支持以政府购买服务的方式提供家庭教育指导。

第二十六条　县级以上地方人民政府应当加强监督管理，减轻义务教育阶段学生作业负担和校外培训负担，畅通学校家庭沟通渠道，推进学校教育和家庭教育相互配合。

第二十七条　县级以上地方人民政府及有关部门组织建立家庭教育指导服务专业队伍，加强对专业人员的培养，鼓励社会工作者、志愿者参与家庭教育指导服务工作。

第二十八条　县级以上地方人民政府可以结合当地实际情况和需要，通过多种途径和方式确定家庭教育指导机构。

资料来源：中国人大网. 中华人民共和国家庭教育促进法，http://www.npc.gov.cn/npc/c30834/202110/8d266f0320b74e17b02cd43722eeb413.shtml.

关注以促提升为目标的保障机制。以评促建、以评促改是推进县域教育现代化的重要思路。通过区域评价，可以为推进县域教育现代化注入新的动力。管办评分离改革是我国教育现代化的重要方向。《深化新时代教育评价改革总体方案》《关于深化新时代教育督导体制机制改革的意见》是新时代指导我国教育评价改革的纲领性文件，也是发挥评价推进县域教育现代化作用的重要文件。以监测为基础的评价要求更加精准地掌握、了解县域教育现代化的进展情况、推进县域教育的工作情况，为推进县域教育现代化助力。首先，是强化督导，促进结果应用。教育督导是国家的制度安排。县级以上教育督导机构对下级政府具有督导责任。通过督导，特别是督政，可以改变县域教育发展的速度和工作质量。县域教育现代化监测的结果是督政的重要证据。其次，是优化方式，鼓励第三方评价。着眼于提升的评价将对县域教育现代化实施精准引领。第三方评价在保证公平公正性上具有不可否认的优势，它是实现治理现代化的重要方式之一。2020 年，中共中央国务院印发的《深化新时代教育评价改革总体方案》再次强调"发挥专业机构和社会组织作用"。这实际上是对我国教育领域开展的第三方评价的肯定。良好生态将为第三方评价注入新的动力。要以第三方评价为切入口，切实培育和发展第三方机构，对县域教育现代化发展水平和推进工作实施专业评价，不断营造推进县域教育现代化发展的良好生态。

强化县域教育的法治保障。县域教育现代化是以法治保障为基础的教育现代化。这种法治保障既包括教育正常运转的外部支持保障，也包括教育内部要素优化的保障。随着我国法治的不断完善，政府、家庭、社会共担教育责任已成为重要的法治要求。生态化视野下的县域教育现代化监测关注的是依法治教理念的落实，依法监测、依法使用监测结果将是组织实施县域教育现代化监测的基本思路。从依法监测来看，国家教育法律法规的相关规定的落实情况将是监测的重点内容，将成为衡量县级政府履行法定教育职责的重要依据。特别是随着经济社会发展，我国相关教育法律规定的新目标、新要求的落实情况将成为监测的重要内容。从依法使用监测结果来看，基于依据监测结果加强问责的要求和行政主体依据监测结果主动改进履职的要求，将促进各级政府和广大教育工作者依据法律法规的规定不断规范施政行为、施教行为，保障县域教育发展的各种基本条件，优化县域教育现代化实践，切实落实德智体美劳全面发展的教育方针，促进县域教育现代化不断向更高水平发展，为国家整体实现教育现代化贡献力量。

随着县域教育现代化监测的不断发展，"监测 +N"的形态也将进一步丰富和发展。"监测 +N"体现的是以监测为中心向两端多维延伸的监测体系。从实施监测之前来看，它呈现以需求驱动为总体特征的基本形态，即"需求 + 监测"。从实施监测之后来看，它表现为以应用转化为总体特征，即"监测 + 应用"。基于不同的需求、不同的应用衍生出不同形态的县域教育现代化监测的亚需求、亚实践，它们推进县域教育现代化监测与县域教育生态的深度融合，促进县域教育生态向良性循环发展，不断提升县域教育现代化的品质，丰富中国式教育现代化的实践路径，不断为实现国家教育现代化、建设社会主义现代化强国贡献力量。

参考文献

[1] 全国人民代表大会常务委员会法制工作委员会. 中华人民共和国宪法 [M]. 北京：人民出版社, 2004.

[2] 全国人大常委会办公厅. 中华人民共和国教育法 [M]. 北京：中国民主法制出版社, 2008.

[3] 全国人大常委会办公厅. 中华人民共和国教师法 [M]. 北京：中国民主法制出版社, 2008.

[4] 中国法制出版社. 教育督导条例 [M]. 北京：中国法制出版社, 2012.

[5] 朱益明, 王瑞德, 等. 中国教育现代化2035：从规划到实践 [M]. 上海：上海教育出版社, 2020.

[6] 杨小微, 等. 指标与路径：中国教育迈向现代化 [M]. 北京：教育科学出版社, 2020.

[7] 胡卫, 唐晓杰, 等. 中国教育现代化进程研究 [M]. 北京：教育科学出版社, 2010.

[8] 杨小微, 游韵. 教育现代化的中国视角 [J]. 教育研究, 2021.42(03): 135-148.

[9] 潘希武. 教育现代化的中国逻辑[J]. 教育学术月刊, 2022(11): 3-10, 77.

[10] 褚宏启. 教育现代化2.0的中国版本[J]. 教育研究, 2018, 39(12): 9-17.

[11] 杨小微, 孙阳, 张权力. 教育现代化：从梦想走向现实 [J]. 教育科学

研究,2013(11):5-12.

[12] 顾明远. 关于教育现代化的几个问题 [J]. 中国教育学刊,1997(03).

[13] 顾明远. 教育现代化的基本特征及实施策略 [J]. 人民教育,2007(Z2):8-11.

[14] 顾明远. 实现教育现代化的宏伟蓝图——学习贯彻《国家中长期教育改革和发展规划纲要》[J]. 北京师范大学学报（社会科学版）,2010(05):5-13.

[15] 冯增俊. 试论我国教育现代化的基本任务主要特征 [J]. 中国教育学刊,1995(04):4.

[16] 蔡亮. 论"教育现代化"概念的三维向度 [J]. 当代教育论坛,2022(04):1-10.

[17] 褚宏启. 教育现代化的路径 [M]. 北京：教育科学出版社,2013.

[18] 俞可平. 论国家治理现代化 [M]. 北京：社会科学文献出版社,2014.

[19] 褚宏启. 教育现代化的本质与评价——我们需要什么样的教育现代化 [J]. 教育研究,2013,34(11):4-10.

[20] 吴河江. 区域教育现代化的深层认识、有益探索与推进策略 [J]. 中国教育学刊,2022(08):45-50.

[21] 李学良,冉华,王晴. 区域教育现代化监测评价指标体系的构建与实施研究——以苏南地区为例 [J]. 教育发展研究,2020,40(2):27-33.

[22] 冯大生. 区域教育现代化的发展特征及建设路径——以江苏省为例 [J]. 教育研究,2018,39(04):150-158.

[23] 范国睿. 教育生态学 [M]. 北京：人民教育出版社,2019.

[24] 陈国良,杜晓利,李伟涛. 教育现代化的动态监测及政策调适研究 [M]. 上海：上海教育出版社,2021.

[25] 杨银付. 城市教育现代化监测评价的思路、指标与方法：以副省级城市为例 [J]. 教育发展研究,2015,35(01):57-61.

[26] 李伟涛. 教育现代化监测评价研究：一个制度分析框架 [J]. 教育发展研究,2015,35(01):27-33.

[27] 陆岳新. 江苏县域教育现代化建设与评估的实践 [J]. 上海教育评估研究,2012,1(01):64-69.

[28] 秦建平，张勇，张惠. 教育治理现代化及其监测评价研究 [J]. 中国教育学刊, 2016(12): 23-28.

[29] 荀渊，等. 上海教育 2035 战略规划研究 [M]. 上海：华东师范大学出版社, 2020.

[30] 涂文涛，朱世宏. 四川教育现代化战略研究 [M]. 北京：人民教育出版社, 2014.

[31] 张惠. 教育现代化监测评价指标发展新趋势 [M]. 北京：科学出版社, 2017.

[32] 朱庆环. 县域教育现代化评价指标体系研究 [M]. 北京：中国社会科学出版社, 2019.

[33] 经济合作与发展组织. 为了更好的学习：教育评价的国际新视野 [M]. 窦卫霖，等，译. 上海：上海教育出版社, 2019.

[34] 联合国教科文组织. 全球教育监测报告：教育问责：履行我们的承诺 [M]. 北京：教育科学出版社, 2018.

[35] 联合国教科文组织. 2000—2015 年全民教育：成就与挑战 [M]. 北京：教育科学出版社, 2015.

[36] 联合国教科文组织. 全球教育监测报告 2019：迁徙、游离失所和教育：要搭建桥梁，不要筑起高墙 [M]. 北京：教育科学出版社, 2019.

[37] 联合国教科文组织. 全球教育监测报告：教育领域的非国家行为体：谁能主动选择？谁将错失机会？ [M]. 北京：教育科学出版社, 2023.

[38] 联合国教科文组织. 反思教育：向"全球共同利益"的理念转变 [M]. 联合国教科文组织总部中文科，译. 北京：教育科学出版社, 2017.

[39] 罗伯特·M. 桑代克，特雷西·桑代克－克莱斯特. 教育评价：教育和心理学中的测量与评估 [M]. 方群，吴瑞芬，陈志新，译. 北京：商务印书馆, 2018.

[40] 瓦伦缇娜·克兰诺斯，克莱尔·怀亚特—史密斯. 教育评价：标准、判断和调整 [M]. 沈蕾，译. 南京：江苏凤凰教育出版社, 2016.

[41] 刘宝存. 国际基础教育质量评价标准与政策 [M]. 上海：上海教育出版社, 2020.

[42]詹姆斯·H.麦克米伦,萨利·舒马赫教育研究[M].曾天山,译.北京:教育科学出版社,2013.

[43]詹姆斯·G.麦克戴维,劳拉·R·L·霍索恩.项目评价与绩效测量:实践入门[M].李凌艳,张丹慧,黄琳,译.北京:教育科学出版社,2010.

[44]雅普·希尔伦斯,塞斯·格拉斯,萨利·M.托马斯.教育评价与监测:一种系统的方法[M].边玉芳,曾平飞,王烨晖,译.北京:教育科学出版社,2017.

[45]卡尔·D.格里克曼,斯蒂芬·P.戈登,乔维塔·M.罗斯-戈登.教育督导学:一种发展性视角[M].任文,译.上海:华东师范大学出版社,2020.

[46]美国教育研究协会,美国心理学协会,全美教育测量学会.教育与心理测试标准[M].燕娓琴,谢小庆,译.沈阳:沈阳出版社,2003.

[47]袁本涛,孙霄兵.教育治理现代化:理念、制度与政策[M].北京:经济科学出版社,2018.

[48]郑杭生,李强,李路路.社会指标理论研究[M].北京:中国人民大学出版社,1989.

[49]赖长春.县级政府履行教育职责监测指标体系构建与运用策略初探[J].乐山师范学院学报,2020,35(09):122-129.

[50]上海市教育政策咨询委员会秘书处,上海市教育科学研究院.2012年上海教育发展报告:追求基于平等的优质教育服务[M].上海:华东师范大学出版社,2012.

[51]朱永新,袁振国,马国川.重构教育评价体系[M].太原:山西教育出版社,2019.

[52]顾明远.教育大辞典:增订合编本[M].上海:上海教育出版社,1998.

[53]顾明远,孟繁华.国际教育新理念[M].北京:教育科学出版社,2020.

[54]马化腾,张晓峰,杜军.互联网+:国家战略行动路线图[M].北京:中信出版社,2015.

[55]杨现民,田雪松.互联网+教育:中国基础教育大数据[M].北京:电子工业出版社,2016.

[56]涂子沛.大数据[M].桂林:广西师范大学出版社,2012.

［57］涂子沛.数据之巅［M］.北京：中信出版社,2014.

［58］余胜泉.人工智能＋教育蓝皮书［M］.北京：北京师范大学出版社,2020.

［59］杨东.区块链＋监管＝法链［M］.北京：人民出版社,2018.

［60］冯修猛,范笑妤.区块链技术驱动教育评估现代化：现实图景、适用价值与实施进路［J］.教育发展研究,2022,42(19):69-74.

［61］涂文涛.教育督导新论［M］.北京：人民教育出版社,2015.

［62］尧逢品.基础教育监测评估团队核心竞争力探析［J］.上海教育评估研究,2020,9(03):1-5.

［63］尧逢品.实践视角下教育管办评分离之"评"析［J］.上海教育评估研究,2017,6(01):26-31.

［64］尧逢品.大数据视野下的教育评估监测探微［J］.上海教育评估研究,2016,5(01):20-24.

［65］尧逢品.决策咨询视域下的教育监测实践探讨［J］.上海教育评估研究,2018,7(01):45-61.

［66］尧逢品.不同时态视角下教育监测报告的特征与生成基础探析［J］.上海教育评估研究,2019,8(02):1-5.

［67］赖长春.教育治理体系现代化背景下的教育督导发展趋势［J］.教育科学论坛,2016(07):5-8.

［68］尧逢品.县域内义务教育均衡发展的路径探索［J］.教育科学论坛,2014(07):20-22.

［69］赖长春.义务教育均衡发展的阶段特征及趋势分析［J］.教育与教学研究,2020,34(10):85-94.

［70］赖长春.优质均衡视野下县域义务教育发展的现实困境与对策研究——以四川省为例［J］.教育导刊,2020(07):23-29.

［71］吉文昌,赖长春,刘玥.教育满意度的指标构建与策略研究［J］.中国教育学刊,2014(12):22-27.

［72］赖长春,尧逢品,等.走向应用的综合素质评价——初中学生综合素质评价的四川探索［M］.成都：四川教育出版社,2019.

后 记

　　教育与时代相适应是一个永恒的话题。在这个日新月异的时代，面对百年未有之大变局，无论是教育的理念，还是实践都发生着巨大的变化。在今天，在变与不变中，教育现代化成了这个话题的时代表达。

　　万物互联。大数据、云计算、人工智能等新兴技术不断产生，数据的获得越来越便捷，越来越精准。用数据刻画世界已经成为可能。教育决策已经进入了循证决策时代，可信可靠的数据已经成为决策的宝贵资源。监测在国家和社会治理中发挥着越来越大的作用。教育监测在助力教育科学决策方面的作用不断凸显。

　　教育与国家、民族、个人息息相关。教育是民族振兴、社会进步的重要基石，事关国家发展和民族未来，对提高人民综合素质、促进人的全面发展、增强中华民族创新创造活力、实现中华民族伟大复兴具有决定意义。以教育现代化支撑国家现代化是党和国家对教育的要求。国家教育现代化理应包含县域教育现代化，实现县域教育现代化是实现国家教育现代化的应有之义。

　　推进教育现代化是一项系统工程。思之、虑之、为之，是吾辈之幸。事非经过不知难。从监测的视角来认识教育现代化是为了实现科学循证。理念和技术是开展监测的重要前提，《县域教育现代化监测概论》反映的是近年来我对这个问题的所困、所思、所想、所行，期待着能为助推教育现代化贡献绵薄之力。

　　教育是民生，也是国之重器。古人云：郡县治，则天下安。知变、识变、应变、求变，方能少走弯路，不断超越。实施县域教育现代化监测不仅需要热情，更需要理性。扎实的实践、深刻的反思，方能为领域拓展、质量跃升注入新的能量。

没有最好，只有更好。抛砖以引玉，期待着更好更多的成果涌现。

尧逢品

2023 年 2 月写于成都

☆

教育监测，以记录事实连接过去、现在、未来，通向理想之境。

县域教育现代化监测，既追求严谨，也展现灵动。

谨以此书献给时代的同行者！